EST-CE AINSI QUE LES HOMMES VIVENT ?

Claude Halmos, psychanalyste formée par Jacques Lacan et Françoise Dolto, est une spécialiste de l'enfance connue pour ses interventions sur France Info et dans le magazine *Psychologies*. Elle a déjà écrit de nombreux livres sur la question : *Parler, c'est vivre*, *Pourquoi l'amour ne suffit pas*, *Grandir*, *L'Autorité expliquée aux parents* ou encore *Dis-moi pourquoi (Parler à hauteur d'enfant)*.

Paru dans Le Livre de Poche :

DESSINE-MOI UN ENFANT (*Majuscules*)

DIS-MOI POURQUOI

GRANDIR

L'AUTORITÉ EXPLIQUÉE AUX PARENTS

PARLER, C'EST VIVRE

CLAUDE HALMOS

Est-ce ainsi que les hommes vivent ?

Faire face à la crise et résister

FAYARD

ISBN : 978-2-253-18572-7 – 1re publication LGF

Ce livre est dédié à ceux dont il parle : aux millions d'hommes, de femmes et d'enfants que la crise économique, aujourd'hui, maltraite et dont la société ignore trop souvent les souffrances. Avec le souhait qu'ils en fassent un outil, une arme pour retrouver la voie de la dignité, du combat et de l'espoir.

Introduction

La crise économique aujourd'hui n'épargne plus personne. Et elle n'épargne plus rien.

Elle détruit pour certains ce qui faisait jusque-là la réalité de leur vie. C'est le cas de ceux qui ont perdu leur emploi, de ceux qui le savent menacé à court terme, de ceux qui, bien qu'ayant encore une place dans le monde du travail, voient, sur fond d'avenir incertain, leur niveau de vie baisser chaque jour un peu plus.

Ceux-là, victimes les plus visibles de la crise, sont atteints dans leur existence matérielle, et nul ne l'ignore. Mais ils le sont aussi au plus profond de leur psychisme, et on le sait moins. Car on méconnaît notablement la gravité des conséquences psychologiques que peut avoir pour un homme – ou une femme – la mise à mal de sa vie matérielle et de son statut social.

On cantonne le plus souvent ces conséquences à des angoisses très concrètes (et très justifiées) du lendemain et à l'état de stress que, s'accumulant, elles génèrent. C'est une erreur. Perdre son travail, craindre de le perdre, voir ses possibilités de consommation se réduire comme peau de chagrin sont des épreuves qui atteignent un individu bien au-delà d'un simple stress. Ces coups portés à sa vie ne sont pas pour lui de simples atteintes à un « avoir » dont il pourrait, avec plus ou moins de difficultés, s'accommoder. Elles sont autant de blessures infligées à son être. Elles le touchent dans ses fondements mêmes et peuvent, à ce titre, le faire vaciller de façon très grave.

Mais les ravages de la crise ne s'arrêtent pas là : elle frappe aussi ceux dont elle n'a pas encore affecté la vie matérielle. Témoins du malheur des autres, témoins de ce qui leur apparaît à juste titre comme une descente aux enfers, ils vivent dans la peur de devoir un jour partager un sort semblable. Ou dans celle, peut-être pire encore, que leurs enfants ne le partagent.

Chez ceux-là, que l'on pourrait croire à l'abri, la crise provoque des angoisses que l'on attribue souvent – à tort – à une fragilité personnelle (« Mais pourquoi t'inquiètes-tu ? Pourquoi es-tu aussi anxieux ? Dans ta situation, tu n'as vraiment rien à craindre »). Alors que, même si elles viennent se nouer secondairement en eux aux angoisses déjà existantes dont leur histoire les a chargés, ces angoisses devant la crise ne sont pas de même nature, car elles ne seraient jamais apparues si la situation économique était restée stable.

La vie dans un pays en crise ressemble à la vie dans un pays en guerre. Même si l'on n'habite pas dans une zone de combat, même si l'on est hors de portée des tirs de snipers et même si l'on est d'un naturel particulièrement équilibré et optimiste, on ne peut se sentir à l'abri ni vivre en paix.

C'est si logique et si évident que l'on s'étonne d'avoir à le rappeler.

De ces angoisses que tous partagent, des chiffres témoignent :

• selon un sondage CSA/*Les Échos* réalisé les 4 et 5 décembre 2012[1], 11 % des Français se considèrent comme pauvres et 37 % pensent qu'ils sont en train de le devenir ;

• selon un autre sondage CSA, réalisé cette fois pour l'Uniopps[2] et la Macif, et publié le 23 janvier 2013, 75 % des Français pensent qu'eux-mêmes ou l'un de leurs proches se retrouveront un jour confrontés à la précarité (perte d'emploi, de logement ou endettement), 30 % des sondés estimant ce scénario certain, tandis que 45 % l'envisagent comme probable[3].

Que montrent ces chiffres ?

Que la crise économique a enfanté une autre crise : une crise psychologique. Elle n'agit ni sur les porte-monnaie ni sur les comptes en banque, mais elle érode, corrode, lamine les cœurs, les corps, les têtes.

Or, de cette crise psychologique, rejeton de la crise économique, force est de le constater, on ne parle pas.

---

1. Sur un échantillon national représentatif de 1 001 personnes âgées de 18 ans et plus.

2. Union nationale interfédérale des œuvres et organismes privés non lucratifs sanitaires et sociaux.

3. Youphil.com, 24 janvier 2013.

« On », et d'abord ceux qu'aujourd'hui on nomme les « psys ».

Le champ des maladies de l'âme est devenu un marché. Des livres destinés au « grand public » ne cessent de paraître, sur tout (et parfois sur n'importe quoi). Sur tout, sauf sur ces peurs, ces craintes, ces frayeurs, ces angoisses qui hantent la société.

Des « psys » pourtant, tout comme des sociologues, étudient la souffrance au travail, le vécu du chômage, celui de la pauvreté… Et ils font un travail remarquable. Mais leurs livres ne rencontrent pour l'essentiel qu'un public spécialisé, et on les entend très peu.

Les « psys » qui s'expriment publiquement et qui, à ce titre, apparaissent au « grand public » comme les « psys » de référence, les voix autorisées et supposément compétentes, ne parlent, eux, que du subjectif, du personnel (le fameux « développement personnel », par exemple). Ils ne s'intéressent qu'aux problèmes intimes des êtres (l'amour, la jalousie, la sexualité, la confiance en soi, etc.). Et, ces problèmes étant éternels, ils en viennent à parler comme ils auraient pu parler il y a vingt ans et comme ils parleront dans vingt ans si on leur donne encore la parole. Ils ne s'occupent pas de la réalité dans laquelle sont inscrits les êtres qu'ils évoquent, ni des souffrances que cette réalité provoque chez eux. Des souffrances qui ne sont pas liées à ce que ces gens sont et à ce qu'ils ont vécu depuis leur enfance, mais à ce que la situation actuelle du monde dans lequel ils vivent les oblige à endurer. Des souffrances dont, à ce titre, on peut dire qu'elles ne relèvent pas du subjectif (même si chacun les vit subjectivement), car, quelle que soit son histoire et ce qu'elle a fait de lui, nul ne peut y échapper.

La crise économique agit en effet sur le psychisme de ceux qu'elle touche (ou qui redoutent qu'elle les touche) sur un mode qui n'est pas sans évoquer la façon dont agit sur le psychisme de celui qui le subit un événement traumatique.

La crise économique n'est pas assimilable à un événement traumatique, car elle n'en a pas (du moins dans la majorité des cas) le caractère soudain et imprévisible. Elle n'est pas une catastrophe qui surgit alors que l'on ne pouvait ni l'attendre – s'y attendre – ni même l'imaginer. Mais elle a en commun avec ce type d'événements de constituer un poids de réalité extérieure anxiogène trop important pour qu'un homme ou une femme puisse (même s'il est très solide) y faire face sur le plan psychologique sans dommages.

Les « psys » qui excluent de leurs préoccupations ce champ de souffrances qui, s'il n'est pas nouveau, ne cesse aujourd'hui de prendre de l'ampleur semblent ne pas en avoir conscience. Pas plus que n'en ont conscience les politiques, qui parlent si peu à leurs concitoyens de leurs douleurs quotidiennes que l'on se demande parfois s'ils les connaissent…

Les médias eux-mêmes paraissent happés par cette loi du silence. Les magazines, par exemple, dont plus un ne paraît sans sa page « psy », demeurent étrangement muets sur la question.

Leur silence a des causes. Certaines sont ouvertement commerciales. « Nos lecteurs sont des CSP+ », m'a-t-on souvent répondu alors que je proposais un article en rapport avec les difficultés économiques des familles. « La crise ne les concerne pas. » Voire…

D'autres sont certainement – bien qu'elles ne le soient pas de façon délibérée – beaucoup plus politiques. Et l'on y retrouve cette vieille idée que, de même qu'il ne fallait pas « désespérer Billancourt », il ne faudrait pas désespérer le lecteur. Peignons les fenêtres en rose et peut-être, pour un moment au moins, le ciel paraîtra-t-il moins gris…

Mais s'il a des causes, ce silence a surtout des conséquences. Graves. Des conséquences individuelles d'abord, car, confrontés à ce silence, ceux qui vivent ces angoisses s'imaginent qu'ils sont les seuls à les éprouver. Et qu'elles seraient donc le produit de leur faiblesse, d'une constitution fragile dont ils seraient, contrairement aux autres, affligés. Certitude qui les condamne à la honte d'eux-mêmes et de ce qu'ils croient être. Ou bien ils s'imaginent qu'elles constituent une sorte de mal infamant, de maladie honteuse (la honte, encore…) qu'il conviendrait de taire. À la façon dont autrefois on se faisait un devoir de taire ses turpitudes personnelles.

Il y a trente ans en effet, parler publiquement de ses angoisses, de ses phobies, de son histoire personnelle ou de sa sexualité était impensable. « Ça ne se dit pas », apprenait-on dès l'enfance. Grâce à la vague et à la vogue « psy » des années 1990, on peut aujourd'hui énoncer ses maux les plus secrets. Avouer que son père n'était pas l'homme que sa mère avait désigné comme tel, que l'on a peur de l'eau, que l'on redoute les « pannes sexuelles », etc. Le dire est devenu presque banal, car l'intime n'est plus tabou. C'est aujourd'hui le social qui l'est devenu. Pour le plus grand malheur de tous, car, laissés en proie à leurs souffrances, des êtres dérapent qui, si on les avait aidés, auraient pu ne pas déraper.

Si on les avait aidés, c'est-à-dire s'ils avaient pu entendre énoncer et expliquer publiquement que la baisse de leur niveau de vie, leur mise au chômage, leurs désespérantes difficultés à retrouver un emploi n'étaient pas dues, comme ils le croyaient, à une incapacité personnelle, mais à une situation économique dont ils n'étaient en rien responsables. Que les angoisses – suscitées par cette situation – dans lesquelles ils se débattaient, loin d'être honteuses, étaient au contraire normales, légitimes et communes à des milliers d'autres qui, comme eux, n'osaient pas les avouer. Et qu'il était donc essentiel de sortir du silence et de parler. Pour échanger avec d'autres, pour partager avec eux. Pour se reconstruire, pour avancer.

Voir ses peurs reconnues par la société et, parce que l'on entend d'autres les dire, les découvrir dicibles est en effet fondamental.

Dans les années 1990, quand l'intime a cessé de devoir être caché, des milliers de gens en ont témoigné : « Avant, je pensais que j'étais le seul, je pensais que j'étais malade… »

Ce silence assourdissant et généralisé sur les souffrances provoquées par la crise économique, sur la crise psychologique qu'elle a engendrée et qu'elle continue d'engendrer, n'a pas seulement des conséquences individuelles. Il a aussi des conséquences politiques.

Dire à quelqu'un (comme devraient aujourd'hui le dire publiquement les « psys ») : « Ce n'est pas vous qui êtes malade, c'est le monde qui l'est. Il vous fait payer sa maladie, c'est pour cela que vous allez mal. Et si vous ne supportez pas ce que vous avez à vivre, ce n'est pas parce que vous êtes fragile, c'est parce que c'est invivable », c'est lui dire qu'il n'est pas la cause de son problème. Qu'il n'a donc pas à se mépriser, à se détester, à se considérer comme un ennemi. Qu'il ne doit pas se laisser abattre, qu'il doit se battre.

Parler ainsi a une double fonction. Une fonction de prévention, d'abord. De prévention de la dépression (ce gouffre dans lequel tombent aujourd'hui tant d'hommes et de femmes désespérés par leur situation matérielle) et de prévention du suicide.

Se suicider, en effet, c'est vouloir, en portant atteinte à sa vie, détruire celui – ou celle – que l'on croit être (ou être devenu). En temps de crise, cela peut être détruire celui – ou celle – qui pense n'être plus bon à rien parce que plus personne ne veut de lui ni de ses compétences. Celui qui pense n'avoir plus aucune valeur parce que personne ne veut plus payer, du prix d'un salaire, son travail.

Mais parler de la sorte a aussi une autre fonction, à l'évidence politique. Car si une telle parole a pour but de permettre à des hommes et des femmes terrassés par l'angoisse et la honte de retrouver le sentiment de leur valeur et de leur dignité, elle a aussi pour conséquence de leur désigner leur véritable ennemi : la crise.

Avec ce que cela suppose de possibilités, elles aussi retrouvées, de la combattre en s'unissant à d'autres.

À l'inverse, en laissant, par leur silence sur les véritables causes de leur mal, les victimes de la crise continuer à se croire responsables et coupables de leur malheur, en les laissant passer progressivement du constat qu'elles n'ont plus rien (ou presque) à l'illusion qu'elles ne seraient plus rien – illusion mortifère s'il en est –, les « psys » contribuent à élever un mur entre le combat et ceux qui pourraient le mener.

Ils contribuent à faire des « sans-ressources économiques » que fabrique chaque jour la crise des « sans-ressources psychologiques » voués à la destruction d'eux-mêmes. Double peine…

Ce livre a donc un but : en finir avec les souffrances tues, les souffrances cachées, les souffrances niées. Dire les souffrances liées au social, les expliquer. Pour que l'on en comprenne le sens et que l'on en reconnaisse, enfin, la légitimité.

Parler. En parler. Non pas pour accroître le désarroi, mais pour au contraire sortir de la honte, se ressaisir, retrouver le sentiment de sa valeur et du même coup des forces.

Des forces pour résister.

PREMIÈRE PARTIE

Une crise psychologique

I

La crise psychologique, conséquence de la crise économique

Le silence que nous venons d'évoquer sur ce que nous avons appelé la « crise psychologique » générée par la crise économique est d'autant plus étonnant que l'existence de souffrances psychologiques graves chez ceux qui subissent une crise économique est depuis longtemps reconnue par les spécialistes.

Étudiant les crises survenues à différentes époques dans différents pays, tous ont constaté leurs conséquences sur les individus. « Nous avons mené une étude sur les précédentes crises, affirme Martin McKee. Celle de la Grande Dépression des années 1920-1930 a été passée à la loupe, ainsi que celle qui a traversé l'Espagne dans les années 1980 et la Suède à la même période. Nous nous sommes également penchés sur la période qui a suivi la chute de l'URSS. Dans tous ces cas, une augmentation du nombre de suicides est notable[1]. »

---

1. Martin McKee est professeur de santé publique européenne à la London School of Hygiene and Tropical Medicine. Ses recherches

Les faits confirment ses dires. En Grèce, selon une étude publiée dans la revue médicale *Lancet*, le nombre des suicides, faible auparavant, a grimpé de 17 % entre 2007 et 2009, et encore de 40 % entre le premier semestre 2010 et le premier semestre 2011[1].

Comme souvent en pareil cas, les travaux scientifiques s'attachent d'abord aux conséquences les plus extrêmes des crises : les suicides.

Ce qui n'est pas sans poser problème. Car cette mise en avant des conséquences les plus graves peut avoir pour effet paradoxal que, prenant prétexte précisément de leur gravité, on s'autorise, ne les trouvant pas assez représentatives d'une situation globale, à les rejeter.

En fait, les conséquences d'une crise économique ne se limitent pas à ces cas extrêmes, et les observateurs le soulignent : « Derrière ces tentatives de suicide se cachent des milliers de cas supplémentaires de troubles psychologiques tels que dépression, alcoolisme, stress, qui ne font jamais la “une” des journaux mais dont les conséquences sur le plan humain peuvent être profondes [...]. Si la crise dure, elle peut même condamner toute une jeune génération à des problèmes psychologiques en raison de tant d'années vécues sans le moindre espoir[2]. »

---

portent sur les liens entre le contexte économique et les questions de santé publique. Interview pour le site Atlantico, 16 février 2013.

1. Reuters, repris par *L'Express*, 31 mai 2012.
2. Reuters, repris par *L'Express*, 31 mai 2013.

Le sociologue David Stuckler[1] l'affirme : « L'austérité peut transformer la crise en épidémie. La perte d'un emploi peut conduire à une accumulation de risques qui peuvent faire basculer les gens dans la dépression et dans de graves maladies psychologiques dont il peut être difficile de sortir, particulièrement si les gens n'obtiennent pas de soins appropriés. »

Ici, les problèmes de drogue vont croissant chez les jeunes. Là, un retraité que l'on retrouve pendu a laissé une lettre dans laquelle il explique « crouler sous les dettes malgré une vie de dur labeur[2] ».

Les exemples sont multiples. La lecture des revues spécialisées, mais aussi, plus simplement, de la presse, permet de faire un tour du monde de l'« horreur économique[3] ».

• En Argentine, entre 1999 et 2002, durant la crise financière, les consultations auprès des établissements de soins psychologiques ont, selon des données gouvernementales, augmenté de 40 %[4].

• Même constat en Espagne, où, selon Martin McKee[5], « les études menées ces cinq dernières années montrent qu'il y a un nombre croissant de gens qui

---

1. Sociologue à l'université de Cambridge, il a étudié les conséquences sanitaires des politiques de réduction des dépenses publiques menées à travers l'Europe pour combler les déficits.

2. Reuters, repris par *L'Express*, 31 mai 2013.

3. Viviane Forrester, *L'Horreur économique*, Fayard, 1996.

4. Données rapportées par Peter Lloyd-Sherlock, professeur de politique sociale à l'université d'East Anglia, Lexpress.fr, 31 mai 2012.

5. ITV pour le site Atlantico, 16 février 2013.

vont consulter leur médecin pour des symptômes de dépression et d'anxiété ».

• Aux États-Unis, on ne compte plus les récits de drames individuels qui ont révélé, dès ses débuts, la gravité de la crise financière des années 2007-2008. Telle l'histoire de ce cadre de la finance qui, en 2008, assassine sa famille avant de se donner la mort. Dans une lettre, il évoque sa « situation économique désespérée[1] ». Ou celle, la même année, d'une femme de 90 ans qui se suicide car on va l'expulser de la maison qu'elle occupait depuis trente-huit ans…

Deux morts parmi tant d'autres. Deux morts sur le champ de bataille de la crise économique. Deux histoires dramatiques, si difficiles à entendre que l'on préférerait n'en rien voir et n'en rien savoir. La tentation est donc grande de les balayer d'un revers de la main en affirmant, par exemple, qu'elles ne sont que des cas isolés. Ou – au mépris de toute logique – que tout cela se passe aux États-Unis et que, « chez nous », cela ne pourrait pas arriver. Ou encore que ces gens avaient sûrement des problèmes avant la crise et que ce sont ces problèmes qui les ont tués. Argument d'ailleurs régulièrement invoqué en France chaque fois qu'un suicide dans le cadre du travail vient faire la « une » de l'actualité.

Ces morts, pour atroces qu'elles soient, ne sont pourtant dans l'Amérique de ces années-là (comme ailleurs) que la partie émergée de l'iceberg, les individus dont on peut suivre précisément la chute parce

1. Lepoint.fr, 8 octobre 2008.

que la caméra qui filme le champ de bataille s'attarde sur eux en gros plan. Elles ne sont que les révélateurs d'une situation plus globale que décrivent très bien les professionnels : « Au cours de mes vingt années de pratique, je n'ai jamais rien vu de pareil, le niveau d'anxiété bat tous les records », déclare en 2008 Nancy Molitor, psychologue à Chicago. Elle affirme que les appels à son cabinet ont augmenté de 50 % et ajoute : « L'état de confusion est comparable à l'"effet 11-Septembre"[1]. »

Le 11-Septembre… L'effondrement des tours jumelles et, avec elles, celui d'un monde. Une destruction si brutale, si totale, si impensable que quiconque y assistait ne pouvait plus savoir s'il était encore dans la réalité ou si, endormi, il était la proie d'un cauchemar.

Le 11-Septembre… Cette comparaison dans la bouche d'une clinicienne expérimentée dit mieux que de longs discours l'ampleur du phénomène et sa gravité.

Et, pour préciser cette image générale et abstraite, elle donne des détails des attaques de la crise. Soulignant que nul n'y échappe, qu'elle frappe tout le monde à des degrés divers, et même là où on ne l'aurait pas attendue : « Les problèmes sont très variables. Ils vont des gens riches qui s'inquiètent des sommes qu'ils ont perdues dans la crise financière aux familles qui s'inquiètent de ne pouvoir payer la scolarité de leurs enfants. Jusqu'au cas de cette femme de 79 ans qui affirme ne pas pouvoir se permettre de

1. *Ibid.*

mourir, car l'héritage qu'elle comptait laisser à ses deux enfants s'est vu réduit de moitié. »

Anéantissement, donc, par la crise financière de tous les projets, y compris ceux qui touchent à la transmission. Transmission qui peut être le but d'une vie : mettre ses enfants à l'abri. Et, ce faisant, se donner à soi-même le droit de quitter le monde en paix parce que l'on sait qu'ils n'auront pas à supporter ce que l'on a dû, soi-même, supporter.

La crise économique balaye la vie un peu, suffisamment ou très confortable que chacun pouvait avoir par le passé, et, non contente de détruire le présent, elle assassine le futur.

Judith Bardwick, une autre praticienne américaine de la psychiatrie, le dit clairement : « Les gens éprouvent un sentiment de peur, souffrent de dépression, d'angoisse, et ils se disent que, quels que soient l'effort fourni et son intensité, ils ne contrôlent plus leur futur[1]. »

La crise vole aux êtres la barre du bateau de leur vie. Elle est un facteur de déséquilibre si important que l'OMS (Organisation mondiale de la santé), à l'époque de la crise américaine déjà, s'en inquiète. En 2009, sa directrice, Margaret Chan, organise une conférence sur la crise économique et financière et la santé dans le monde. Elle déclare : « Dans chaque pays, les responsables craignent que l'augmentation du chômage, la faillite des systèmes de protection sociale, l'érosion de

---

1. Judith Bardwick est professeur de psychiatrie clinique à l'université de Californie à San Diego. Citée par Atlantico, 16 février 2013.

l'épargne et des fonds de pension et la diminution des dépenses de santé n'entraînent une dégradation de la situation sanitaire. La maladie mentale, l'angoisse et une éventuelle augmentation brutale de la consommation de tabac, d'alcool et d'autres substances nocives que l'on a déjà observées dans le passé les préoccupent. »

Comment, après avoir constaté que, partout à travers le monde, les ravages psychologiques de la crise économique sont reconnus, expliquer qu'ils semblent en France niés ? Faudrait-il croire que, tel le nuage de Tchernobyl censé s'être arrêté à la frontière de notre territoire, les conséquences psychologiques de la crise épargneraient – seule de son espèce – la France ?

C'est évidemment absurde. Absurde et impossible.

II

Pourquoi la crise psychologique est-elle inévitable ?

Soutenir que la crise économique n'aurait pas en France de conséquences psychologiques ou qu'elles y seraient moins importantes qu'ailleurs relèverait d'une position d'autant plus indéfendable que l'on peut aisément montrer, à partir des connaissances apportées depuis des dizaines d'années par la psychiatrie et la psychanalyse, pourquoi de telles conséquences sont inévitables.

Le poids de la réalité

L'équilibre psychologique d'un être humain, adulte ou enfant, sa capacité à vivre – et à vivre en bonne intelligence aussi bien avec lui-même qu'avec les autres – dépendent en effet de deux facteurs :

• ce que son histoire personnelle (sur laquelle pèsent l'histoire de ses parents et celle de ses deux lignées) a fait de lui ; l'image bonne ou mauvaise de lui-même, la solidité du désir de vie, la capacité à aimer, à communiquer, à tisser des liens, à affronter les difficultés, etc., qu'elle lui a données ;

• la réalité de ce qu'il vit ; la qualité – bonne ou mauvaise – de sa vie. Qualité qui est à évaluer, cela va de soi, dans tous les domaines de celle-ci.

Ces deux facteurs s'articulent et se conjuguent : affronter un échec sera évidemment moins difficile pour celui qui, ayant acquis depuis sa naissance une claire conscience de sa valeur, pourra garder confiance en lui dans l'adversité. Et le sera bien davantage pour celui qui, ayant entendu toute son enfance les adultes lui dire que, bon à rien, il n'arriverait jamais à rien, vit cet échec comme une confirmation de leurs prédictions meurtrières.

Le fantôme de leur histoire personnelle s'interpose toujours entre la réalité et ceux qui la vivent. Et c'est toujours à travers ce fantôme qu'ils la perçoivent.

Quand leur vie les confronte à des difficultés, cette histoire personnelle peut donc être pour eux, selon les cas, un facteur aggravant ou au contraire favorisant.

Ceux qui ont bénéficié d'une enfance structurante où l'amour se conjuguait à l'éducation, que leurs parents ont su chérir sans les faire vivre pour autant « dans du coton », mais en leur apprenant progressivement à supporter les épreuves et à les dépasser, tout en leur donnant l'exemple de savoir eux-mêmes les surmonter, sont psychologiquement solides. Tels des bateaux bien construits, ils sont donc plus à même de supporter les tempêtes.

L'enfance, quand elle a pu se dérouler sous les auspices de l'amour, de la parole et du sens, constitue toujours un capital d'une inestimable valeur. Cependant – il nous faut le souligner, car c'est pour ce qui nous occupe essentiel –, ce capital, si irremplaçable qu'il soit, ne permet pour autant à personne de supporter n'importe quoi.

Certaines conditions de vie sont susceptibles de venir à bout du psychisme le plus solide. Certaines conditions de vie rendent malade. Et rendent malades même ceux à qui leur histoire avait donné tout ce qu'il fallait pour vivre.

Certaines vies sont invivables. Et le sont pour les mêmes raisons qui font qu'une entreprise peut se révéler non viable : parce que, la colonne des « moins » l'emportant déjà depuis trop longtemps dans son bilan comptable sur celle des « plus », l'équilibre de ce bilan n'est plus possible.

L'existence de tout être humain, sa vie dans ce qu'elle a de plus réel, lui apporte en effet chaque jour une certaine quantité de « positif » (plaisir, gratifications diverses, etc.). Mais elle l'oblige aussi à se confronter à une certaine quantité de « négatif » (déplaisir, frustrations, échecs, blessures narcissiques…). Pour qu'il aille « bien », il faut qu'un équilibre puisse s'établir entre ces deux apports. Autrement dit, que le « négatif » venant à s'accumuler ne fasse pas trop pencher la balance du mauvais côté.

En outre, l'être humain a besoin de pouvoir se projeter, au-delà de son présent immédiat, dans un avenir. Il a besoin de le faire sur un mode sans doute moins lumineux et moins magique que dans son enfance, où tout pouvait lui paraître possible (« quand je serai grand, je serai… »), mais d'une façon susceptible néanmoins de soutenir son désir de vivre et d'avancer. « Demain » doit demeurer un temps dont il sache qu'il pourra se saisir comme il s'est saisi du jour qu'il est en train de vivre. « Demain » doit rester pour lui… à portée de main. L'être humain a besoin de pouvoir espérer. Il a besoin de cet espoir dont la sagesse populaire assure, à juste titre, qu'il fait vivre.

Quand la vie dérape

Que se passe-t-il quand sa vie dérape ? Il peut en général tenir un certain temps, car il a une capacité de résistance (plus ou moins développée en fonction de l'histoire qui a été la sienne).

Il peut donc supporter, un temps, une certaine quantité de déplaisir, de peur, d'inquiétude pour l'avenir, de frustration quotidienne, de solitude, de malheur. Mais si le poids des facteurs négatifs dont leur vie charge un homme ou une femme est trop lourd ou s'il pèse sur eux trop longtemps, leur capacité de résistance en vient à céder et des symptômes apparaissent.

Ces derniers peuvent dans un premier temps rester isolés, mais ils peuvent aussi, si la situation dure ou s'aggrave, s'agencer pour constituer un état que l'on qualifiera de « dépressif » (mot devenu « valise » et qui peut recouvrir des souffrances très différentes) parce que, la vie étant devenue par trop invivable et l'avenir par trop bouché, le désir de vivre lui-même se trouvera atteint : « Plus rien ne va, alors pourquoi continuer ? À quoi bon ? Quel sens a tout cela ? » Questionnement désespéré et dangereux, car il peut mener à un passage à l'acte suicidaire qui apparaît alors comme le seul moyen d'échapper à une vie insupportable que l'on se sent impuissant à changer.

Dans des cas plus extrêmes encore, quand des êtres humains sont soumis à des situations que l'on nomme à juste titre « inhumaines », parce qu'elles dépassent en horreur ce qu'un être humain peut endurer, ce ne sont pas seulement des symptômes qui apparaissent, mais de véritables fractures.

Si l'on considère le psychisme humain du point de vue de sa résistance, on peut – nonobstant la trivialité de l'image – comparer son fonctionnement à celui d'une installation électrique. Il est, comme elle, à même de supporter certaines charges et dispose, comme elle, si ces dernières se révèlent trop lourdes, de mécanismes de défense qui peuvent le protéger.

Néanmoins, si, la charge étant démesurée, la surcharge devient trop importante, ces mécanismes peuvent se révéler insuffisants et l'« installation-psychisme » peut, tout entière, exploser.

L'histoire d'ailleurs – l'histoire avec un grand H, sur fond de laquelle se déploient toujours nos histoires personnelles –, l'Histoire avec son inévitable lot d'exactions et d'horreurs ne manque pas d'exemples de situations extrêmes qui ont ainsi projeté dans la folie des êtres qui, sans ces événements, seraient restés aptes à vivre normalement. Des salles de torture de la Gestapo aux marais du Rwanda, du génocide du Cambodge aux camps nazis, ces exemples sont légion. Et ils nous permettent de comprendre que, s'agissant des situations extrêmes, ce n'est pas, comme on le croit trop souvent, l'« état psychologique » de la personne qui doit faire face à l'épreuve qui est déterminante, mais le poids de la charge qu'elle doit supporter. Son état « psychologique » ne pouvant éventuellement qu'en tempérer les effets.

De plus, il conviendrait de mener, bien plus souvent qu'on ne le fait, une réflexion sur les capacités de résistance de ceux qui, adultes ou enfants, ont survécu à des situations extrêmes (viol, torture, emprisonnement, mais aussi maltraitance infantile, traumatisme en temps de paix, etc.). Tout comme il conviendrait de réfléchir à la façon dont nous appréhendons ces capacités de résistance.

Vivre l'invivable, supporter l'insupportable

Confrontés à ces rescapés du monde de l'horreur, nous éprouvons en effet le plus souvent une admiration – justifiée – pour leur courage. Mais nous sommes aussi – la plupart du temps – la proie d'une fascination qui nous conduit à les créditer sans nous en rendre compte de forces quasi surhumaines qui leur auraient permis de tenir là où tous les autres se seraient écroulés.

Or, si ces êtres ont sans aucun doute fait preuve de forces hors du commun, la fascination qu'ils provoquent n'est pas sans ambiguïté.

D'abord parce que, mettant essentiellement l'accent sur leur personne, cette fascination nous permet, par une sorte de tour de passe-passe (en grande partie inconscient lui aussi), de nous détourner de ce qu'ils ont vécu. Et par là même d'éviter d'avoir à nous représenter l'atrocité de ce qu'ils ont vécu. Une atrocité qui dépasse le plus souvent, c'est vrai, les limites du représentable, mais qu'il faudrait néanmoins pouvoir se représenter, et jusque dans ses détails les plus infimes. Car la claire conscience de ce qu'ont subi les victimes est la condition *sine qua non* pour que soit menée la lutte contre la barbarie qui les a contraintes à le subir.

Écouter, bouleversé et fasciné, le témoignage de la jeune fille que, toute son enfance, son père a violée chaque soir et qui a réussi le tour de force de ne pas en mourir est une chose. Pouvoir se représenter ce que pouvait être, pour cette jeune fille, chacune de ces innombrables journées dont elle savait, en se levant le matin, comment elle allait, le soir, se conclure est autre chose. Et ce voyage au bout de l'horreur peut seul permettre que l'on mette en place, pouvant enfin réaliser ce qu'un enfant peut subir, une protection véritablement efficace de l'enfance.

Or il nous est trop souvent impossible de nous représenter l'horreur. Cette impossibilité ne date pas d'aujourd'hui, et les rescapés des camps nazis qui se sont heurtés à elle quand ils sont rentrés le savent mieux que personne. Les difficultés immenses qu'ils ont eues à parler, à raconter ce qu'ils avaient vécu (ces difficultés dont parle si admirablement Robert Antelme[1]) se sont vues redoublées par l'impossibilité de leurs contemporains à les entendre. De la même façon, la très grande difficulté de l'enfant maltraité à dire ce qu'on lui fait subir rencontre chaque jour l'impossibilité de la société à l'entendre. Les deux se conjuguant pour édifier, jour après jour, la chape de plomb qui recouvre depuis toujours ce qui, à force de ne pas être nommé, a fini par sembler innommable. « Les gens normaux, écrivait David Rousset, ne savent pas que tout est possible[2]… »

Mais la fascination pour les héros de l'horreur ne nous évite pas seulement d'avoir à nous représenter la réalité de ce qu'ils ont enduré. Elle nous évite aussi de nous interroger plus avant sur les raisons pour lesquelles ils ont pu y survivre. Sur les forces qui leur ont permis de tenir, et surtout sur la nature de ces forces.

Les adultes ou les enfants qui ont survécu à l'abomination n'avaient en effet rien de héros flamboyants. Ce n'est pas nantis d'un moral à toute épreuve et d'un corps en acier trempé qu'ils se sont retrouvés plongés dans l'enfer – social ou familial – qui a été, souvent pour des années, leur seul univers. Bien au contraire. Ils étaient faits comme chacun d'entre nous

---

1. Robert Antelme, *L'Espèce humaine*, Gallimard, coll. « Tel », 1978.

2. David Rousset, *L'Univers concentrationnaire*, Hachette Littératures, coll. « Pluriel », 1998.

de chair (fragile) et de sang (prompt à couler). Ils saignaient, ils avaient mal, ils gémissaient, ils pleuraient. Ils étaient horrifiés, terrifiés, désespérés et habités, pour la plupart d'entre eux, par la certitude qu'ils ne reverraient jamais la lumière.

Ils n'étaient donc pas (comme pourrait le laisser croire l'idée – que nous évoquions précédemment – de forces exceptionnelles dont ils auraient été dotés) tout-puissants. Ils étaient au contraire totalement impuissants.

Et il est important de le rappeler, car le mystère de leur survie tient précisément au fait que c'est du fond même de cette impuissance abyssale, radicale, qui était la leur qu'ont surgi les forces qui leur ont permis de tenir. Comment expliquer que l'impuissance ait pu ainsi se muer en forces ? De quelle nature étaient ces forces ? Peut-on les évoquer en termes généraux ou faut-il considérer que les figures de cette « énergie du désespoir » seraient, chaque fois, singulières ? Le débat reste à mener. Et il serait d'autant plus important de le mener qu'un concept, aujourd'hui, semblant répondre à toutes les questions, le masque : celui de résilience.

On parle en effet beaucoup aujourd'hui de « résilience ». Au-delà des travaux – sérieux – qui ont été menés sur cette notion, force est de constater qu'elle a donné naissance dans le grand public, mais aussi chez nombre de professionnels, à une croyance – confortable – en une capacité de résistance dont chacun serait (plus ou moins généreusement) pourvu, qui lui permettrait de survivre quoi qu'il lui arrive (ou presque) et qu'il suffirait de laisser, sans agir, se déployer d'elle-même pour que les difficultés disparaissent.

Ce qui n'est pas sans poser problème. D'abord, parce que cette notion ainsi (mal) comprise vient donner consistance aux fantasmes et aux croyances – déjà évoqués – en une toute-puissance des survivants. Mais surtout parce qu'elle permet souvent aux professionnels, sur le terrain, de se rassurer à peu de frais. Dans le domaine de la maltraitance infantile, par exemple, elle a d'ores et déjà permis que certains d'entre eux, posant doctement que les enfants – on le savait désormais – étaient tous « résilients », s'inquiètent (encore) moins qu'ils ne l'auraient fait auparavant pour des garçons, des filles, des bébés qui étaient pourtant en grande souffrance et en grand danger. La « résilience » (ou ce qu'ils nommaient comme telle) en vient ainsi à jouer, en ces circonstances dramatiques, un rôle équivalent à celui du fameux « Dieu y pourvoira » derrière lequel peuvent s'abriter certains croyants pour continuer à penser que celui qu'ils n'ont pas aidé, celui dont ils ne se sont pas occupés n'a pas été pour autant abandonné.

Il faudrait donc tenter, dans chaque cas, de répondre (comme on parvient parfois à le faire dans certaines cures analytiques) à cette question : pourquoi et comment cet homme, cette femme, cet enfant ont-ils résisté ? Sur quoi se sont-ils appuyés pour y parvenir ?

Car si – l'expérience le prouve – les êtres humains (adultes ou enfants) sont capables de découvrir en eux, pour résister, des forces qui nous semblent souvent stupéfiantes, ils ne le peuvent que s'ils trouvent des points d'appui :

- des points d'appui intérieurs, donnés par leur propre histoire. Et l'on pense à ce que rapporte, par exemple, le cinéaste et écrivain Rithy Pan[1] de ses parents, des valeurs qu'ils lui ont transmises, de l'exemple de dignité et de courage qu'ils lui ont donné ;
- ou des points d'appui trouvés à l'extérieur, construits à partir de l'extérieur et souvent sur le lieu même de la souffrance. Le rôle par exemple que jouaient, dans les camps de concentration, la solidarité et la volonté de maintenir vivant quoi qu'il arrive un rapport à la culture, à la parole – Charlotte Delbo montant à Ravensbrück des pièces de théâtre avec ses camarades.

Il faudrait aussi s'interroger – ce que l'on fait rarement – sur le prix à payer pour la résistance, sur le prix qu'un être paie pour résister. Prix toujours exorbitant, dont on ne parle pas assez et qu'évoque pourtant cette expression – si juste – de la langue française : « prendre sur soi ». Car résister, c'est (aussi) prendre sur soi. Puiser dans ses réserves (non seulement physiques, mais psychologiques), alors que ces réserves, on le sait, sont chez un être humain bien loin d'être inépuisables.

Résister, c'est « prendre sur soi », « prendre de soi », et, à ce titre, laisser dans l'épreuve, sur le champ

1. Rithy Pan, avec Christophe Bataille, *L'Élimination*, Grasset, 2012 ; Id., *L'Image manquante*, Grasset, 2013.

de bataille de l'épreuve, un morceau de soi. Un morceau qui pourra parfois, dans la suite de la vie, en venir à manquer de façon essentielle.

Et, à cet égard, il ne faut pas oublier que la liste est longue de ceux qui ont su « tenir » dans des situations extrêmes, qui ont su revenir, témoigner et même se remettre à vivre. Et qui pourtant, un jour, peut-être parce qu'ils n'avaient jamais réussi à chasser leur désespoir devant l'inconcevable, peut-être parce que l'énergie qu'ils avaient dû déployer pour survivre avait trop entamé leurs forces de vie, ont décidé, n'ayant plus la force d'aller jusqu'au bout, de mettre volontairement un terme à une existence qu'ils ne supportaient plus.

Certaines de ces victimes « après coup » de l'horreur sont connues du public, comme Primo Levi, Bruno Bettelheim, Jean Améry… Mais bien d'autres (dont seuls leurs proches savent le nom) existent qui n'ont pas survécu aux douleurs que la vie leur avait, dans leur enfance, dans leur adolescence ou plus tard, infligées. Enfants maltraités, femmes violées, parents qui ont dû voir périr leur enfant… L'inhumain peut tuer. Et il peut tuer même très longtemps après les faits.

Il conviendrait de ne pas oublier non plus la descendance des survivants, leurs enfants, petits-enfants et arrière-petits-enfants, hantés, souvent jusque dans leurs rêves, par ce qu'ont subi ceux qui les ont précédés. Par une horreur si grande que ses effets ne parviennent pas à s'épuiser en une seule génération.

Mener une telle réflexion nous permettrait de remettre les choses à leur place. De comprendre qu'aucun être humain, si solide soit-il, ne peut tout supporter. Que, face au malheur extrême, la normalité n'est pas de résister, elle est de s'écrouler. Et que ceux qui résistent ne sont, pour fascinants qu'ils soient, que des exceptions à la règle.

Cette affirmation pose la nécessité du soin et de la prévention. Par rapport aux problèmes personnels des êtres, mais par rapport aussi aux problèmes auxquels leur vie sociale les confronte. Et les confronte plus que jamais en période de crise économique.

III

La crise économique : une situation extrême ?

Comment évaluer la gravité des problèmes psychologiques auxquels sont confrontés les hommes et les femmes contraints de subir la crise économique ? Et ces problèmes sont-ils si importants que l'on puisse à leur propos faire référence aux situations extrêmes que nous venons d'évoquer ?

Un tel rapprochement peut surprendre. Il peut même choquer et sembler d'autant plus outrancier que, la société fonctionnant comme si les conséquences psychologiques de la crise n'existaient pas, les voir soudain non seulement mises en avant, mais placées au rang du pire, peut en toute logique susciter un rejet aussi violent que scandalisé : « Comment pouvez-vous même imaginer une telle mise en rapport ? » L'indignation est parfois paradoxale…

Que l'on se rassure. Il ne s'agit pas de cela.

Notre propos n'est en aucun cas d'avancer que la survie dans un camp de concentration, l'expérience de la torture et l'existence en temps de crise économique seraient choses équivalentes. Une telle affirmation serait aussi absurde qu'indécente.

Il s'agit de poser que la crise ne confronte pas seulement ceux qui la subissent à un ensemble de désagréments dont, même s'il leur rend l'existence pénible – voire très pénible –, ils pourraient bon an mal an s'accommoder, mais à une atteinte en profondeur de leur être.

Comme les situations extrêmes, la crise économique s'attaque chez un être humain à des mécanismes vitaux. Étant bien entendu qu'elle s'y attaque d'une façon différente.

Les réalités qui sont destructrices pour le psychisme sont comparables – en ce qui concerne leur mode d'action – aux maladies qui frappent le corps. Certaines surgissent brutalement et procèdent de façon rapide et violente. D'autres, plus lentes et donc moins spectaculaires, agissent à bas bruit. Elles peuvent tuer tout aussi sûrement que les premières, mais beaucoup moins rapidement. Elles détruisent à petit feu. La crise économique est de celles-là.

Les attaques de la crise économique

À quoi s'attaque la crise économique ? En quels lieux de son être atteint-elle un individu ? Nous allons tenter de répondre à ces questions, mais il convient de définir d'abord ce que l'on entend par « crise économique ». Et de le faire en essayant de rendre à ce concept, qui, sans cesse évoqué, reste pourtant nébuleux pour nombre de gens, une dimension plus facile à appréhender.

Nous appuyant non pas sur des considérations abstraites, mais sur ce que ressentent ceux qui la subissent, nous entendons par « crise économique » une période de difficultés économiques accrues,

• suffisamment généralisées pour que les individus prennent (progressivement ou rapidement, selon les cas) conscience que, qui qu'ils soient et quoi qu'ils fassent, ils ne pourront pas y échapper,

• et qui, les obligeant à renoncer à leur mode de vie antérieur, leur imposent un présent de plus en plus difficile (caractérisé par une vie quotidienne se déclinant sur une échelle allant de « problématique » à « invivable »). Avec pour toute perspective un avenir qui ne leur permet d'envisager pour eux-mêmes aucune amélioration à court, moyen, voire long terme, et leur donne les plus grandes craintes quant à la vie future de leurs enfants.

L'emploi

Au centre des peurs, des angoisses de l'homme ou de la femme pris dans le tumulte de la crise : l'emploi. Il est le pivot de leur vécu, la clef de leur présent comme celle de leur avenir. Et, de ce fait, l'objet de toutes leurs préoccupations, car chacun, même s'il ne l'a pas (ou pas encore) perdu, redoute de le perdre.

Cette crainte est autrement plus complexe que l'on veut bien le croire et beaucoup plus profonde et destructrice même que ne l'imaginent ceux qui l'éprouvent. Surtout, elle dépasse largement ce à quoi on la réduit le plus souvent : une peur qui ne serait liée qu'à la réalité. En l'occurrence, à la menace d'une baisse importante de revenus.

Cette dimension tout à fait réelle et justifiée existe bien évidemment, mais elle est très loin de constituer l'essentiel du problème.

Avoir du travail est en effet pour un individu – nul ne l'ignore – un moyen (LE moyen) d'assurer sa subsistance et celle de sa famille. Cette dimension, à elle seule, confère déjà à l'emploi une importance colossale. Mais c'est aussi – et on le sait moins – l'un des éléments essentiels de son équilibre psychologique. Un élément si déterminant qu'il constitue l'un des piliers de cet équilibre. Non pas tant parce que – comme on l'entend souvent expliquer aujourd'hui à propos de la souffrance des chômeurs – le travail serait pour chacun une « occupation » qui lui permettrait de structurer sa vie, et donc d'échapper à un vide dont on sait à quel point il peut être destructeur.

Mais parce que le travail, l'emploi, est la clef de l'existence sociale, le sésame qui permet d'avoir de plein droit, c'est-à-dire en toute légitimité, une place dans la société. Or le sentiment d'appartenir en toute légitimité au groupe social, d'y avoir en toute légitimité une place[1], est indispensable pour qu'un individu puisse se

---

1. La perte d'un emploi ne prive pas un individu de toute vie sociale (car il peut, même chômeur, conserver des activités

sentir, par rapport aux autres, mais aussi par rapport à lui-même, un être à part entière.

S'il en vient, faute d'un travail, à se trouver privé de cette place, il ne pense pas seulement, contrairement à ce que l'on pourrait croire, qu'il *a* désormais moins que les autres. Il pense qu'il *est* désormais moins que les autres. Certitude tragique qui est – nous aurons l'occasion d'y revenir – au cœur de la souffrance de ceux que la crise condamne au chômage. Et qui, jointe aux difficultés matérielles auxquelles ils doivent quotidiennement faire face, transforme trop souvent leur existence en tragédie.

Une tragédie dont on sous-estime généralement l'ampleur, et dont on méconnaît surtout à quel point elle est justifiée. Parce que la comprendre, en comprendre les mécanismes, supposerait que l'on remette en cause un certain nombre des idées reçues qui structurent, à l'insu de tous, la réflexion sur la question.

La vie sociale, constituante de l'être

Chacun sait que la vie d'un être humain se déploie toujours dans deux sphères. L'une que l'on dit « privée », parce que la société n'y joue qu'un rôle mineur. L'autre « sociale », parce que, contrairement à la première, elle est conditionnée par le fonctionnement de la société.

---

sociales), mais elle le prive de l'assurance d'être placé, dans le social, au même rang que les autres.

Chacun le sait, mais, si le fait a pour tous valeur d'évidence, sa signification est bien loin d'être comprise.

On considère en effet généralement – et de façon tout à fait implicite – que ces deux vies relèvent pour un être humain de l'avoir : il « est » et il « a » deux vies. Conception lourde de conséquences, car elle conduit à penser que, s'il en vient à perdre l'une des deux – par exemple en perdant son emploi, la clef de sa vie sociale –, cette perte sera pour lui préjudiciable parce qu'elle le dépossédera d'un avoir essentiel. Préjudiciable, mais pas catastrophique pour autant, car on est, dans cette optique, persuadé (en toute logique) qu'elle ne l'empêchera en aucun cas de continuer à « être ». Il aura perdu l'une de ses vies, mais il continuera à « être » comme il « était » auparavant, même si – cela va de soi – son existence sera plus difficile et plus triste, et lui-même plus malheureux, plus angoissé, etc.

Or une telle conception est fausse : la vie sociale ne relève pas pour un être humain de l'avoir, mais de l'être. L'homme, la femme ne sont pas des êtres qui, issus d'une vie privée dans laquelle ils se seraient pour l'essentiel construits, déploieraient – comme de surcroît – des activités dans le social, acquérant ainsi une vie sociale qui viendrait s'ajouter à leur vie privée.

Ils sont des êtres doubles – mi-privés, mi-sociaux. Tels des arbres que la nature aurait dotés d'un double tronc, ils ont ce que l'on pourrait appeler (même si l'image est on ne peut plus approximative) une double colonne vertébrale psychique qui leur permet de « tenir-psychologiquement-debout ».

Double colonne vertébrale dont l'un des axes est constitué par leur vie privée tandis que l'autre l'est par leur vie sociale. Et il faut, pour le comprendre, en revenir à la façon dont se construit, du berceau à l'âge adulte, le « petit d'homme », et surtout à la façon dont la vie sociale, quand elle apparaît dans son existence, prend place dans sa construction.

DEUXIÈME PARTIE

Du berceau à l'école : la construction de l'être social

I

La petite enfance ou le royaume de la vie privée

Au début de sa vie, le petit enfant, même s'il est, comme tout être humain appartenant à une société donnée, pris dans les mailles du social, n'a pas affaire au social dans son ressenti.

Il n'a qu'une vie, et cette vie est une « vie privée ». Elle se déroule essentiellement au sein de sa famille, et les relations qu'il y tisse avec ceux qui l'entourent – parents, frères et sœurs, famille élargie, amis de la famille, nounous, etc. – sont toutes fondées sur l'affectif.

L'enfant aime, il est aimé. Et les personnes qui l'aiment jouent dans sa construction un rôle essentiel. Un être humain ne se construisant jamais seul, mais toujours dans un rapport aux autres, c'est en effet avec elles et en fonction d'elles qu'il se construit.

En lui signifiant par leur tendresse et leurs paroles qu'il existe pour elles, ces personnes lui permettent de prendre peu à peu conscience de son existence (car le bébé ne sait pas qu'il existe et ne pourrait, seul, parvenir à cette appréhension de lui-même). Elles lui donnent les moyens de comprendre, de sentir qu'il est lui aussi une personne. Une personne qu'il va différencier progressivement de celles qui l'entourent jusqu'à, devenu au fil du temps de plus en plus conscient des limites de son corps et de son être, la ressentir comme « une ». Sentiment (mais aussi sensation, car, dans ce processus, le corps comme le psychisme sont en jeu) qu'il pourra exprimer plus tard, à un autre stade de son développement, quand il accédera, grâce à la parole, à la possibilité de dire « je ».

Et ces mêmes personnes lui permettent également d'acquérir une idée de sa valeur. C'est en effet parce que – il le sent – il compte pour elles et qu'elles tiennent à lui qu'il acquiert, là aussi progressivement, la certitude d'être une personne qui a une valeur, une personne qui compte.

À cette époque de sa vie, le sentiment que le petit enfant peut avoir de sa valeur s'enracine donc dans l'amour. Celui que lui portent ses parents. Et surtout, au-delà même de cet amour, dans ce qu'il sent de la place que, consciemment et inconsciemment, ils lui donnent. Du bonheur que son existence leur apporte (ou parfois, on le sait, pour son malheur, ne leur apporte pas…).

Les choses ne sont pas fondamentalement différentes pour les enfants de cet âge qui vivent une partie de leurs journées non pas dans leur famille, mais dans un lieu d'accueil comme une crèche. Car la crèche, même si elle est indéniablement un lieu social, n'est pas ressentie comme telle par l'enfant. Il doit certes y apprendre à tisser des liens avec des enfants qu'il ne connaît pas et des adultes étrangers à sa famille (et qui occupent une fonction sociale). Mais, l'institution ayant pour vocation un accompagnement très personnalisé de chaque enfant et la mise en place de relations qui, sans être, comme les relations intra-familiales, entièrement fondées sur l'affectif, sont néanmoins très centrées sur sa personne, le lieu est vécu par lui comme une sorte de prolongement, dans le monde extérieur, de son univers familial.

Entre la crèche et sa famille, il n'y a pas pour le petit enfant (en tout cas si tout se passe bien) de hiatus, mais une sorte de continuum. Ce que l'on y nomme « socialisation » n'est pas pour lui une plongée dans le monde social et ses lois – il n'en est pas là –, mais une première découverte des autres enfants. Ces « alter ego » si semblables à lui, qui lui permettent de comprendre – expérience fondamentale – que le monde ne se limite pas à sa seule personne. Qu'il est – pour reprendre la belle expression du psychanalyste Denis Vasse – « un parmi d'autres[1] ».

Cette première avancée de l'enfant, cette première étape de sa marche vers le monde, n'est jamais facile.

Elle est même toujours pour lui compliquée et complexe[2], car elle le contraint à faire, sans la présence

1. Denis Vasse, *Un parmi d'autres*, Seuil, 1978.

2. Cette complexité avait conduit Françoise Dolto à « inventer » les Maisons Vertes. Des lieux où les enfants pouvaient faire ces premières expériences en présence de leurs parents et en se réconfortant auprès d'eux à chaque épreuve pour devenir progressivement capables de les affronter seuls.

rassurante de ses parents, l'expérience du groupe et de son existence au sein de ce groupe. Elle l'oblige à passer de « moi tout seul » à « moi avec les autres » et à se confronter aux règles qui régissent cette première vie hors des frontières de la famille. En premier lieu, à celles de ces règles qui concernent le respect de ses compagnons, le respect de leur personne, de leur espace, de leurs biens.

Ces règles ne lui sont pas totalement inconnues, car il les a déjà entendu énoncer en famille : on ne frappe pas son frère (ou sa sœur). On ne le mord pas, on ne déchire pas ses cahiers, etc. Mais le fait de se les voir rappeler là, identiques, par les professionnels d'une institution extérieure à sa famille l'aide à (commencer à) comprendre que, loin d'être les conséquences de lubies ou de fantaisies de ses parents, elles relèvent des lois du monde.

II

L'école, la première rencontre avec le social

La première vraie rencontre de l'enfant avec le social se fait au moment où il entre à l'école. Et, plus précisément, au moment où il entre au CP. Les classes maternelles (surtout les deux premières) constituant une sorte de « sas », d'étape préparatoire à l'admission dans ce que les élèves comme leurs parents nomment à juste titre la « grande école », l'école des grands. Celle qui marque que l'enfant passe, dans ce que l'on pourrait appeler le « développement de son être au monde », un cap décisif.

Cette entrée à l'école constitue pour tout enfant (bien que ses géniteurs comme lui-même soient en général fort loin de pouvoir en prendre la mesure) une véritable plongée dans un monde nouveau.

Car l'école n'est pas pour l'enfant, comme pouvait l'être la crèche, un prolongement de son univers familial. Elle est un lieu étranger à cet univers, différent en tout point de celui-ci. Si différent même que l'on peut dire que, à partir du CP, l'enfant, qui avait appris jusque-là à vivre dans sa famille, doit entamer un second apprentissage pour devenir apte à vivre dans cette institution dont les codes, les règles, les us et les coutumes lui sont en grande partie inconnus.

L'école et la famille constituent deux mondes distincts, et l'enfant, devenu élève, doit apprendre à partir du CP à vivre dans chacun de ces mondes et à passer chaque jour de l'un à l'autre. Il doit chaque matin quitter la planète Famille pour gagner la planète École et faire chaque soir, en sens inverse, le même chemin. Et il doit surtout réussir à effectuer ce voyage quotidien sans pour autant perdre ses repères ni la conscience qu'il a de lui-même. Autrement dit, vivre dans deux mondes tout en restant « un ».

Cette tâche colossale exige de lui un travail intérieur d'une grande complexité. Une complexité dont il est frappant de constater qu'elle est aujourd'hui largement sous-estimée. Et qu'elle l'est faute que soient reconnues la nature et l'importance des différences qui séparent le monde de la famille de celui de l'école.

École, famille : deux mondes différents

Ces différences sont le plus souvent conçues comme de simples différences d'ordre quantitatif et évoquées de ce fait en termes – réducteurs – de « plus » et de « moins ».

On considère que ce que l'enfant est amené à vivre à l'école n'est pas fondamentalement différent de ce qu'il vivait jusque-là dans sa famille, mais qu'il peut avoir néanmoins des difficultés à se repérer et à s'adapter.

D'abord, les protagonistes sont plus nombreux : l'enfant est amené à côtoyer à l'école un nombre important d'adultes et un nombre plus important encore d'enfants qu'il ne connaît pas. Des enfants avec lesquels il va devoir partager l'attention de l'enseignant : il bénéficiera donc d'une attention moins grande que celle à laquelle sa famille (et même la crèche) l'avait habitué. Et avec lesquels il devra partager aussi les faveurs de ceux de ses compagnons dont il aimerait faire – terme magique – ses « copains » (« Pourquoi Pierre, il veut toujours jouer avec Paul et jamais avec moi, maman ? »). La concurrence est rude…

De la même façon, on reconnaît que l'enfant doit s'astreindre à l'école, pour faire ce qu'on lui demande, à une attention et à des efforts plus grands que ceux dont il avait l'habitude. Et faire face – sans discussion possible – à l'observance de règles plus nombreuses et plus contraignantes que celles qui ont cours dans sa famille. Devant se débrouiller seul dans tous ces domaines, il est tenu d'acquérir rapidement une plus grande maturité et une plus grande autonomie.

Tout cela est juste. Et cette dimension quantitative du changement que doit affronter l'enfant quand il devient élève est indéniable. Mais elle n'est pas la seule, et surtout pas – tant s'en faut – la plus importante.

Car les différences essentielles qui séparent le monde de la famille de celui de l'école ne sont pas d'ordre quantitatif. Elles sont d'ordre qualitatif.

Et elles sont si profondes qu'il nous semble possible de soutenir que l'enfant qui entre à l'école ne doit pas seulement, pour y vivre en harmonie avec lui-même et avec les autres, acquérir quelques notions supplémentaires, mais qu'il se voit contraint de faire un travail intérieur aussi important que celui qu'il aurait à faire s'il devait passer chaque matin de sa langue maternelle à une autre qui lui serait inconnue.

Or il ne suffit pas, on le sait, de s'adapter à une langue étrangère. Il faut apprendre à la parler. C'est-à-dire réussir à retrouver, dans cette langue, les repères que l'on avait dans celle que l'on avait pratiquée jusque-là et dans laquelle on s'était construit. Et s'y retrouver soi-même, entreprise complexe…

Le pays de l'école est pour l'enfant une terre étrangère, car les repères avec lesquels il y arrive, ces repères qu'il avait construits en terre familiale (à propos de son rapport aux choses, de son rapport aux autres et aussi à lui-même) se révèlent, là, caducs. Ils ne fonctionnent plus.

Au pays de l'école, les liens qui unissent les enseignants aux enfants (et les enfants aux enseignants), comme ceux qui lient les enfants entre eux, sont d'une nature radicalement différente de ceux qui ont cours dans la famille. L'enfant ressent toujours confusément ces différences. Elles le déstabilisent et parfois l'angoissent. Et elles l'angoissent d'autant plus qu'il n'a, si on ne les lui a pas préalablement expliquées, aucun moyen de les comprendre.

Il avance donc à tâtons (comme on avance dans un pays dont on ne connaît ni la langue ni les coutumes). Souvent, il rencontre des difficultés, il souffre. Et les adultes ne l'entendent pas toujours, car, oublieux de leurs propres douleurs d'enfance, ils ont tendance à mettre ces difficultés sur le compte d'un « temps d'adaptation » qu'ils estiment normal : « Il va s'habituer. »

En fait, l'enfant cherche le mode d'emploi de ce monde nouveau. S'il a la chance qu'un adulte secourable le lui donne, il peut, nanti de cette boussole, se diriger sans trop de craintes. S'il reste sans aide, il n'a d'autre solution que de tenter de le découvrir par lui-même. Il y parvient parfois, suffisamment en tout cas pour s'habituer, s'adapter bon an mal an – même s'il n'en saisit pas vraiment la structure – à cette terre étrangère et réussir ainsi à y poursuivre cahin-caha sa route. Quitte à manifester des années plus tard, par un problème ou un autre, les conséquences de son errance initiale dans ce monde scolaire qu'il ne comprenait pas. Mais il peut aussi échouer, ne pas supporter l'école et développer des troubles que l'on dira alors « d'adaptation ». Trop souvent, on les attribuera pour l'essentiel à sa fragilité, sous-estimant ainsi la complexité des changements qu'il a dû affronter, l'importance des différences qui séparent le monde de l'école de celui de la famille.

Les rapports enfants-adultes en terre d'école

Le premier changement auquel l'enfant se trouve confronté à l'école – et c'est un changement majeur – porte, nous l'avons dit, sur la nature des liens qui unissent en ce lieu les adultes et les enfants.

Une fois l'enfant devenu élève, la relation qu'il peut avoir avec son maître ou sa maîtresse ne ressemble en effet en rien à celle qu'il a connue avec ses parents, les membres de sa famille élargie, les personnes qui s'occupent de lui.

Ces relations intrafamiliales avaient deux caractéristiques. Elles étaient fondées sur l'affectif et elles étaient des relations que l'on peut dire « à deux termes » : l'enfant et ses parents, l'enfant et sa nounou, etc.

À l'école, tout change. Pour deux raisons.

La première de ces raisons est que les relations qui lient les enseignants à leurs élèves ne sont pas fondées sur l'affectif. Le maître ou la maîtresse peuvent être gentils et affectueux comme les parents ou les nounous, mais, s'ils le sont, c'est de surcroît. Car ils ne sont liés à l'enfant et l'enfant ne l'est à eux – il doit le comprendre – que parce qu'ils ont une fonction à remplir : enseigner. Et c'est à l'aune de leur capacité à la remplir qu'ils doivent être appréhendés. Autrement dit, les enseignants ne sont là ni pour aimer leurs élèves, ni pour être aimés d'eux. Ils sont là pour enseigner. Pour leur enseigner ce que le programme exige qu'ils leur enseignent. Ils ne choisissent pas leurs élèves comme ils choisissent dans la vie leurs amis. Et leurs élèves ne les choisissent pas non plus. Ce n'est pas un attrait mutuel qui fonde leur rencontre, mais une donnée sociale : l'obligation scolaire.

Les relations que l'enfant tisse avec les adultes de l'école ne sont donc pas – et c'est la deuxième différence –, comme l'étaient ses liens familiaux (et comme le sont de façon générale les relations d'ordre affectif), des relations à deux termes : « parce que c'était lui, parce que c'était moi ». Ce sont des relations à trois termes. Elles incluent l'enseignant, l'enfant, mais aussi un troisième terme, l'école (l'institution scolaire), qui a permis leur rencontre et qui, toile de fond de leurs relations, la structure. Enseignants et élèves ne sont pas définis par des données subjectives, mais par leurs fonctions. Des fonctions toujours fixées par le troisième terme de leur relation : l'institution scolaire. L'enseignant, qui qu'il soit, est là pour enseigner ; l'élève, qui qu'il soit, pour apprendre. Ces fonctions respectives définissent pour les uns et les autres leur vie à l'école et les modalités de leurs échanges.

Pour l'enfant, ce changement est bouleversant. Au sens propre du terme, car il bouleverse tous ses repères.

Jusque-là, l'amour structurait pour lui, nous l'avons dit, ses relations avec les adultes. L'enfant donnait de l'amour et il attendait d'en recevoir. C'était pour lui une loi du monde.

Quand il entre à l'école, c'est avec ce fonctionnement qui avait cours au sein de sa famille et qui est le seul qu'il connaisse. Et il y arrive pour se trouver confronté – et c'est pour lui (au moins dans un premier temps) aussi incompréhensible que violent – à une situation où, le laissant avec sur les bras sa demande mais aussi son offre d'amour, qui, là, n'ont pas cours, on exige de lui… de l'attention, du travail, des devoirs, etc. L'obligeant ainsi à changer brutalement de monnaie d'échange (ce qui est déjà pour lui très difficile à concevoir), mais en outre à accepter de ne plus recevoir, en échange de cette nouvelle monnaie, ce qu'il avait l'habitude de recevoir.

Car, à l'école, en fournissant le travail demandé, on n'obtient pas l'amour de l'enseignant. On obtient un statut de bon (ou de moins bon) élève. Un statut qui peut certes valoir à celui qui l'acquiert l'estime de l'enseignant. Mais – complication supplémentaire – un statut et une estime qui, loin d'être à tout jamais assurés, sont à gagner et à regagner sans cesse.

À l'école, rien n'est jamais définitivement acquis. Et cela constitue également pour l'enfant un changement très important.

Dans sa famille, s'il savait que certaines personnes pouvaient – il en avait fait l'expérience – ne pas l'aimer, il avait néanmoins acquis la certitude que celles qui l'aimaient lui vouaient un amour indéfectible. Ses parents, chargés comme ils l'étaient de l'éduquer, pouvaient certes se trouver – à cause d'une bêtise ou d'une autre qu'il avait faite – en désaccord avec lui, fâchés contre lui et même très en colère. Mais il savait – du moins s'il vivait dans une famille sécurisante – que, même si le ciel de leur relation s'était momentanément obscurci, il n'avait pas pour autant perdu leur amour, que le lien demeurait. Pour un enfant qui a la chance d'être aimé, l'amour de ses parents est un repère fixe, immuable. Il fait, aussi sûrement que le jour et la nuit, partie de son paysage de vie.

Rien de tel à l'école. Si le maître ou la maîtresse grondent, reprochent ou punissent, si l'enfant perd la bonne relation qu'il avait avec eux, s'il se sent rejeté, il a l'impression d'avoir – au moins momentanément – tout perdu. Car les sentiments, là, ne sont pas les maîtres du jeu.

Si l'on veut être bien vu du maître ou de la maîtresse, il faut gagner sa place et œuvrer sans cesse, jour après jour, en travaillant et en se conduisant correctement, à la conserver. Les bonnes notes et les bonnes conduites s'inscrivent, comme les mauvaises, et les unes n'effacent jamais les autres.

L'importance nouvelle du « faire »

Dans l'univers de l'enfant, qui pensait jusque-là qu'il suffisait d'« être » pour être aimé, cette nécessité d'une tâche à accomplir pour exister fait donc surgir un nouvel élément : le « faire ».

Ce « faire » n'est pas vraiment pour lui une découverte, car il avait place déjà dans sa vie familiale. Et la réussite dans ce domaine avait été pour lui, à maintes reprises, une source de fierté. De fierté et de joie, car il savait qu'il allait, en réussissant, satisfaire ses parents. Mais il savait aussi que cette réussite qui les rendait heureux n'était pas pour autant la condition de leur amour. Qu'il réussisse ou non (à lacer ses chaussures, à s'habiller ou à faire un « beau dessin »), ils continueraient à l'aimer et à l'estimer.

Dans sa famille, le « faire » existait donc pour l'enfant, mais il n'y tenait pas – tant s'en faut – un rôle déterminant.

À la différence de l'école. Car le « faire » a là – il le découvre – une importance colossale, puisqu'il est, outre la condition de sa présence et de son maintien dans l'institution scolaire, la clef de sa bonne relation avec les enseignants et par là même le moyen d'acquérir une bonne image de lui-même. Changement considérable.

En terre familiale, on pouvait, nous l'avons dit, être aimé pour ce que l'on était, il n'y avait rien à prouver. Et, ainsi aimé, on pouvait – le jugement des parents ayant valeur de jugement universel – se sentir dès lors digne d'être aimé, « aimable ».

À l'école, il faut, pour se sentir un bon élève, être considéré comme tel par les enseignants. Et on ne peut l'être qu'au prix d'accomplir quotidiennement et d'une façon qui les satisfasse le travail qu'ils ont demandé.

À l'école, l'amour n'ayant pas cours et « être » ne suffisant pas, le « faire » est roi. Si l'on veut « être », il faut « faire ».

Les relations entre élèves

Cette image de soi acquise, grâce au travail, auprès des enseignants est d'autant plus importante pour l'enfant qu'elle influe notablement sur les liens qu'il peut tisser avec ses alter ego, les autres élèves. Des liens dont l'école va, là encore, modifier la structure.

Les relations que l'enfant avait eues auparavant avec ses copains avaient été, en effet, comme celles qu'il avait eues avec les adultes, des relations à deux termes : lui et eux, lui et chacun d'entre eux.

À l'école, du fait de l'omniprésent troisième terme – l'institution scolaire –, ce n'est plus le cas. Car, les faisant passer de deux à trois termes, l'institution s'invite, à l'insu des enfants, dans les relations qu'ils nouent entre eux. Et elle s'y invite par le biais précisément de l'image dont – étant donné son statut de bon ou de mauvais élève, de sage ou d'indiscipliné – chacun d'eux jouit dans la classe.

Alors que, avant l'école, l'enfant avait toujours choisi ses copains – et été choisi par eux – en fonction d'une attirance mutuelle (lui, moi…), à l'école, même si cette attirance continue à jouer un rôle important, elle ne suffit plus. Car on peut, même si cette attirance existe, y voir ses offres d'amitié rejetées. On peut y être refusé comme copain, si l'on est « bon », par ceux qui ne le sont pas. Ou, de la même façon, être rejeté par le groupe des « bons » parce que, pensent-ils, on ne l'est pas autant qu'eux.

L'image donnée à chaque enfant par l'institution joue un rôle dans ses relations amicales. Et cette immixtion est parfois, pour certains, source de grandes souffrances.

Le groupe : une caisse de résonance

Ces souffrances peuvent être d'autant plus importantes que l'enfant, à l'école, n'a pas affaire seulement à des camarades considérés individuellement. Il a affaire au groupe de ces camarades, c'est-à-dire à une collection d'individus que l'institution scolaire fédère en une entité : « les élèves de la classe ». Et cette entité (qui préfigure pour l'enfant ce que sera plus tard, quand il sera devenu adulte, le groupe de ses collègues de travail) joue toujours pour lui un rôle essentiel.

• Elle représente le groupe des concurrents auxquels il doit se mesurer pour gagner l'estime de l'enseignant et ainsi cette image – narcissisante et rassurante – de bon élève dont il a si grand besoin. Des concurrents d'autant plus importants que, si l'enseignant évalue le travail de chaque enfant en fonction de repères généraux, il l'évalue aussi en fonction du niveau de la classe, du niveau de ce groupe.

Au royaume des aveugles, dit le dicton, les borgnes sont rois. Mais, dans le monde des « super-voyants », le voyant normal peut, de la même façon, se sentir diminué. Bien des élèves dont les résultats sont pourtant satisfaisants en viennent ainsi à se sentir inférieurs à leurs camarades (dont les performances sont supérieures aux leurs) et à développer de ce fait une image diminuée d'eux-mêmes.

• Mais, sur la scène de l'école, le groupe de ses alter ego joue aussi pour l'enfant un autre rôle : celui d'un public et, par là même, d'une sorte de caisse de résonance.

Contrairement à l'univers familial, où bien des choses pouvaient, si les parents y veillaient, ne pas être dites et montrées à tous (et cette intimité possible était pour l'enfant rassurante), à l'école tout est public. Tout se fait et se dit devant les autres (ou peut, en tout cas, être connu d'eux).

À tout moment, le groupe des élèves peut, tel un chœur antique, s'emparer des événements, les commenter et ainsi aggraver ou tempérer une situation. Il peut, s'il est soudé et solidaire, aider l'enfant à relativiser un échec comme il peut amplifier son humiliation.

Il peut faire résonner l'image qu'il a acquise pour faire de lui un élève « populaire » ou, au contraire, amplifier son rejet. Et même lui donner un retentissement tel que, dans certains cas, l'enfant, otage de cette image de lui devenue par trop publique, ne pourra plus la relativiser. On sait les drames qui peuvent s'ensuivre...

À l'école, outre le « faire », une nouvelle dimension prend donc place dans l'univers de l'enfant. Une dimension que l'on peut dire être celle de la « scène publique ». Une dimension qui restera désormais, de l'école à l'entreprise, présente pour lui toute sa vie.

Un nouveau monde

À partir de son entrée à l'école, et plus précisément, nous l'avons dit, de celle en CP, l'enfant se trouve donc projeté dans un monde véritablement nouveau.

• Un monde dans lequel adultes et enfants ne sont pas considérés seulement comme des individus, mais comme les membres d'une structure sociale (l'institution scolaire).

• Un monde où ils ne sont pas définis par leur être, mais par leurs fonctions. Des fonctions toujours attribuées par une autorité supérieure : on ne se décrète pas enseignant ou élève. On est toujours désigné comme tel par l'institution.

• Un monde où leur valeur n'est pas définie par les sentiments qu'ils peuvent inspirer aux autres, mais par leur capacité à accomplir la tâche que requiert la fonction qu'ils occupent.

• Un monde où l'on n'est pas aimé, mais où l'on peut être reconnu. Et on ne peut l'être que pour ce que l'on fait. À l'école, l'« être » se déduit du « faire », et ce « faire » est toujours évalué en fonction de ce que font les autres (appelés à la même fonction).

• Un monde, donc, qui suppose que l'élève – et il faut l'y aider – apprenne très vite à différencier ce qu'il est de ce qu'il fait. Notamment pour préserver l'image qu'il a de lui-même et le sentiment de sa valeur lorsque ceux-ci pourraient être mis à mal par le faible niveau de l'une de ses performances : « Ce n'est pas toi que le maître a jugé, c'est ton devoir. Aujourd'hui il n'était pas bon ; demain le prochain pourra, si tu travailles, être meilleur. »

Réassurances d'autant plus importantes que, nous l'avons dit, à l'école tout est public. Ce qui s'y passe pour un élève se déroule sous le regard de tous les autres. Et leurs réactions peuvent amplifier aussi bien sa fierté que sa honte.

En fait, ce monde nouveau, si différent de celui de sa famille, dans lequel l'enfant va, à partir du CP, apprendre à évoluer, préfigure de par sa structure (la place centrale donnée à la fonction et au « faire », l'image de soi acquise grâce à ce « faire », l'importance du groupe des élèves et celle de l'autorité hiérarchique) ce que sera plus tard pour lui le monde du travail, celui de sa vie sociale.

Devenu élève, l'enfant découvre le monde de la vie sociale, il entre en société. Et commence de ce fait à avoir – et il les gardera sa vie durant – deux vies. L'une « privée » – privée de ce fonctionnement du social –, l'autre sociale.

Et c'est à ce moment que se met en place en lui la branche sociale de ce que nous avons nommé sa « colonne vertébrale psychique ». C'est alors que cette « colonne vertébrale psychique », qui n'avait jusque-là qu'une branche – privée –, en acquiert une seconde qui est, elle, sociale.

C'est à ce moment qu'elle devient double.

III

De l'école à l'entreprise : une dimension sociale de soi

Cette branche sociale de sa « colonne vertébrale psychique », cette nouvelle dimension sociale de lui-même, se met en place pour l'enfant parce que sa nouvelle vie à l'école n'a pas seulement pour effet de modifier les conditions de son existence. Elle transforme en profondeur son être, car elle le conduit à une nouvelle appréhension de sa personne et de sa valeur, à une nouvelle image de lui-même.

Lors de son arrivée à l'école, l'enfant avait déjà une image intérieure de lui-même et un sentiment de sa valeur, la conjonction des deux formant ce que la théorie psychanalytique nomme un « narcissisme », c'est-à-dire un certain degré d'amour et d'estime pour soi-même.

Ce « narcissisme » était le fruit d'une construction qui s'était faite dans sa vie familiale, au cours de la période de son développement antérieure à sa scolarisation. Et qui s'était faite en plusieurs étapes.

Le stade du miroir

Au tout début de sa vie, dans sa petite enfance, l'enfant s'était appréhendé à partir de son « schéma corporel ». C'est-à-dire de ce qu'il ressentait de son corps réel – de ses muscles, de son squelette, de ses viscères – qui lui donnait la conscience d'exister.

Mais à partir aussi de ce que Françoise Dolto a nommé son « image inconsciente du corps[1] ». C'est-à-dire de la représentation qu'il pouvait avoir – cette fois inconsciemment – de son corps (et donc de sa personne) en fonction des rapports tissés avec les êtres les plus importants de sa vie : ses parents. En fonction de ce qu'il était pour eux[2].

Et puis, un jour, l'enfant avait découvert – découverte inouïe – qu'il était visible. Ce que, si étrange que cela puisse paraître, il ignorait : l'enfant, jusque-là, se sentait être, mais il ne savait pas qu'il pouvait être vu.

Cette expérience[3], il l'avait faite en découvrant (là encore en plusieurs étapes) le miroir – l'objet miroir –

1. Françoise Dolto, *L'Image inconsciente du corps*, Seuil, 1984.

2. Françoise Dolto distingue le « schéma corporel » de l'« image inconsciente du corps », car un enfant peut avoir un corps en parfaite santé et néanmoins se sentir – inconsciemment –, pour des raisons psychologiques, infirme. L'enfant trop assisté par les adultes, par exemple, se dessine souvent sans mains : le fait que l'adulte, avec ses propres mains, fasse tout à sa place le conduit à se vivre comme amputé des siennes.

3. Théorisée par le psychanalyste Jacques Lacan et nommée par lui « stade du miroir ». Jacques Lacan, « Le stade du miroir comme formateur de la question du Je », in *Écrits*, Seuil, 1949.

et, dans ce miroir, ce qu'on lui avait expliqué être une image de lui. Une image qu'il pouvait regarder et dont il avait compris qu'elle était semblable[1] à ce que les autres – ceux qui l'entouraient – pouvaient voir de lui.

Cette découverte de son image spéculaire avait transformé, pour l'enfant, le monde, car elle y avait fait surgir un nouvel élément : le regard. Et ce nouvel élément l'avait contraint à élaborer une nouvelle conscience de lui-même. Fondée non plus seulement, comme auparavant, sur ce qu'il sentait – consciemment et inconsciemment – de lui, mais sur sa « visibilité », nouvelle carte du jeu qu'il devait désormais prendre en compte.

Une « visibilité » qui incluait, d'une part, ce qu'il percevait de lui grâce au miroir, qui pouvait ou non lui plaire. Et, d'autre part, ce qu'il supposait que les autres – ceux qui le regardaient – en voyaient.

Se découvrir visible par les autres l'avait en effet conduit à se poser (en toute logique) la question de savoir de quel œil – comme on dit – ces autres le regardaient. Et cela s'était mis à compter.

Il s'était donc pensé dès lors d'autant plus beau qu'il se voyait beau, mais aussi qu'il était jugé beau par ceux qui l'entouraient. D'autant plus intelligent qu'il se savait reconnu comme tel par eux, etc.

Le miroir réel – l'objet miroir – et ce miroir symbolique qu'est le regard des autres étaient donc

1. À l'inversion du miroir près, mais il n'en était pas à pouvoir la comprendre.

devenus pour lui la source de nouvelles forces, de nouvelles fiertés, mais celle aussi de nouvelles vulnérabilités.

Pour tout être qui en fait l'expérience, le miroir inaugure une fracture dans la conscience qu'il a de lui-même. (Puisqu'il l'oblige à s'appréhender désormais à partir de deux éléments : ce qu'il sent de lui et ce qu'il en voit. Deux éléments particulièrement difficiles à articuler, puisqu'ils ne coïncident jamais complètement, ne sont jamais parfaitement superposables.) En même temps qu'il l'installe dans de nouvelles dépendances :

- une dépendance accrue aux autres. Car, n'étant plus seulement tributaire de leur amour et de leur estime, mais également de leur regard (et du jugement qui peut en découler), il s'expose à d'encore plus grandes souffrances ;
- une dépendance à l'image. Cette dépendance est évidemment liée à la précédente et d'autant plus difficile à vivre que l'image fonctionne toujours comme un piège : perçue le plus souvent comme objective et fiable, elle est en fait toujours relative.

Qu'il se porte sur soi-même ou sur les autres, le regard n'est en effet jamais objectif.

Ce que l'on perçoit de soi dans un miroir est toujours une construction. Car l'image que l'on y voit n'est jamais le reflet de ce que l'on est, mais toujours celui de ce que – compte tenu de l'histoire que l'on a eue – l'on imagine que l'on est.

De la même façon, nous ne voyons jamais les autres tels qu'ils sont, mais toujours à travers le filtre de ce qu'ils représentent pour nous[1].

Le plus bel enfant du monde, s'il n'est pas reconnu comme tel par ses parents, pourra ainsi, persuadé de l'objectivité de leur regard, se penser, sa vie entière, laid. Alors même que le regard de ses géniteurs ne traduit peut-être que la mauvaise image qu'ils ont d'eux-mêmes et le fait que, dévalorisés par leur propre histoire, ils ne peuvent s'imaginer capables d'avoir donné naissance à un bel enfant. Condamnés à ne jamais le voir tel qu'il est, ils ne perçoivent donc, quand ils le regardent, que le reflet de l'incapacité qu'ils supposent être la leur.

Jeux de miroirs sans fin où s'entrechoquent les images et où s'abîment, pour leur malheur, les êtres. Jeux de miroirs dont nous verrons plus loin qu'ils peuvent se jouer aussi avec la société.

À l'école : une nouvelle image de soi

L'enfant arrive donc à l'école avec dans la tête une image de lui construite, grâce à sa découverte du miroir, dans sa vie familiale, avec ses proches. Et il y arrive pour voir, une nouvelle fois, les changements de sa vie modifier en profondeur son être. Confronté à la nouveauté de ce qu'il vit dans l'institution scolaire,

1. Ce qu'atteste le langage, puisqu'on parle par exemple de « voir avec les yeux de l'amour »…

il va en effet être conduit à élaborer une nouvelle image de sa personne, liée, cette fois, à celle que les enseignants et, à leur suite, les autres élèves lui renvoient de lui.

Cette nouvelle image diffère, à bien des égards, de la précédente.

• Elle n'est pas, du fait du fonctionnement de l'école – que nous avons précédemment expliqué –, liée pour l'essentiel à ce qu'est l'enfant, mais à ce qu'il fait : aux appréciations (bonnes ou mauvaises) dont ses productions sont l'objet.

• Elle est (encore) plus fragile que la précédente, car, dépendante du « faire », elle est non seulement à construire et à reconstruire sans cesse, mais à la merci d'un accident de ce « faire ». Un mauvais trimestre, une mauvaise année peuvent, on le sait, faire passer un enfant du camp des « bons élèves » à celui des « mauvais ».

• Surtout, elle a une tout autre portée.

Du fait d'abord des autres élèves, qui – nous l'avons évoqué – peuvent, s'ils s'emparent d'elle, la faire résonner dans l'espace public et lui donner ainsi un retentissement qui pourra être difficile à vivre pour l'intéressé. Mais principalement du fait de la place donnée par l'enfant aux enseignants.

Lorsque, à l'étape précédente, l'enfant s'appuyait pour construire son image sur le jugement de ses parents, ce jugement avait déjà pour lui un poids considérable. Car le pouvoir et le savoir qu'il prêtait à ses géniteurs étaient quasiment sans limites : s'ils le trouvaient beau, il l'était sans aucun doute.

S'ils le trouvaient intelligent, il ne pouvait pas ne pas l'être, etc.

Or l'opinion de ses enseignants, sur laquelle il s'appuie, à partir de l'école, pour évaluer sa valeur, prend à ses yeux une importance plus grande encore, car ces enseignants représentent pour lui bien plus que leur seule personne. Évalué par l'un ou l'autre d'entre eux, il ne se sent pas jugé seulement par monsieur X ou madame Y – c'est-à-dire par des individus dont il pourrait, au moins en partie, relativiser l'appréciation –, mais, à travers eux, par l'institution scolaire tout entière et, au-delà, par toute la société.

Pour un enfant, l'école représente toujours la société, et c'est elle qui, par la bouche de ses professeurs, s'exprime pour le déclarer « bon », « très bon » ou, au contraire, « inapte », et même pour le rejeter. Cette dimension permet de comprendre d'ailleurs le désespoir des élèves que le système scolaire exclut définitivement. Désespoir d'autant plus profond que la place qu'ils donnent à la parole des enseignants transforme leur éviction en un anéantissement de l'image qu'ils pouvaient avoir d'eux-mêmes.

Rejetés, sans plus aucun recours, par l'institution, ils ne sont à leurs propres yeux plus rien. Leurs productions évaluées à « zéro », ils se voient condamnés à penser qu'ils ne valent eux-mêmes pas plus que « zéro », qu'ils sont des « zéros ». Et la violence de cette mise à mort (qui vient s'ajouter à ce qu'ils ont vécu dans leur histoire familiale[1]) explique que, si souvent, pour jeter à la face de ce monde leur désespérance, pour la lui crier, ils ne trouvent plus à leur tour que la violence.

Une dimension sociale du « stade du miroir »

Plongé dans cette première expérience de vie sociale qu'est pour lui l'école, l'enfant construit donc une nouvelle image de lui, liée au fonctionnement social, dont elle porte l'empreinte.

Elle n'est plus l'image du petit garçon ou de la petite fille qui, considérés dans leur vie familiale comme des individus, pouvaient s'y sentir exister en fonction de l'attention et des sentiments dont ils étaient l'objet, du regard que leurs proches portaient sur eux, de l'estime dans laquelle ils les tenaient. Mais celle d'un garçon ou d'une fille qui, devenus membres d'une structure sociale – l'institution scolaire –, doivent y remplir une fonction (celle d'élève), en sachant que c'est de leur capacité à la remplir que se déduira désormais leur valeur.

Changement considérable… Si considérable qu'il convient de s'interroger.

Comment cette nouvelle image de sa personne, née de sa première confrontation directe avec la société, prend-elle place dans la construction de l'enfant ?

---

1. Car c'est toujours parce qu'il a eu une histoire difficile qu'un enfant ou un adolescent se retrouve éjecté, du fait de son comportement ou de son incapacité à apprendre, du système scolaire.

Comment s'articule-t-elle à celle, construite dans sa famille, qu'il avait déjà de lui ?

La question est trop complexe et trop vaste pour que nous puissions prétendre lui apporter ici, en quelques lignes, une réponse. Mais il nous semble néanmoins possible d'avancer que cette image (scolaire et donc sociale) que l'enfant élabore à partir de l'école est, de par sa structure même, trop différente de la précédente pour pouvoir simplement se fondre en elle et l'infléchir en en modifiant les contours. Et qu'elle doit donc s'adjoindre, se juxtaposer à elle.

À partir de l'école, l'enfant n'a plus seulement une image de lui-même, mais deux. Ou, plus exactement, l'image qu'il a de lui devient, à partir de cette étape, double : mi-privée (pour la partie élaborée au sein de sa vie familiale), mi-« sociale » (pour celle qu'il construit de lui dans sa vie scolaire).

De même qu'il a, à partir de l'école, deux vies – l'une privée, l'autre sociale – et devient de ce fait un être double, l'enfant a de lui une image double. Et il en sera ainsi toute sa vie. Désormais, il n'appréhendera plus jamais son être (et la valeur de cet être) à partir seulement de ce que les joies et les tourments de sa vie privée lui feront vivre. Mais à partir aussi de ce que sa vie sociale lui fera rencontrer. Désormais, ces deux faces de son image cohabiteront en lui et un jeu s'instaurera entre elles. Car ces deux faces de son image pourront être concordantes, mais aussi bien discordantes. Encore enfant comme devenu adulte, il pourra se sentir un être de valeur dans chacune des deux sphères de sa vie ou, au contraire, se juger valeureux dans l'une et beaucoup moins dans l'autre.

Nombre de questions se poseront alors. Celle notamment de savoir si une face de l'image peut compenser l'autre. Si sa réussite professionnelle a le pouvoir d'aider un être humain à supporter une vie personnelle peuplée de mésaventures. Et si, à l'inverse, le bonheur dans sa vie privée peut compenser pour lui l'échec de sa vie sociale.

Interrogation que la crise économique rend douloureusement actuelle.

Une identité sociale : porter son nom

Cette face sociale de son image que l'enfant élabore dans l'univers scolaire est d'autant plus importante pour lui qu'elle s'articule à une autre découverte essentielle que son parcours dans cet univers le conduit à faire : celle de son patronyme.

Avant d'intégrer l'école, l'enfant, très souvent, ne sait pas ce qu'est un nom. Soit il ignore l'existence de la nomination : il ne sait pas qu'il a un nom (ce qui – l'expérience des consultations le prouve – est plus fréquent qu'on ne le croit). Soit il en ignore le sens : il ne sait pas pourquoi il en a un.

Pour l'enfant petit, la question de la nomination n'a dans son univers familial (en tout cas pour ce qui concerne le conscient[1]) que rarement l'occasion de se poser.

Car le sentiment d'appartenance à la famille naît de la communauté de vie. L'enfant se sent uni à son père et à sa mère parce que ceux-ci l'aiment, lui parlent et, jour après jour, s'occupent de lui. La conscience de son identité (ou plus exactement ce qui, à cette époque de sa vie, en tient lieu) s'appuie sur les répétitions rassurantes de la vie quotidienne, la chaleur des paroles, la proximité bienveillante et tendre des corps. Le contact de la main de ses parents accrochée à la sienne lorsque, à leur demande, il la leur donne pour parvenir à se mouvoir en sécurité dans l'espace public, se promener dans les parcs ou traverser les rues l'assure, l'existence et surtout le sens du nom lui restant inconnus, du lien qui le relie à eux.

L'enfant se vit donc le plus souvent comme n'ayant qu'un prénom. Un mot que, parce qu'on lui a appris à le dire, il peut énoncer lorsqu'on lui demande : « Comment tu t'appelles[2] ? » Mais, là encore, il en ignore le sens. Si on lui demande : « Est-ce que tu sais pourquoi tu t'appelles comme ça ? », il reste en général ébahi.

Et ce prénom – il faut le souligner – est même très souvent remplacé dans sa famille par un surnom ou un qualificatif affectueux.

---

1. Car, pour ce qui est de l'inconscient, l'enfant est, dès la première heure de sa vie, tributaire des problèmes liés à son nom et à sa filiation.

2. Donnant ainsi à ses parents l'illusion – trompeuse – qu'il a compris la nomination.

L'enfant vit de plus au milieu de frères et sœurs logés à la même enseigne que lui, et d'adultes auxquels le plus souvent il s'adresse en employant des termes liés à la parenté (« maman », « papa », « mamie », « papy », etc.). Termes dont il ne comprend pas toujours – en tout cas, tant qu'on ne la lui a pas expliquée – la signification. Et qui donc fonctionnent pour lui, bien plus souvent là encore qu'on ne le croit, comme des noms communs. Mamie s'appelle « mamie » et papy « papy », comme la table s'appelle « table » et la chaise « chaise »…

Quand un enfant n'a pas reçu d'explications sur l'origine des êtres (donc sur la sexualité) et sur la filiation, il ne peut en aucun cas relier ces dénominations à des liens de parenté : « mamie » est la maman de ta maman parce qu'elle l'a portée dans son ventre. Et ton « papy » est son papa parce que c'est lui qui avait mis dans le ventre de ta « mamie » les « petites graines » – les spermatozoïdes – nécessaires à la « fabrication » d'un bébé.

À l'école, interpellé aussi bien par les enseignants que par les autres élèves, l'enfant va découvrir que deux mots (qu'il comprendra dans un second temps être un nom et un prénom[1]) le nomment. De même que deux autres mots nomment chacun des autres enfants (et des adultes) qui l'entourent.

À l'école, l'enfant acquiert la conscience que ces deux mots le représentent pour les autres.

---

1. Son prénom indiquant son sexe tandis que son nom indique sa filiation.

Il n'est donc plus seulement le « Titi », le « Fifi », le « Ludo » ou le « Manu » que, jusque-là, il se sentait être grâce à ce vocable par lequel on le nommait et grâce à l'affection avec laquelle l'énonçaient ceux qui l'appelaient ainsi. Il est aussi Serge Dupont, Anatole Durand ou Maryline Dubois. Quelqu'un pour les autres enfants qui le désignent ainsi quand ils le sollicitent. Quelqu'un pour le maître ou la maîtresse qui emploient ces mots lorsqu'ils félicitent, interrogent ou rappellent à l'ordre l'élève qu'il est devenu.

L'entité « prénom et nom » prend donc place dans l'univers de l'enfant. Une place d'autant plus importante qu'il comprend progressivement que ce nom et ce prénom peuvent le représenter même lorsqu'il est absent physiquement. Qu'ils restent par exemple inscrits sur la liste de l'enseignant même si, celui-ci faisant l'appel, il n'est pas là pour répondre : « Présent ! »

Cette permanence symbolique du nom étonne bien souvent, au moins dans un premier temps, les enfants (« Comment elle sait mon nom, la maîtresse ? »).

Mais elle peut aussi les désorienter, les désarçonner et même faire vaciller certains d'entre eux jusqu'à une sorte de vertige. Un vertige face à ce quelque chose d'eux – le nom – qui n'est pas eux et qui pourtant les représente. Découvrir qu'il a un nom et découvrir la dimension sociale de ce nom est, pour un enfant, beaucoup moins facile et surtout beaucoup moins « naturel » qu'on ne le croit. Et cela requiert toujours de lui un travail intérieur d'une grande complexité.

De même que la découverte de son image spéculaire, ouvrant un écart entre ce qu'il ressentait de son être et ce qu'il pouvait en saisir dans le miroir, l'avait obligé à s'appréhender désormais à partir de ces deux dimensions de lui-même, de même la découverte de son nom l'oblige à se rendre compte que, à côté de son existence réelle, qu'il percevait jusque-là en prenant acte de ce qu'il était, sentait, disait ou faisait, il en existe une autre. Une autre qui est, elle, symbolique et qui découle du fait qu'il a un nom.

À partir de l'école, l'enfant doit comprendre qu'il existe de deux façons : que « lui », c'est à la fois la personne qu'il se sent être et voit dans le miroir, et ces deux mots qui le représentent pour les autres. Et qui le représentent de la même façon que deux autres mots représentent chacun de ces autres. (« C'est qui ce monsieur ? C'est Jacques Dupont, le directeur de l'école. ») Et il doit, à partir de là, prendre acte du fait que ce qui lui arrive, arrive aussi à ce nom, associé désormais à sa personne, affecte aussi ce nom, « son » nom : « Qui a couru dans l'escalier ? C'est Michel Durand, madame. »

À partir de l'école, l'enfant, devenu double, vit dans un monde qui devient lui aussi double. Puisque, déjà peuplé d'êtres humains – adultes et enfants –, il l'est aussi désormais de noms, de leurs noms.

La découverte de son identité et, au-delà d'elle, de la notion même d'identité est donc, on le voit, pour tous les enfants, une étape décisive et complexe.

Mais elle peut être aussi, pour certains d'entre eux, la source de grandes difficultés. Des difficultés qu'il nous faut évoquer ici, car, non repérées et non soignées, elles peuvent le poursuivre sa vie durant. Et surtout hypothéquer son existence dans le nouvel espace social auquel il devra, nanti de la même identité, accéder après celui de l'école : le monde du travail.

Le « nom de famille » : un nom que l'on « porte »

Sa vie dans l'univers scolaire confronte donc l'enfant non seulement à son identité, mais à la dimension sociale de cette identité. Et elle l'y confronte parce que son nom, pour la première fois de sa vie, devient public : c'est par lui qu'à tout moment il peut être interpellé.

Le fait pourrait paraître banal, il est fort loin de l'être. Car cette apparition soudaine de son patronyme sur la scène publique n'est pas, pour l'enfant, sans conséquences, puisqu'elle va faire résonner (inconsciemment) pour lui tout ce qui – bon ou mauvais et qu'il en ait ou non connaissance – est lié à son patronyme.

Le nom que porte l'enfant, ce nom qu'il entend désormais si souvent, est en effet un « nom de famille ». Il n'est donc pas, comme l'est un nom commun, une dénomination arbitraire, immuable (ou presque) et figée. Il a une histoire : celle de la famille qu'il désigne, celle de sa famille. Et il est porteur de cette histoire, car, tel un torrent dévalant la pente d'une montagne, il s'est, en traversant les générations, chargé de tout ce qui s'y est vécu,

- au niveau de la vie privée, de ses joies, mais aussi de ses turpitudes, connues ou, au contraire, soigneusement cachées (chaque famille a son lot d'adultères, de désirs incestueux – réalisés ou non –, d'enfants illégitimes, etc.) ;
- au niveau de la vie sociale. Certaines familles sont fières de leur nom, car il raconte le travail, le courage, la probité, la culture, la réussite… D'autres le sont moins, car il évoque pour elles le déshonneur. Un sentiment de déshonneur ressenti, par exemple, à une génération par un membre de la famille et qui, quelle que soit l'importance réelle de sa cause, s'est transmis aux générations suivantes sous le sceau de la honte et de l'impossible à dire (« Mon arrière-grand-père, on n'en parlait jamais. On savait juste qu'il avait fait de la prison »).

Le nom dit « de famille » abrite toujours en son sein l'histoire de la famille. Cette histoire constitue son passé. Une sorte de « passé du nom » dont héritent tous ceux qui le portent, car le nom, réceptacle de l'histoire familiale, est aussi le vecteur de sa transmission inconsciente.

Quand l'enfant, à l'école, s'entend appeler par son patronyme, tout se passe donc comme s'il entendait (inconsciemment) résonner, en même temps que ce mot qui le nomme, l'écho de son histoire familiale.

Si cette histoire lui a été transmise, si rien n'en est, dans sa famille, caché, cela ne lui pose évidemment aucun problème : ce qu'il entend inconsciemment est en accord avec ce qu'il sait consciemment. Mais il n'en est pas de même si l'histoire familiale lui a été cachée. Car chaque énoncé de son nom sonne alors – toujours inconsciemment – pour lui comme un rappel des vérités qui lui ont été dissimulées.

Un rappel de ces vérités que son inconscient connaît[1], mais que son « conscient » n'a pas le droit de savoir.

La situation est donc pour lui génératrice d'angoisses. Des angoisses qui peuvent se traduire par un mal-être généralisé. Mais aussi par des troubles du comportement : l'enfant sera dit, par exemple, « agité[2] » (car, ne pouvant l'exprimer par des mots, il manifestera l'angoisse qui l'habite en utilisant la seule forme d'expression qui ne lui soit pas interdite : l'agitation de son corps). Ou par des difficultés d'apprentissage. Comment, en effet, apprendre à lire et à écrire, comment s'autoriser un accès à la connaissance quand on se voit retirer le droit de savoir et d'inscrire dans sa tête l'histoire dont on est issu ?

De plus – il faut le souligner – certains enfants ne sont pas seulement dépossédés de leur histoire familiale. Ils sont aussi, du fait d'un mensonge organisé

---

1. Car les enfants – l'expérience psychanalytique le prouve – savent toujours (même – et surtout – si on le leur a caché) tout ce qui, de près ou de loin, les concerne.

2. Et même, aujourd'hui, « hyperactif ».

par les adultes, privés de leur véritable nom, de leur véritable identité.

• Soit parce que, à l'une des générations précédentes, le nom qui était depuis toujours celui de leur famille a été, pour une raison ou pour une autre, changé. Et que leurs parents – qui le savent – leur ont caché ce changement ou ses véritables raisons[1].

Le nom qu'ils portent ne véhiculant plus l'histoire de leur famille, mais venant au contraire la masquer, ces enfants ne sont donc plus rattachés par lui à cette histoire. Ils en sont au contraire coupés, et, par là même, coupés de leurs véritables racines. Cela les condamne à construire au-dessus d'un vide, au-dessus de ce vide de leur histoire, leur vie. Une vie qui, telles ces maisons que l'on bâtit au-dessus d'un sol qui ne peut pas les porter, sera souvent une vie sans réel ancrage, une vie sur pilotis…

• Soit parce que – et c'est encore plus fréquent – ces enfants portent un nom qui (là encore sans qu'ils en aient été informés) dit une origine qui n'est pas la leur. C'est le cas par exemple des enfants à qui l'on a caché qu'ils étaient adoptés. Ou de ceux qui portent le nom d'un homme qu'ils croient être leur géniteur alors qu'il ne l'est pas.

---

1. Raisons qui peuvent être à la fois conscientes et inconscientes. Car la nécessité réelle de changer de nom (pour se protéger en temps de guerre, par exemple) peut coïncider, pour la personne qui change de nom – qu'elle en ait conscience ou non –, avec un désir inconscient de se couper de racines qui lui pesaient.

Ce mensonge de leurs parents, dont ils sont les otages impuissants, constitue pour ces enfants un véritable handicap. Car il les contraint à aborder la vie sociale en y étant, sans le savoir, représentés par un nom qui n'est pas le leur, et donc à y vivre sous ce qu'il faut bien appeler une fausse identité.

Cette fausse identité leur donne dans l'espace social un statut qui n'est pas sans évoquer celui de ces voyageurs que, sur les bateaux, parce qu'ils étaient dépourvus d'un billet en bonne et due forme, on nommait des passagers clandestins. Statut d'autant plus problématique pour ces enfants qu'ils vont devoir, leur existence durant (et notamment plus tard, dans le monde du travail), réussir à exister au milieu de condisciples (puis de collègues) qui, porteurs d'un nom qui est vraiment le leur, se sentiront, eux, d'emblée détenteurs d'une place légitime, d'une place à part entière.

Bien des adultes ayant vécu cette expérience racontent ainsi, en analyse, le sentiment de dévalorisation et d'infériorité qui, sans qu'ils en comprennent la cause, a toujours été le leur. Ce sentiment, rencontré dès leur entrée à l'école, les a souvent poursuivis plus tard, dans leur vie professionnelle, les rendant incapables de se sentir à égalité avec leurs collègues, d'affronter leur hiérarchie et même, simplement, d'entreprendre et d'avancer.

La transmission du nom

Tribulaire de l'histoire de son nom, l'enfant l'est aussi de la façon dont il lui a été – ou non – transmis. Car, pour qu'un enfant reconnaisse son nom comme sien, pour qu'il se sente, dans la vie sociale, porté par lui et, à travers lui, par la valeur de tous ceux qui l'ont porté avant lui, il faut que ce nom lui ait été transmis. Or ce n'est pas toujours le cas.

Un parent, en effet, inscrit toujours son enfant à l'état civil : c'est une obligation légale. Mais qu'il sacrifie à cette obligation ne dit rien du sens qu'il donne à sa démarche. Car il peut faire de cette inscription un don. Être heureux et fier de donner à son enfant, comme il lui a donné la vie, son nom. Être heureux et fier que, portant ce nom, cet enfant témoigne de sa filiation.

Mais il peut aussi procéder à cette inscription à contrecœur (parce qu'il ne souhaitait pas avoir une descendance, par exemple). Ou même, la réduisant à une simple démarche administrative, en faire un acte dépourvu de sens.

Son nom pourra alors n'avoir pas plus de sens pour l'enfant que n'en aurait un nom commun. Il lui permettra de se différencier des autres, mais, son inscription à l'état civil ne témoignant pas d'une volonté de ses ascendants de l'inscrire dans leur lignée, il ne le rattachera à rien, ne signifiera rien pour lui.

Le « présent » du nom

Aux problèmes liés au « passé » du nom et à sa transmission, il faut en outre ajouter ceux qui tiennent au « présent » du nom. Car le nom dit « de famille » n'a pas seulement un « passé ». Il a aussi un « présent ». Un « présent » qui est constitué par la façon dont, à la génération dans laquelle naît l'enfant, les adultes – et au premier chef ses parents – portent ce nom.

En acquérant une identité sociale, l'enfant établit en effet avec ses parents un nouveau mode de filiation. Il tisse avec eux un lien que l'on peut dire de « filiation sociale », car ce lien établit un pont entre son être social – en cours de construction – et l'être social de ses parents. C'est-à-dire la façon dont ils se sont eux-mêmes inscrits dans la société, y ont – ou non – réussi, s'y sentent – ou non – à l'aise, etc. Et un pont avec la façon dont ils portent eux-mêmes leur nom « de famille », ce nom que, après l'avoir reçu de leurs propres parents, ils ont donné à leur enfant.

Or ce rapport que les parents de l'enfant entretiennent avec leur nom, s'il tient à l'histoire qu'ils ont eue, depuis leur naissance, avec ce nom (histoire qui est tributaire de celle qu'avaient eue déjà avec lui leurs propres parents), tient aussi à l'accueil que la société dans laquelle ils évoluent lui réserve. Accueil qui peut provoquer chez eux aussi bien de la fierté que de la honte.

Le poids de ce « présent du nom », de ce vécu familial actuel du nom, s'ajoute à celui de son passé.

Et l'enfant qui porte ce nom se voit contraint de porter, en même temps que lui, ce double poids. Double poids qui conditionne la façon dont il va pouvoir vivre avec ce nom. C'est-à-dire le ressentir comme un élément porteur, un support de vie ou au contraire une charge qui, sans qu'il puisse jamais s'en défaire, pèsera sur lui. Et pèsera même parfois si lourd qu'elle hypothéquera pour lui toute idée d'un avenir possible de son nom.

Comment, en effet, envisager de se « faire un nom » avec un patronyme dont ses parents ont honte ou dont, alors même qu'ils en étaient fiers, ils constatent que, utilisé par eux dans l'espace public (lors d'une recherche d'emploi, par exemple), il provoque – du fait de sa consonance étrangère ou de quelque autre particularité – leur rejet immédiat ?

Comment exister dans l'espace social avec son nom quand la société dans laquelle on vit l'assimile à une marque d'infamie ?

La langue française le dit : on « porte » son nom. Et l'expérience analytique prouve que bien des êtres non seulement le portent, mais le supportent. Parce que, trop chargé d'inconnu, de malheurs, de non-dits, ou trop synonyme, à leur époque, d'exclusion, il constitue pour eux une charge qui les empêche d'avancer.

Situation particulièrement dramatique dans un monde où toute démarche sociale, toute démarche professionnelle (curriculum vitæ, entretien d'embauche…), suppose que l'intéressé « se présente ». C'est-à-dire énonce (ou inscrive) ce nom qui le représente.

Et situation d'autant plus dramatique que la « course à l'emploi » organisée par une crise économique comme celle que nous vivons exige que, pour y participer dans les meilleures conditions, on se soit préalablement débarrassé de toute charge superflue.

IV

Accompagner les premiers pas de l'enfant dans la vie sociale

Les souffrances liées à son nom sont donc parmi les premières que l'enfant peut éprouver dans l'espace social. Mais elles ne sont pas, tant s'en faut, les seules. Il nous faut donc évoquer les autres, c'est-à-dire toutes celles qui peuvent surgir au moment de son passage à la vie sociale. Ce moment où, par le biais de l'école, la société soudain prend place, tel un passager supplémentaire, dans le voyage de sa vie.

La compréhension de ces difficultés, nécessaire aux parents qui veulent pouvoir accompagner leur enfant dans cette étape décisive de son développement, l'est aussi si l'on veut pouvoir appréhender, dans toutes leurs dimensions, les souffrances que les adultes peuvent être amenés, du fait de leur vie sociale, à endurer. Des souffrances bien plus grandes et bien plus destructrices, nous l'avons dit, qu'on ne le croit habituellement. Et qui, si elles proviennent sans aucun doute de ce que les réalités – notamment économiques – de leur vie sociale leur font vivre, peuvent se voir notablement aggravées par la façon dont ces réalités viennent frapper et faire résonner des « points faibles » de leur construction. « Points faibles » qui plongent toujours leurs racines dans leur enfance.

Comprendre l'origine de ces « points faibles » revenant à faire œuvre de prévention, nous les évoquerons donc rapidement.

Passer d'un monde à l'autre

Le monde de la famille et celui de la vie sociale sont, nous l'avons dit, deux mondes très différents. Et, contraint de passer de l'un à l'autre, l'enfant doit réussir à rester « un ». Or certains enfants n'y parviennent pas. Confrontés à ces deux univers, ils semblent se couper eux-mêmes en deux. Et le manifestent en ayant, dans l'un, un comportement radicalement différent de celui qu'ils ont dans l'autre. Ils se montrent par exemple obéissants à la maison et « insupportables » à l'école (ou le contraire), « bébés » dans leur famille et autonomes en classe, etc.

Ils installent donc d'emblée une discordance, un déséquilibre entre leur vie privée et leur vie sociale. Déséquilibre qu'il faut pouvoir prendre au sérieux, car, faute d'être entendu, il peut, à l'âge adulte, persister et se révéler très invalidant.

L'enfant peut aussi, faute d'explications, ne pas comprendre le monde social. Et, prisonnier de la croyance – fallacieuse – que l'amour y serait, comme dans la famille, le principe directeur, s'y sentir, à la moindre remarque peu gratifiante de l'un de ses enseignants, dévalorisé, mal aimé et rejeté. Et il peut même, n'ayant pas compris la règle du jeu, s'installer dans une quête aussi épuisante que vaine de leur amour.

De même, il peut, là encore faute d'explications, ignorer qu'à l'école il n'est pas jugé sur son « être », mais sur son « faire ». Et donc ne pas comprendre que, le meilleur des élèves pouvant faire un mauvais devoir, s'il peut être légitimement déçu par l'un de ses résultats, il n'a pas pour autant à s'en sentir humilié. Einstein lui-même pouvait faire des erreurs de calcul, et les plus grands écrivains du monde ont tous commencé leur vie en ne sachant ni lire ni écrire. Apprendre cela de la bouche de ses parents est toujours, pour un enfant, d'une grande utilité...

De la même façon qu'il peut confondre l'« être » et le « faire », l'enfant peut, faute d'explications, ne pas parvenir à distinguer son être privé de son être social. Et en venir de ce fait à penser que, lorsqu'il est jugé à l'école, et notamment mal jugé (parce qu'il a fait, par exemple, un mauvais trimestre), c'est sa personne tout entière qui est disqualifiée. Alors qu'il n'en est rien. Car ce n'est pas « lui » qui est alors évalué, mais seulement l'élève qu'il est. Et même, plus précisément, l'élève qu'il a été durant ce mauvais trimestre. Et il a toujours, « lui », la possibilité de réagir et de « se » mobiliser, de mobiliser tout son être pour mettre au travail la partie « élève » de cet être et l'obliger à avoir des résultats plus conformes à ce qu'il souhaite.

En fait, pour trouver et garder un équilibre, l'enfant doit, comme l'adulte, comprendre que la vie sociale n'est pas le « tout » de sa vie. Qu'il ne joue pas, dans l'espace social, la totalité de ses cartes, mais seulement une partie d'entre elles. Qu'il n'y exprime donc pas la totalité de sa personne, mais seulement la partie de cette personne nécessaire à l'accomplissement de sa fonction. Et qu'il a donc toujours, quoi qu'il lui arrive (à l'école et, plus tard, dans l'entreprise), une position de repli. Position de repli qui est – plus encore que sa « vie privée » – son « être privé ».

Cette possibilité de sauvegarde d'un sentiment de sa valeur, nous verrons plus loin à quel point elle est, en période de chômage par exemple, essentielle à la survie psychologique. Mais cette possibilité suppose, pour qu'un enfant y ait accès, qu'il ait des parents capables de valoriser ses qualités humaines tout autant que ses résultats scolaires. Autrement dit, des parents qui comprennent qu'avoir un enfant « bon en tout » à l'école n'a de sens que s'il est aussi « bon en vie » – c'est-à-dire capable de jouer, de se faire des copains, d'avoir des fiancé(e)s… Et qu'il convient donc de soutenir tout autant son « être privé » que son « être social ». Et de le faire tout en l'aidant à comprendre ces trois dimensions de la vie sociale – bannissement de l'amour, mise en avant du « faire » et retrait de l'individu derrière sa fonction – que l'école lui fait découvrir. Compréhension d'autant plus importante que, nous ne cessons de le répéter, il sera confronté à elles sa vie durant. Et pourra donc, sa vie durant, souffrir de ce qui ne lui aura pas été, dès son enfance, expliqué.

Certains adultes, prisonniers sans le savoir d'une croyance impensée en l'amour, souffrent ainsi, tout au long de leur vie dans le monde du travail, de ne pouvoir, comme ils le déplorent, vivre « autrement que sur le mode affectif » leurs relations professionnelles.

D'autres s'y évaluent en fonction de leur « être » (ou plus exactement de ce qu'ils en imaginent), et non de leur « faire » : « C'est vrai que, étant donné tout ce que je fais, je devrais demander une augmentation, mais je n'arrive pas à penser que je la vaux. » Propos récurrents dans le cabinet du psychanalyste.

D'autres encore, otages de la même confusion, acceptent sans se défendre que, négligeant le « faire » pour l'« être » et sortant ainsi du cadre professionnel, leurs supérieurs hiérarchiques en viennent, faute en général d'avoir trouvé un meilleur argument, à leur reprocher ce qu'ils « sont[1] » (alors même que cela n'a jamais influé en rien sur leur vie dans l'entreprise), oubliant par là même que le champ d'intervention d'un supérieur hiérarchique se limite au travail de ses salariés et que leur vie privée ou leur supposé « caractère » ne le concernent en rien. (De même, d'ailleurs, que la vie sexuelle d'un prétendant à un emploi ne

1. Ou, plus exactement, « seraient ». Car les affirmations purement tactiques de leurs supérieurs ne sont évidemment pas objectives.

concerne en rien les responsables de son recrutement, qui pourtant, on le sait, s'autorisent aujourd'hui de plus en plus souvent à poser des questions qui s'y rapportent.)

La vie sociale suppose que l'on soit au clair avec ces repères et que l'on sache, quand besoin est, les faire respecter.

Le jeu des images

Notons encore, parmi les difficultés que peut rencontrer un enfant à partir du moment où il acquiert une vie sociale, ce que nous avons appelé le « jeu des images ». C'est-à-dire le jeu qui va s'instaurer en lui entre l'image qu'il a de lui dans sa vie privée et celle qu'il construit de lui à l'école en fonction de ce qu'il y vit avec les enseignants et les autres élèves. Ce jeu est, pour lui, un facteur essentiel d'équilibre psychologique.

• Une bonne image de lui acquise dans l'univers scolaire peut en effet, s'ajoutant à la bonne image qu'il avait déjà de lui dans sa famille, renforcer cette dernière et faire de l'enfant un être sûr de lui et heureux. Et elle peut aussi, si cette image familiale était – du fait de parents mal aimants, trop sévères et dévalorisants – mauvaise, « réparer » (du moins en partie) le narcissisme de l'enfant et lui permettre de vivre un peu moins mal.

• À l'inverse, si l'image que l'enfant construit de lui à l'école n'est pas bonne, elle peut, venant s'ajouter à une mauvaise image familiale, l'aggraver. Et donner à cet enfant l'impression que la société confirme le diagnostic parental : « Tu n'es bon à rien ! » De la même façon, une bonne image de lui acquise en famille peut aider un enfant à relativiser la médiocrité de son image en terre scolaire. Etc.

Les images jouent entre elles à l'infini. Mais il faut garder à l'esprit – d'autant plus que cela vaut pour les enfants comme pour les adultes – qu'aucune image ne peut compenser l'autre si cette autre est par trop catastrophique.

Une bonne image sociale de lui-même peut soutenir, tel un tuteur, le narcissisme d'un enfant que son univers familial détruit[1]. Mais, si elle peut lui permettre de continuer à vivre, elle n'aura pas le pouvoir de transformer son malheur en bonheur.

De la même façon, une bonne image acquise en famille peut aider un enfant soumis à l'école à des épreuves difficiles. Mais elle ne pourra pas toujours lui permettre pour autant de résister à un naufrage narcissique (un effondrement de l'image de soi), dû par exemple aux agissements d'un enseignant sadique, à une position de « tête de Turc » dans une classe, etc. Car les blessures narcissiques infligées peuvent être alors d'une telle gravité qu'elles conduiront l'enfant à remettre en cause l'image de lui que lui avait donnée sa famille : « Je me disais que c'était parce que mes parents m'aimaient qu'ils disaient que j'étais

1. À condition toutefois que cette destruction familiale ne lui rende pas impossible toute réussite à l'école.

quelqu'un de bien, mais que, en fait, ce n'était pas vrai… »

Les suicides d'enfants consécutifs à des problèmes survenus à l'école existent.

Ils sont parfois le fait d'enfants déjà fragilisés par des relations familiales difficiles, pour lesquels ces malheurs scolaires constituent une sorte de « goutte d'eau qui fait déborder le vase ». Mais ils peuvent survenir aussi chez des enfants qui avaient, avec leurs parents, des relations satisfaisantes. Ils plongent alors – l'expérience le prouve – la société dans l'incompréhension.

Une incompréhension qui montre, mieux que de longs discours, à quel point on méconnaît aujourd'hui, à quel point on sous-estime, aussi bien pour les enfants que pour les adultes, l'importance – vitale – de l'« image sociale » qu'ils ont d'eux-mêmes. Et, au-delà même de cette image, l'importance qu'ont pour eux leur vie sociale et les souffrances qu'elle peut leur faire subir.

L'expérience des suicides d'enfants à l'école (ou à cause de l'école) comme celle des suicides d'adultes sur leur lieu de travail (dont nous parlerons plus loin) prouvent qu'aucun être humain – si équilibrée que puisse être sa vie privée – ne peut continuer à soutenir son désir de vivre si les souffrances que sa vie sociale lui fait endurer lui donnent, parce qu'elles portent par trop atteinte à son narcissisme, le sentiment qu'il n'a plus, dans l'espace social, aucune valeur. Qu'il n'y est plus rien.

Naître à la vie sociale

L'accès de l'enfant à la vie sociale, cet accès dont nous venons d'expliquer la complexité, est donc, on le voit, une étape décisive de sa vie. Si décisive que l'on peut dire qu'elle constitue pour lui une sorte de nouvelle naissance.

Une naissance qui, comme toute naissance, doit être accompagnée. Car l'enfant, nous l'avons dit, arrive dans la société aussi ignorant des règles et des codes qui la régissent, des mœurs qui y ont cours, qu'il l'était, à son arrivée sur terre, des lois du monde.

Il a donc besoin que ses parents, avant son entrée à l'école maternelle, puis, à nouveau, avant son entrée en CP, lui expliquent ce qu'est ce monde, inconnu de lui, qui va l'accueillir.

Mais, si elles sont essentielles, ces explications ne sont pas suffisantes. L'enfant a besoin aussi que, tout au long de son parcours scolaire, ses parents l'écoutent. Tâche pour eux d'autant plus difficile que les questions qu'il leur pose se cachent souvent derrière des interrogations nées de la vie quotidienne et qui peuvent, du fait de leur apparente insignifiance, leur sembler sans importance : « Pourquoi la maîtresse a puni Untel ? », « Pourquoi elle gronde toujours les mêmes ? », « Pourquoi Pierre (Paul ou Jacques) se moque tout le temps de moi ? », etc.

Par ces questions en mode mineur, l'enfant, sans le savoir, formule des interrogations majeures : sur la fonction du groupe, le rôle des enseignants, les règles de la vie en commun… Il cherche à identifier des fonctionnements qui lui semblent obscurs, à trouver des repères, des points d'appui, autrement dit – nous l'avons évoqué précédemment – une boussole. Une boussole qu'il recherche avec d'autant plus d'opiniâtreté qu'à l'école – les parents l'oublient souvent – l'enfant est seul. Sans eux. Il a donc besoin d'avoir, à défaut de leur présence réelle, présentes à l'esprit leurs paroles. Et, avec elles, à travers elles, la certitude que « loin des yeux » ne veut pas dire « loin du cœur », qu'ils sont là avec lui pour l'accompagner, l'aider, le soutenir dans cette épreuve difficile qu'il traverse. Qu'ils sont là, présents à ses côtés, comme ils l'ont été quand ils l'ont accueilli le jour de sa naissance. Et comme ils l'ont été le jour de cette autre naissance qu'a été pour lui le moment où, parvenant à force d'efforts à mettre son corps à la verticale, il a réussi, pour la première fois de sa vie, à se mettre debout. Et a pu, appuyé – réellement – sur ses pieds et – symboliquement – sur leur désir qu'il grandisse, triomphant de l'espace et de la verticalité, faire ses premiers pas tout seul.

Pour faire aujourd'hui ses premiers pas dans la société, il a, de la même façon, besoin d'eux…

Mais, si elle doit être accompagnée, la naissance de l'enfant à la vie sociale doit être aussi préparée. Et préparée durant la période qui précède sa scolarisation, par l'éducation qui lui est donnée à la maison.

Une éducation qui prépare à la vie sociale

Contrairement, en effet, à ce que croient nombre de parents, le but ultime de l'éducation d'un enfant n'est pas qu'il ait une enfance heureuse.

Il est évidemment très important que son enfance soit heureuse. Car ce bonheur des premières années, ce bonheur éprouvé dans la tendresse, l'échange, la parole et le respect de sa personne, constituera pour lui un capital d'une inestimable valeur dans lequel il pourra, toute sa vie, puiser.

Mais, pour essentiel que soit ce bonheur, il est bien loin de suffire à sa construction. Car le véritable but de l'éducation d'un enfant ne concerne pas seulement les années pendant lesquelles il vit avec ses parents, mais, au-delà, sa vie future dans le monde. Les parents qui l'éduquent doivent donc lui donner les repères, les armes, les forces qui lui permettront, devenu adulte, de vivre sans eux, libre et heureux au milieu des autres, dans une société dont il connaîtra et comprendra le fonctionnement.

L'éducation est un projet à long terme. Et ce projet suppose que les parents ne regardent pas seulement (comme le leur enjoint la sagesse populaire) « un peu plus loin que le bout de leur nez », mais qu'ils regardent un peu plus loin que le bout de l'enfance de leurs enfants.

Il suppose qu'ils comprennent qu'il existe un monde au-delà des frontières rassurantes de la famille, une vie après la famille. Que leur enfant devra vivre cette vie et que c'est pour elle qu'ils l'éduquent.

Or cette vie, nous l'avons vu, commence pour l'enfant à l'école. Il est important de le rappeler (et de le rappeler encore…), car on voit aujourd'hui, dans cette école, trop d'enfants échouer. Et échouer non pas parce qu'ils seraient, par nature, incapables de réussir. Mais parce que l'éducation qu'ils ont reçue (et continuent de recevoir) dans leur famille ne les a pas armés, équipés, pour l'aventure de la scolarité.

• Certains d'entre eux, par exemple, sans limites à la maison, ne supportent pas celles de l'institution scolaire. Ils n'en comprennent pas le sens et les vivent même parfois comme injustes et violentes.

• D'autres, maintenus en position d'otages du « principe de plaisir » dans un milieu familial où l'on accepte qu'ils ne fassent que ce qu'ils veulent, quand ils le veulent et comme ils le veulent, n'ont acquis aucun sens de l'effort. Se sentant par avance battus, ils renoncent à la moindre difficulté et semblent de ce fait incapables d'apprendre, alors qu'ils ne le sont en rien…

• D'autres encore, « couvés » par des parents qui, croyant les protéger, s'interposent en permanence entre le monde et eux pour leur en épargner les rigueurs, se sentent perdus dès qu'ils doivent, seuls, résoudre un problème.

La liste des difficultés que peut engendrer une éducation qui oublie l'au-delà de la famille est sans fin… Prisonniers d'une enfance prolongée à l'infini et vouée au bonheur, ces enfants ne parviennent pas à s'adapter à l'école. Ils y sont malheureux et s'y retrouvent, de plus en plus nombreux, en échec.

Un échec aussi dramatique pour eux que pour leurs parents.

D'autant plus dramatique que nombre de ces parents, n'en comprenant pas les véritables causes, l'attribuent à l'école. Alors que celle-ci (même s'il est évident qu'elle gagnerait à se voir, à maints égards, réformée) est bien loin d'en être la seule responsable.

Certains de ces parents décident donc parfois d'éviter purement et simplement l'école à leurs enfants et de la remplacer par une scolarité à la maison. Sans comprendre que cette décision, si elle fait faire à ces enfants, à court terme, l'économie de bien des difficultés, a des chances de leur coûter, à long terme, très cher. Puisque, en leur interdisant de fait l'apprentissage de l'espace social et de ses lois, elle risque fort d'hypothéquer leur future vie sociale.

De leur côté, des professionnels, confrontés également à l'ampleur de l'échec scolaire et l'attribuant eux aussi pour l'essentiel à l'école, essaient de changer le fonctionnement de cette école. Et proposent des modifications qui ne sont peut-être pas toutes aussi évidentes qu'ils le croient. Car certaines d'entre elles – il est frappant de le constater – semblent procéder d'un désir d'atténuer la dimension « sociale » de ce fonctionnement (le fait que la personne de l'enfant soit à l'école moins prise en compte, la mise en avant du « faire », etc.). Et donc de le rapprocher de celui de l'univers familial. Projet lourd de conséquences. Car il reviendrait à faire de l'école non plus un lieu d'apprentissage du fonctionnement social, mais une sorte de « sas » qui, s'inscrivant entre la famille et la société, permettrait à l'enfant d'être tenu plus longtemps encore à l'écart des exigences de cette société.

C'est sous cet angle qu'il faut, nous semble-t-il, interroger, par exemple, le souhait souvent exprimé de supprimer (au motif qu'elle serait, pour les élèves, stigmatisante et dévalorisante) la notation à l'école. Car, les élèves souffrant moins de la notation que de la façon dont elle est utilisée[1], le problème ne nous paraît pas être de leur épargner cette notation, mais au contraire de s'en servir pour les aider à comprendre le sens de ce type d'évaluation. À comprendre que (nous l'avons précédemment évoqué) les notes qu'ils reçoivent n'évaluent pas la valeur de leur personne, mais celle de leur travail. Un travail qu'ils peuvent toujours améliorer.

Compréhension d'autant plus importante pour eux qu'elle leur sera nécessaire, durant toute leur existence, dans leur vie professionnelle.

Les partisans de la suppression des notes oublient en effet que, si l'école peut (éventuellement) se transformer, le monde du travail, lui, a peu de chances (du moins à court terme) de changer.

Que, dans ce monde, l'évaluation de leur travail (et qui plus est son évaluation en termes d'avancement ou de salaire) ne sera pas épargnée aux enfants devenus adultes. Et qu'il convient donc, pour les y préparer, de leur apprendre, dès l'école, à y faire face. C'est-à-dire à conserver, même si cette évaluation n'est pas bonne, le sentiment de leur valeur.

---

1. Pour ce que nous avons pu, dans notre pratique, constater.

Le but de l'éducation, nous l'avons dit, n'est pas d'offrir à l'enfant une enfance idéale, une enfance de rêve. De la même façon, il n'y a pas à essayer de fabriquer pour lui, sur le modèle de ce rêve d'enfance, une école idéale, une école de rêve.

Le monde dans lequel l'enfant devra vivre ne sera en effet jamais un monde de rêve. Et il faudra pourtant qu'il réussisse à y vivre, à y vivre heureux et même à s'y montrer capable... de rêver.

L'école est là pour l'y préparer. Et pour l'y préparer non pas dans une visée adaptative. C'est-à-dire en tentant de l'habituer aux violences de la société pour qu'il finisse, adulte, par, résigné, impuissant et soumis, docilement les accepter. Mais pour que, au contraire, il apprenne à les affronter.

L'école est pour l'enfant l'antichambre du monde. Elle doit lui donner le mode d'emploi de ce monde et lui permettre d'apprendre à s'y conduire. Apprentissage qu'il pourra faire avec un sentiment de sécurité d'autant plus grand que ses parents seront là pour – en une sorte de « conduite accompagnée » – l'y aider.

L'école, tributaire de l'éducation familiale

Mais, si elle peut jouer pour l'enfant ce rôle, l'école n'est pas pour autant une magicienne aux pouvoirs sans limites. Elle ne peut pas tout, parce qu'elle est tributaire de l'éducation que les élèves qu'elle accueille ont reçue (et reçoivent) dans leur famille.

Pour que l'école puisse préparer un enfant au monde, il faut que l'éducation de ses parents ait préparé cet enfant à l'école. Exigence qui implique que leurs choix éducatifs ne soient pas seulement dictés par des convictions d'ordre idéologique – « je suis pour (ou contre) l'autorité », « pour (ou contre) l'autonomie », etc. –, mais par la conscience de ce but à atteindre. Par la conscience de cet objectif qui a d'ailleurs le mérite, s'ils le comprennent, de leur permettre d'échapper aux interrogations sans fin dans lesquelles trop souvent, pour leur malheur, ils se perdent.

Si l'éducation qu'ils donnent à leur enfant a pour but de le préparer au monde et, en premier lieu, à l'école, l'évaluation de ce qu'ils ont à faire devient en effet pour les parents affaire de bon sens.

• Si l'on sait qu'à 6 ans un enfant devra, en même temps que son entrée en CP, effectuer son « entrée en société », on ne peut pas le laisser à 4 ans déambuler la bouche fermée par une tétine qui l'empêche de s'exprimer. Et qui, à cause des sensations régressives qu'elle lui fait éprouver (il éprouvait les mêmes quand il était nourrisson), le fait se sentir un bébé.

• Si l'on sait qu'à partir de 6 ans il sera jugé à l'école sur ce qu'il est capable de faire, et que c'est sur la base de ce jugement qu'il se construira une image – bonne ou mauvaise – de lui-même, on ne peut pas continuer, à 4 ans, à l'habiller, à le laver, voire à l'assister aux toilettes comme s'il avait 18 mois.

• Si l'on sait qu'à partir de 6 ans un enfant devra savoir se conformer de lui-même aux règles de l'école, on ne peut pas le laisser, sans limites, faire à la maison n'importe quoi, agresser les autres, n'accepter aucun horaire, hurler et se rouler par terre à la moindre contrariété.

• Si l'on sait qu'un enfant devra, à partir de 6 ans, juger à certains moments, seul, de ce qu'il convient de faire ou pas (lors d'une dispute entre copains, d'un incident avec un enseignant...), et si l'on sait qu'il rencontrera en outre inévitablement l'arbitraire et l'injustice, on ne peut pas le laisser, parce que l'on pense à sa place, parce que l'on ne discute jamais avec lui et parce qu'on le maintient en permanence à l'écart de la vraie vie, se développer et grandir en étant incapable de penser par lui-même, d'avoir, par lui-même, une opinion.

Pour vivre en société, un enfant doit en effet comprendre la nécessité d'obéir aux règles, mais aussi le droit qu'il a, tout en les respectant, de les remettre en cause dans sa tête.

Si un enseignant, par exemple, use de méthodes qui semblent absurdes à l'enfant, celui-ci est obligé de les accepter (aussi longtemps du moins qu'elles ne contreviennent pas aux lois en vigueur), parce que sa fonction donne à cet enseignant le droit de décider de ce qu'il fait dans sa classe. Mais, s'il doit les accepter, l'enfant n'est pas tenu pour autant de les approuver. Il doit savoir que, s'il a, comme tout citoyen, un devoir d'obéissance aux règles instituées par la société, il bénéficie aussi, comme tout citoyen, d'une liberté de penser. Et il doit de la même façon savoir qu'il peut à tout moment faire part à ses parents de ses réflexions. Sans pour autant (quelles qu'elles soient) être grondé et en étant au contraire écouté par eux et surtout pris au sérieux.

Les théories éducatives

C'est aussi en fonction de cette perspective d'une préparation à l'école et, au-delà d'elle, d'une préparation au monde de la vie adulte, au monde du travail, que doivent être évaluées les théories éducatives.

Certains auteurs[1], par exemple, prônant que les rapports parents-enfants seraient de simples rapports de force, conseillent aujourd'hui aux parents d'imposer à leurs enfants par la force et sans jamais le leur expliquer le respect des limites et des règles. Arguant qu'expliquer une règle à l'enfant reviendrait à quémander son approbation et à se justifier.

Position évidemment absurde, mais qui peut sembler à certains parents séduisante. Car, confrontés à la souffrance de voir leurs enfants faire, jour après jour, sans limites, n'importe quoi, prisonniers de la souffrance qu'ils éprouvent à constater ce qu'ils croient être chez eux un manque d'autorité, certains peuvent considérer ces théories d'un autre temps comme une planche de salut.

Alors même que ces méthodes éducatives, si elles sont dangereuses parce qu'elles dévoient la compré-

1. Didier Pleux, *Génération Dolto*, Odile Jacob, 2008 ; Aldo Naouri, *Éduquer ses enfants. L'urgence aujourd'hui*, Odile Jacob, 2008.

hension de l'enfant, qui y voit l'expression d'une « loi du plus fort » dont il finit par croire qu'elle dirige le monde[1], le sont aussi (et surtout) parce qu'elles transforment la famille en une école de la soumission. Transformation qui n'est pas contestable uniquement pour des raisons idéologiques, mais parce qu'elle implique que c'est ainsi formé, ainsi dressé à la soumission que l'enfant abordera non seulement le monde de l'école, mais, devenu grand, celui du travail.

Comment dès lors imaginer qu'ayant ainsi, pendant des années, appris à obéir « au doigt et à l'œil » et à se soumettre sans jamais discuter il puisse, le cas échéant, résister à des copains « leaders » qui voudraient l'entraîner, à des adultes qui voudraient l'humilier ? Comment imaginer qu'ainsi élevé dans l'acceptation aveugle de tout et même du pire il puisse, dans sa vie professionnelle d'adulte, s'opposer à une sanction injuste, à l'abus de pouvoir d'un chef de service maltraitant, à un licenciement abusif ?

Comment imaginer qu'ainsi habitué à tout accepter, même l'inacceptable, et à tout supporter, même l'insupportable, qu'ainsi habitué à subir, dressé à subir, il puisse, confronté à une situation difficile comme celle que la crise fait vivre aujourd'hui à des milliers de gens, trouver en lui la force de décider, précisément, de ne plus subir, la force de ne pas se laisser écraser, de redresser la tête et de se battre ?

---

1. Ce qui peut, à l'adolescence, le mener à la délinquance.

L'éducation que les parents donnent à leurs enfants est un viatique qui les accompagnera durant toute leur vie. Durant toute leur vie privée, mais aussi durant toute leur vie sociale. Les parents ne doivent pas l'oublier. Comme ils ne doivent pas oublier que le monde dans lequel évoluera leur enfant est devenu aujourd'hui un monde particulièrement dur. Et qu'il exige que ceux qui veulent pouvoir non pas seulement y survivre, mais y vivre, soient armés pour le faire.

TROISIÈME PARTIE

L'emploi

I

À la recherche d'un emploi

Ce monde de la vie adulte, qui lui a si longtemps semblé lointain, ce monde du « quand je serai grand » qu'il a si souvent énoncé, l'enfant y accède un jour.

Un jour qui fut longtemps – durant les années fastes de l'économie – considéré, par les enfants devenus adultes aussi bien que par leurs géniteurs, comme un « grand jour ». Car, si le voyage au pays de l'emploi qui s'annonçait pouvait susciter quelques appréhensions, l'atmosphère était globalement à l'espérance, voire à l'enthousiasme. L'économie étant (relativement) prospère, les inquiétudes, quand elles se faisaient jour, étaient alors à juste titre regardées comme relevant de problématiques personnelles.

Les temps ont changé. Et si l'espoir – qui, on le sait, a la vie dure – n'a pas définitivement déserté les familles, les craintes y vont croissant. Pour des raisons qui n'ont plus rien de névrotique, car, la crise étant là, elles sont justifiées par la réalité.

Cette réalité, le jeune adulte la rencontre dès sa sortie de l'école ou de l'université. Au moment même où, venant chercher la clef qui devrait lui ouvrir la porte de la vie sociale adulte – un emploi –, il va se heurter à la violence d'un refus. Refus qui, le maintenant – trop longtemps – au seuil de ce monde dont il lui interdit l'accès, est toujours pour lui plus destructeur qu'on ne le croit.

La difficulté à trouver un travail et même l'éventualité de ne pas en trouver ne sont jamais une surprise pour les postulants à un premier emploi. Tous les connaissent. Pour autant il existe toujours, on le sait, un écart considérable entre ce que l'on pouvait imaginer d'une situation difficile et ce que l'on en vit quand on l'affronte. Cet écart n'est pas dépourvu d'utilité, car il permet de garder, tant que l'on n'est pas encore « au pied du mur », un espoir. Mais il rend souvent plus pénibles encore les difficultés auxquelles on doit, quand on y est parvenu, faire face. Plus dure sera la chute…

Les jeunes demandeurs d'emploi éprouvent donc tous, dans la souffrance, ces difficultés. Cependant, ils ne les vivent pas tous pour autant de la même façon.

Les exclus de l'espoir

Certains se montrent en effet comme résignés par avance à la défaite. Étant donné ce qu'a été jusque-là leur existence, ils considèrent cette défaite comme une suite logique de leurs malheurs, une sorte de fatalité à laquelle ils ne pourraient pas échapper.

C'est le cas par exemple de ceux pour qui les études ont toujours été synonymes d'échec. Non pas parce que – il faut le souligner une fois de plus – ils auraient été incapables de réussir[1], mais parce qu'ils sont partis dans la vie (et plus encore dans la vie scolaire) avec un handicap trop important.

Un handicap qui était dû :

- à des facteurs psychologiques : une histoire familiale particulièrement lourde, souvent sur plusieurs générations, doublée parfois d'un déracinement (à leur génération ou à la précédente) et donc de la rupture avec une langue et une culture qu'on ne leur a jamais, pas plus qu'à leurs parents, permis de retrouver ;
- à des facteurs sociologiques : des conditions d'existence d'une extrême difficulté, un mal-logement qui les a empêchés d'avoir fût-ce un coin de table pour faire leurs devoirs.

Une pauvreté qui leur a interdit, année après année, d'avoir les mêmes fournitures scolaires, les mêmes vêtements que les autres.

Cette pauvreté leur a donc imposé d'emblée une différence avec leurs camarades dont ils n'ont jamais, par peur de les humilier, osé parler à leurs parents. Mais elle a aussi été pour eux un facteur permanent de dévalorisation qu'ils ont dû supporter jour après jour et traîner comme un boulet dont ils ne pouvaient se défaire.

---

1. Nous soutenons qu'aucun enfant, aucun adolescent n'est incapable de réussir.

Et ces facteurs psychologiques et sociologiques se sont souvent conjugués. Car ces jeunes ont eu en général une éducation chaotique, donnée par des parents que leur histoire personnelle avait laissés déjà en manque de repères, et que leur illettrisme et/ou l'inhumanité d'une vie marquée par une course permanente à la subsistance, à l'argent, ont, venant s'ajouter à cette histoire, rendus encore plus incapables de s'occuper d'eux, de les écouter et même de vérifier un tant soit peu leur travail scolaire.

Ce handicap aux causes multiples, l'école aurait dû aider ces jeunes à le surmonter. Et elle aurait pu le faire si elle s'était montrée fidèle à la promesse de l'École républicaine : donner à tous les enfants, d'où qu'ils viennent, les mêmes chances. Mais, faute de moyens financiers et plus encore sans doute de moyens humains, faute de projets, de perspectives claires, l'école ne l'a pas fait. Elle ne leur a pas permis de surmonter leur handicap.

Et elle a même souvent fait pire. Au lieu d'aider ces enfants à s'élever socialement, au lieu de les tirer vers le haut, elle les a poussés vers le bas. Aux « étiquettes » qui pesaient déjà sur eux – fils (ou fille) d'immigrés, fils (ou fille) de pauvres, de chômeurs, etc. –, elle en a, à la suite de leur échec en ses murs, ajouté une autre : « inapte à toute scolarité ». Une étiquette dont ces enfants et ces adolescents ont souvent semblé, sur le coup, se moquer. Et qu'ils ont même parfois, par provocation, revendiquée. (Jusque dans le bureau du psychanalyste : « Mais vous dites n'importe quoi, m'dame ! J'en ai rien à faire, moi, de pas savoir lire ! ») Pourtant, elle a toujours eu pour eux valeur de marque au fer rouge, de signe de rejet et d'infamie, de blessure à tout jamais inguérissable.

Dès lors, quand, à leur demande d'emploi, la société répond par la négative, elle ne fait, par ce refus qu'ils entendent comme un « on ne veut pas de toi », que leur confirmer ce qu'ils savaient déjà : il n'y a pas, pour eux, de place, de place égale à celle des autres, dans cette société.

Conviction d'autant plus forte que ces jeunes ont eu en général des parents et même des grands-parents qui avaient, avant eux, connu le même sort. Ils ont été souvent, durant toute leur scolarité, les seuls à être, dans la maison, obligés de se lever le matin. Les seuls... parce que rien, au-dehors, dans le monde, n'attendait les autres occupants de cette maison (leurs parents, leurs frères et sœurs aînés...), laissés-pour-compte de la société, à qui cette société avait, depuis longtemps déjà, cessé d'accorder le moindre rendez-vous...

Condamnés à leur tour, comme à perpétuité, au banc de touche, il ne reste donc plus à ces jeunes que le vide. Un vide qu'ils peuvent tenter de peupler (ou du moins se donner l'illusion de peupler) en passant par exemple leurs journées à, comme l'on dit, « tenir les murs » de leur cité. Expression consacrée qui dit bien – ces murs n'ayant évidemment aucun besoin de ces jeunes pour rester en place – l'absence totale d'utilité sociale à laquelle ils sont voués.

Mais ils peuvent aussi, pour échapper à ce vide par trop humiliant, chercher en dehors de la légalité la place que le monde légal leur refuse. Et entrer dans l'illégalité : celle du commerce de la drogue ou d'autres trafics.

Une place parmi les dealers, même si elle ne semble pas, à ceux qui ont la chance d'en avoir une légale, enviable, est en effet quand même une place. Et par là même un piton planté sur la paroi lisse du monde. Un piton qui, parce qu'il leur permettra peut-être, pensent-ils, de se hisser plus haut, leur donne la possibilité d'envisager, au-delà de leur passé calamiteux et de leur présent médiocre, un avenir.

Cette place hors la loi, s'ils l'acquièrent, ils ne la quitteront plus. Parce qu'elle leur permettra d'avoir, pour la première fois de leur vie, de l'argent. Un argent dont ils ont toujours manqué et que, remplis d'amertume et de rancœur, ils ont toujours vu tant d'autres, de façon souvent insolente, posséder. Un argent qui leur donnera le droit de ne pas être condamnés, tels des enfants que des parents tyranniques empêchent de sortir, à regarder, le nez collé à la vitre, ceux qui, au-dehors, dans le monde de la consommation, ont la possibilité, eux, de s'amuser, de respirer, de vivre…

Et ils pourront d'autant moins quitter cette place qu'elle leur fera découvrir (souvent très rapidement) la jouissance de la marginalité et celle, surtout, de la transgression.

Quand un enfant, en effet, est contraint de subir, sans pouvoir se défendre, une loi injuste, celle d'une famille maltraitante, par exemple, ou celle d'une société tout aussi maltraitante qui, alors qu'elle se prétend démocratique, l'exclut sans lui laisser la moindre chance, cette situation – qui lui fait violence – sème en lui les germes d'une violence qui, si elle ne peut pas être symbolisée (par un engagement politique, par exemple), peut très vite se transformer en un désir de destruction. Une volonté de détruire (comme il a été lui-même détruit), de rendre coup pour coup, humiliation pour humiliation. Œil pour œil et dent pour dent…

Ce désir, une fois à l'œuvre, parce qu'il ne peut se déployer que dans la transgression, initiera cet enfant à la jouissance de cette transgression. Une jouissance que, dès lors, parce qu'elle lui donnera l'illusion d'échapper au statut d'objet impuissant qui était jusque-là le sien et de devenir – enfin – acteur, sujet, maître de son destin, il ne pourra plus lâcher. Semblable en cela à l'enfant battu qui, parvenu à trouver pour survivre une jouissance à l'être, ne peut plus (parce qu'elle lui permet de se croire le maître du fouet qui le frappe et, par là même, le maître du jeu) y renoncer. Et qui de ce fait se voit contraint, hypothéquant ainsi sa future sexualité d'adulte, de faire des coups la condition désormais nécessaire, pour lui, à l'obtention d'un plaisir sexuel.

Autrefois ligotés, empêchés d'avancer par leur condition sociale, ces enfants devenus adultes le seront donc aussi désormais par cette jouissance.

Une jouissance qui mériterait qu'on la prenne en compte et qu'on l'interroge, car elle est au cœur de bien des débats.

Certains politiques, en effet, qui ne sont pas sans la constater, la revendiquent pour justifier la répression à tout crin qu'ils prônent. Et, voulant ignorer qu'elle s'est construite, la posent comme une caractéristique innée qui ferait de ces jeunes des êtres mauvais par nature, des « délinquants-nés ».

Tandis que d'autres, qui refusent à juste titre cette idée, comme ils refusent la volonté de répression qu'elle prétend justifier, en sont réduits, eux, croyant ainsi réhabiliter ces jeunes, à la nier. Alors que la seule réhabilitation possible de ces enfants devenus des adultes hors la loi n'est pas de nier cette jouissance : elle existe. Mais de montrer que, loin d'avoir été présente en eux dès leur naissance, elle s'est construite. Et surtout que l'on aurait pu, si on les avait aidés, éviter qu'elle se construise.

Incapables de regarder en face cette dérangeante réalité, les défenseurs – bien intentionnés – de ces enfants se retrouvent souvent condamnés à tenir des discours angéliques (aux termes desquels les opprimés seraient toujours innocents et bons, et les oppresseurs toujours mauvais). Et donc à refuser d'envisager que l'on puisse, victime devenant bourreau, passer d'un camp à l'autre.

Alors que, par le biais précisément de cette jouissance, un tel passage est possible, et même hautement probable[1]. Ces jeunes en sont la preuve vivante.

Victimes sans aucun doute d'un système social qui a usé, pour les écraser depuis leur naissance, d'une loi – meurtrière – du plus fort, ils se servent une fois adultes de cette même loi pour se transformer à

1. Ce qui fonde d'ailleurs la nécessité et l'urgence de la prévention.

leur tour, dans leur (petit) domaine, en oppresseurs. Mettant leurs cités en coupe réglée, terrorisant leurs habitants et renvoyant ainsi à la société, comme en miroir, l'image de ce qu'elle leur a fait subir. Tout en la confrontant (sans le savoir) au vide d'éducation et de soins dans lequel elle les a, depuis toujours, laissés.

Le poison du doute

Mais tous les jeunes demandeurs d'emploi n'ont pas eu – et c'est heureux – une vie qui a fait d'eux, d'emblée, des exclus. Certains ont été autrement mieux lotis et, bien qu'informés des difficultés du monde du travail, y arrivent remplis d'espoir.

Ils savent qu'ils ne vont pas trouver facilement un emploi, mais ils sont néanmoins certains (même si cela doit prendre du temps) d'y parvenir. Car ils sont portés, soutenus par un sentiment – justifié – de leur valeur. Un sentiment acquis à l'école, puis au collège (ou au lycée), et, pour ceux qui les ont poursuivies, pendant leurs études. Parce qu'ils ont travaillé, souvent d'arrache-pied, et engrangé des résultats positifs.

On leur a dit tout au long de leur parcours scolaire : « Travaillez ! Car on ne prendra que les meilleurs. » Et, à force de travail et d'acharnement, payant de leur personne et donnant le meilleur d'eux-mêmes, ils sont devenus « les meilleurs ». Comment pourraient-ils, dès lors, envisager de ne pas « décrocher » sinon l'emploi de leurs rêves, du moins *un* emploi ?

Or cet emploi, ils le constatent semaine après semaine, puis mois après mois, ne vient pas : 22 % des jeunes – soit un sur cinq – sont toujours, trois ans après avoir quitté l'école, sans emploi[1].

Et ce vide auquel ils sont confrontés fait naître en eux une angoisse.

Leur entourage a beau tenter de les rassurer, leur répéter : « Ne t'inquiète pas, ça va venir. C'est comme ça pour tout le monde aujourd'hui », le doute peu à peu s'insinue en eux : est-ce vraiment « comme ça » pour tout le monde ? N'est-ce pas particulièrement « comme ça » pour moi ? Et pourquoi ?

Ils invoquent la « réussite » de certains de leurs proches : l'ami X et l'amie Y qui ont trouvé, eux, l'un un CDD de quelques mois, l'autre un temps (très) partiel. Autrement dit, pas ce qu'ils cherchaient, pas ce qu'ils souhaitaient, mais… quelque chose.

Et, avivé par cette comparaison avec leurs condisciples, le doute en eux, tel un poison, progresse. Jusqu'à les envahir. Avec les interrogations lancinantes qu'il fait naître, les mises en cause de leur personne, de leur valeur et même de tout ce à quoi ils croyaient et qui les avait toujours, jusque-là, soutenus.

Le doute met à mal l'image – familiale – qu'ils avaient d'eux-mêmes en même temps que l'image – sociale – qu'ils avaient, à sa suite, construite durant

1. Étude du Cereq (Centre d'études et de recherches sur les qualifications) portant sur les 700 000 jeunes qui ont quitté le système scolaire en 2010. Citée in « Le premier emploi, un horizon qui s'éloigne », *Libération*, 14 avril 2014.

leur scolarité. « Ne serais-je pas différent de ce que mes parents, mes enseignants m'ont toujours affirmé ? Ne serais-je pas différent de ce que je crois ? Et si je n'étais pas aussi "bon" que ça ? »

Au fur et à mesure que le temps passe, cette interrogation, telle une baudruche qui se remplirait du vide ambiant, enfle. Elle gagne du terrain et, peu à peu, transforme le paysage.

Car la barrière réelle qui s'oppose à son entrée dans le monde du travail, cette barrière qui tient à l'état actuel de ce monde et que le jeune connaît, se double progressivement pour lui d'une autre barrière, impalpable, imaginaire et de ce fait redoutable. Une barrière qui ne tiendrait plus à l'extérieur, mais à lui, à ses capacités : « Pourquoi moi ? Pourquoi est-ce que, moi, je n'y arrive pas ? »

Le jeune demandeur d'emploi, qui n'est pourtant pas sans savoir que des milliers d'autres postulants envoient, comme lui, chaque jour, des lettres de candidature et ne reçoivent, comme lui, que des réponses négatives, finit, le temps passant, par perdre de plus en plus la conscience de cette réalité. Et par attribuer chaque jour un peu plus les refus qu'il essuie à sa personne, à ses capacités. Jusqu'à, désespéré, se dire lui aussi, comme ses camarades (encore) plus mal lotis que nous évoquions précédemment : « On ne veut pas de moi. »

Mise en cause radicale et terrifiante de lui-même qui ne porte pas seulement atteinte à son image, mais à sa vie tout entière, qu'elle prend en otage. (Comment en effet avoir envie de déployer son énergie dans sa vie privée, de sortir, de nouer des relations, quand on est, dans sa vie sociale, à ce point immobilisé ?) Prise d'otage d'autant plus aisée que cette vie est déjà, dans la réalité, mise en suspens par cette recherche d'emploi qui n'aboutit pas. Car la mise en œuvre de tout ce que ce jeune, parvenu au seuil de la vie adulte, souhaitait pour cette vie est suspendue à l'obtention d'un salaire.

Il espérait en effet pouvoir, grâce à ce salaire, prendre son envol hors de sa famille. Trouver un lieu (chambre ou colocation) qui serait vraiment le sien, dans lequel il pourrait recevoir ses amis, abriter sa sexualité, protéger son intimité. Un lieu dans lequel il pourrait avoir une vie à lui, une vie dont, n'ayant plus de comptes à rendre, il ne dirait que ce qu'il a envie de dire. Une vie indépendante et libre. Et dont il aurait surtout la satisfaction et la fierté de savoir qu'il en assume seul, sur le plan financier, toutes les charges. « Tu quitteras ton père et ta mère », disent les Écritures…

Mais comment faire aujourd'hui que, ligoté, les ailes attachées, l'oiseau ne peut plus s'envoler ? Comment faire aujourd'hui que le ciel est bouché ? Qu'il n'y a plus d'horizon vers lequel voler, plus d'avenir ?

Une vie « au point mort »

Coincé à la porte du monde de l'emploi, ce jeune qui ne trouve pas de travail est aussi coincé, du fait de la crise, chez ses parents, sur les lieux de son enfance. Coincé dans l'enfance.

Tel un petit enfant en âge, en capacité de marcher et désireux de le faire auquel une mère toute-puissante, le maintenant par la force attaché dans sa poussette, interdirait la marche, la société l'empêche d'avancer, de continuer à se développer.

Et, comme toujours en pareil cas, cette immobilité forcée qui s'oppose au cours normal de la vie génère de l'angoisse et, portant atteinte à son désir de vivre, fait plonger le jeune dans un état que l'on peut dire « à connotation dépressive ».

Un état d'autant plus invalidant que, faisant ressurgir les doutes, les interrogations, les souvenirs douloureux de l'enfance (toutes les enfances, même les plus heureuses, ont les leurs), il fait perdre au jeune, en même temps que sa confiance en lui, ses repères.

Des repères qui tenaient aux valeurs auxquelles il croyait parce qu'on les lui avait enseignées et qu'il les avait faites siennes, et auxquelles il pouvait toujours, parce qu'elles structuraient pour lui le monde, se raccrocher. Des valeurs comme le travail (et les gratifications sociales auxquelles il donne droit), le mérite, la reconnaissance tant par ses pairs que par ses aînés…

Une sorte de logique rassurante du « bien », du bien-faire, du bien-vivre, transmise par son éducation et qui le soutenait dans sa vie.

Le jeune demandeur d'emploi que la société éconduit s'installe donc dans une désillusion mortifère pour lui et pesante pour sa famille. Une désillusion qui atteint, quand il en a, ses frères et sœurs plus jeunes, qui sont encore, eux, en cours d'études et qui se mettent, à leur tour, à douter : « Quand je vois ce qui arrive à mon frère (à ma sœur), je me demande si ça sert vraiment à quelque chose de travailler. »

Et qui atteint surtout ses parents. Comment en effet supporter de voir son enfant, que l'on a aidé à arriver jusqu'au seuil de la vie sociale adulte, ainsi stoppé dans son élan, ainsi immobilisé ?

Comment ne pas se sentir coupable et, de même que – contre toute logique – il se dit : « Je suis peut-être pour quelque chose dans ce qui m'arrive », ne pas se dire, si l'on est son parent : « C'est peut-être ma faute. Je ne l'ai peut-être pas assez poussé vers ceci, soutenu pour cela… » ? La crise relance la culpabilité, ce monstre toujours tapi dans l'ombre et qui ne cesse jamais de guetter les parents.

Et le jeune sent, même s'ils ne lui en font pas part, ces angoisses de ses parents, ces angoisses qui portent sur l'éducation qu'ils lui ont donnée, et il se retrouve paradoxalement renforcé dans ses doutes sur ses capacités.

Si ses parents s'interrogent sur l'aide qu'ils lui ont apportée, c'est peut-être, se dit-il, parce qu'ils pensent, comme lui, que ses capacités sont en cause dans les problèmes qu'il rencontre. Il se sent lui aussi coupable, et d'autant plus coupable si, la situation matérielle de ses parents étant difficile, il se reproche de continuer à être pour eux un poids. Il s'enfonce donc plus profondément dans ses inquiétudes, tandis que ses parents s'inquiètent à leur tour plus encore.

Cercle vicieux que connaissent aujourd'hui, désarçonnées par leurs difficultés, tant de familles…

Sur le vaste billard du monde, la crise, quand elle frappe une boule, l'envoie immédiatement en frapper plusieurs autres. Générant ainsi un malheur qui, telle une tache qui ne cesserait de s'étendre, gagne chaque jour du terrain.

En sortir ?

Confrontés à ce cercle vicieux, certains jeunes décident, pour le rompre, de partir. De quitter, démoralisés et désillusionnés, leur pays pour un autre. (« Les entreprises françaises ne croient plus en leur jeunesse. Elles ont peur de l'avenir, n'embauchent que des contrats précaires. C'est profondément démoralisant quand on débute[1]. »)

Mais d'autres, les plus nombreux, n'envisageant pas un tel départ, restent. Et, pour réussir à trouver un travail, décident souvent, abandonnant celle qu'ils avaient choisie, de changer de voie. Cette décision peut sembler sage (et elle est même souvent saluée par les adultes comme une preuve de maturité), mais elle a toujours pour eux des conséquences beaucoup plus lourdes qu'on ne le croit.

Décider de changer de voie, de faire un autre métier que celui auquel on était, du fait des études que l'on avait suivies, destiné, c'est quitter les rails

1. Aurélie, 25 ans. « Paroles de crise », Rue89, 21 janvier 2013.

sur lesquels on s'était placé. Des rails qui, partant d'un point que l'on connaissait, devaient mener à un point d'arrivée dont on ne savait pas tout, tant s'en faut, mais qui faisait partie d'un parcours balisé et de ce fait sécurisant.

C'est quitter un monde à la logique rassurante pour un autre où rien n'est assuré (car, si l'on doit aujourd'hui changer de vie, rien ne dit qu'il ne faudra pas, demain encore, recommencer). C'est entrer dans une (relative mais néanmoins) inquiétante errance.

Et c'est surtout se voir obligé de rompre en soi le fil du métier que l'on avait choisi. Et choisi le plus souvent pour des raisons dont on n'avait pas totalement conscience, mais qui comptaient : « Je ne sais pas pourquoi, mais c'est quelque chose que, depuis toujours, depuis tout petit, j'avais envie de faire. »

Changer de voie professionnelle n'est donc en rien un acte matériel, social, que l'on pourrait accomplir sans qu'il ait d'importantes incidences psychologiques.

Changer, parce qu'on y est obligé, de voie professionnelle, c'est quitter le métier que l'on désirait et donc rompre avec son désir. Un désir dont on avait pourtant, en poursuivant avec opiniâtreté des études souvent difficiles, payé le prix qu'il y avait à payer pour qu'il puisse se réaliser.

C'est se retrouver, sur le plan de sa vie professionnelle, en exil de son désir. Dépossédé de ce désir et, avec lui, de ses rêves et de ses projets. C'est se retrouver blessé. Blessé comme le sportif victime d'un accident qui se voit contraint de renoncer, sinon à toutes les compétitions, du moins à celles de haut niveau auxquelles il rêvait d'accéder. Et contraint même, parfois, de changer de discipline.

À ceci près – et cela rend la situation encore plus violente et plus injuste – que, dans le cas du jeune demandeur d'emploi, la blessure n'est pas due à une défaillance de son corps ou de sa personne, mais au fait que le marché de l'emploi est malade. Et que c'est donc à cause d'une maladie du monde qu'il est contraint de mutiler sa vie.

Et la situation est plus grave encore quand le jeune est obligé (cas aujourd'hui très fréquent), en plus de changer de voie, de se résoudre à accepter un travail pour lequel non seulement les diplômes qu'il a acquis ne sont pas requis, mais aucun diplôme n'est exigé[1]. Et donc de réduire à rien (« J'ai fait tout ça pour rien… ») ses années d'études…

Contraints de faire ainsi le deuil de leurs espérances et de leurs projets, ces jeunes en arrivent donc à modifier en profondeur le statut qu'ils donnaient jusque-là au travail.

Coupé de leur désir, en effet, ce travail ne peut plus être pour eux le lieu d'une passion ni même d'un

1. Selon l'étude du Cereq déjà citée, 41 % des jeunes non diplômés ont un emploi au bout de trois ans contre 81 % des diplômés du supérieur court (bac + 4) et 88 % du supérieur long (bac + 5 et plus). Mais cette disparité s'explique par le fait que les jeunes diplômés se replient, faute de mieux, sur les emplois destinés aux non-diplômés.

épanouissement possibles. Il perd son sens (et, de ce fait, son intérêt), voire devient parfois pour eux purement « alimentaire ».

Sans que pourtant – il faut le souligner – ces jeunes se donnent toujours le droit de s'en plaindre. Car ils se heurtent, chaque fois qu'ils tentent de le faire, à un interdit.

On se fait rarement faute de leur rappeler que, si eux n'ont pas ce qu'ils auraient souhaité, d'autres, plus mal lotis encore, n'ont rien. Et qu'il vaudrait mieux, par décence, qu'ils ne se plaignent pas trop.

Dépossédés de leur désir, ils se retrouvent donc aussi dépossédés du droit de dire leur colère ou leur souffrance. Semblables à ces enfants qui, parce qu'ils ont un frère ou une sœur malades ou handicapés, se voient toujours renvoyés, quoi qu'il leur arrive, au fait que ceux-ci seraient, par nature, plus à plaindre qu'eux.

Situation dont tant de ces frères et sœurs supposément « favorisés » peuvent raconter, devenus adultes, à quel point elle a été pour eux destructrice.

En fait, la crise, qui oblige ces jeunes à commencer leur vie professionnelle, leur vie sociale d'adultes, par un deuil, et donc à faire rimer jusqu'à l'absurde l'idée de naissance avec celle de mort, les confronte à un fonctionnement social insensé – au sens propre du mot : dépourvu de sens – qui ne peut avoir sur eux que des conséquences destructrices.

D'autant plus destructrices que la crise pervertit aussi des repères essentiels.

« C'est ça ou rien ! »

La crise fausse en effet pour eux (et pour leurs frères et sœurs) le rapport à la réalité, ou, plus exactement, le rapport à ce que Freud nomme le « principe de réalité ». Et que l'on peut définir comme la nécessité imposée à chacun, pour vivre, de tenir compte des limites qu'impose à la réalisation de ses désirs et à l'obtention des plaisirs auxquels il aspire cette réalité.

Ce principe, les parents doivent dans l'éducation l'enseigner à leurs enfants. Et ils doivent surtout, leur expliquant son caractère inéluctable, leur apprendre à en tenir compte et à s'y soumettre. Apprentissage qui ne se fait jamais sans pleurs ni grincements de dents : ce serait en effet tellement plus agréable d'attendre, en jouant au ballon, que les devoirs se fassent magiquement tout seuls. Tellement plus agréable de pouvoir mettre dans le Caddie du supermarché les mille et une choses dont, à chaque rayon, on a envie. Tellement plus agréable d'être débarrassé du petit frère ou de la petite sœur qui tient trop de place…

Le « principe de réalité » est, dans la vie quotidienne d'un enfant, un censeur que font exister, par leurs paroles, ses parents. Un censeur qui, s'opposant à sa volonté d'un plaisir sans limites, lui rappelle les lois, les obligations de chacun, les nécessités économiques dont il faut tenir compte, etc.

Et ce même « principe de réalité » doit être rappelé à l'enfant (puis à l'adolescent) quand il envisage « ce qu'il fera plus tard ».

« Moi, je serai magicien-pâtissier ! » proclamait il y a quelques années, jubilant, dans une publicité, un enfant. « Magicien-pâtissier » : attelage particulièrement poétique, mais aussi particulièrement impossible dans la réalité, et qui suppose donc, passé le temps du rêve (qui est toujours structurant) et venu celui du projet, un renoncement : « Je crois qu'il va falloir que tu choisisses : magicien ou pâtissier ? »

Renoncement désagréable mais (comme le fut le rêve) structurant. Car si les deux carrières (parce que « tout » n'est jamais, dans aucun domaine, possible) ne sont pas réalisables, l'une des deux l'est. Et l'enfant pourra, passé le dur moment du choix (et le deuil fait du « tout »), s'investir dans la voie qu'il aura choisie, partir, vent debout, vers l'aventure, et surtout réussir. Devenir soit magicien, soit pâtissier, mais être, dans les deux cas, heureux.

Le renoncement qu'implique (comme tout choix) un tel choix va donc, même s'il n'est pas agréable, dans le sens de la vie. Car l'enfant ne renonce pas, en le faisant, à son désir. Il se contente de lui mettre des limites. Il ne réalise pas « tout » son désir, mais seulement ce que la réalité en permet. Et le reste, d'ailleurs, n'est pas perdu. Il pourra en faire un hobby : de la pâtisserie pour sa famille et ses amis s'il est devenu un magicien professionnel. Des spectacles de magie pour eux s'il est devenu pâtissier.

Et il pourra même garder l'idée du « tout » pour en faire une création artistique, littéraire… Devenir magicien et pâtissier est dans la réalité difficilement possible, mais le devenir au cinéma, dans un livre ou une bande dessinée ne pose aucun problème…

Il en va tout autrement du renoncement, évoqué plus haut, qu'impose en temps de crise la société à un jeune quand, après l'avoir laissé faire les études qui devaient le mener à un métier, elle se dresse soudain devant lui pour décréter : « voie sans issue ». Et le contraint, de ce fait, à changer de route. Car ce n'est pas alors le « tout » qu'elle lui interdit, mais le désir lui-même. Elle ne lui dit pas : « Magicien ou pâtissier, choisis ! » Elle lui dit : « Ni magicien, ni pâtissier, rien ! » Et : « Si tu refuses ce “rien”, prends, sans tenir compte de ton désir, de tes rêves, de tes projets et des années que tu as passées à étudier, n'importe quoi » – les postes destinés aux non-diplômés, par exemple…

La crise aujourd'hui – et c'est pour eux dramatique – n'impose donc pas aux jeunes des choix. Elle leur impose des non-choix (« J'ai pris ça parce que je n'avais pas le choix… »). Et, ce faisant, elle fonctionne sur un mode qui n'est pas sans évoquer celui de ces parents autoritaires et injustes qui, ayant fait de la frustration leur religion, imposent à leur enfant, jusque dans les moindres actes de sa vie (le choix du parfum d'une glace ou celui d'un paquet de biscuits, par exemple), leurs propres décisions. Et, usant du pouvoir (réel) qu'ils ont de le priver de tout, l'obligent à abdiquer, à renoncer à désirer et à leur céder : « C'est ça ou rien ! »

La société aujourd'hui, quand elle ne les laisse pas dans le vide, confronte des milliers de jeunes à un tel

« c'est ça ou rien ! ». Et les condamne par là même à construire leur vie sociale sur le cadavre de leurs rêves et de leurs projets d'avenir, sur le cadavre de leur désir. Comment imaginer que cela n'ait pas sur leur vie future des conséquences psychologiques très graves ?

Et comment expliquer, comment justifier que l'on n'évoque jamais, que l'on n'explique jamais la gravité de ces conséquences ?

Alors même que, si l'on prenait conscience de cette gravité, il serait possible, à situation économique égale, de préparer pendant leurs études ces jeunes à ce qu'ils vont devoir, pour entrer dans le monde du travail, affronter. De les armer pour le combat qu'ils auront à mener. Tout en donnant à leurs parents les repères qui leur permettraient de les aider.

II

Le chômage, mise à mort sociale

Ce « rien » dont la société, par son « c'est ça ou rien ! », menace, en temps de crise, les jeunes demandeurs d'emploi, ce « rien » qui les oblige à renoncer à leur désir, porte un nom : il s'appelle le chômage.

Et, s'il est susceptible de les effrayer suffisamment pour qu'ils cèdent, c'est d'abord à cause de sa réalité : pas de travail, cela veut dire – on le sait – pas de salaire, et ces jeunes ont besoin d'un salaire pour vivre.

Mais cette réalité, même si elle joue un rôle très important, n'est pas la seule en cause. Si ces jeunes en viennent ainsi à « suicider », contraints et forcés, leurs espérances, c'est aussi parce que pèsent sur eux, sur leur famille, sur leurs proches, mais aussi sur l'ensemble de la société, les fantasmes qui entourent cette réalité.

Le poids d'un mot

Avant d'être une situation, le chômage est un mot. Un mot qui fait peur. Un mot qui génère une frayeur qui peut aller parfois, quand elle étreint par exemple la nuit – ils le disent – ceux à qui elle ôte le sommeil, jusqu'à l'épouvante.

Cette épouvante peut évoquer, pour qui en écoute le récit, aussi bien les terreurs de l'enfance que celles, ancestrales, de l'humanité face à la maladie, la mort ou les catastrophes naturelles. C'est-à-dire face à tout élément qui, aussi puissant que destructeur et inéluctable, serait susceptible de broyer des humains réduits, par leur fragilité, à l'impuissance.

Or cette crainte du chômage est aujourd'hui (même si, heureusement, elle n'atteint pas, pour tous ceux qui l'éprouvent, le stade de l'épouvante) partagée par tout le monde. Nul n'y échappe.

Elle naît en premier lieu de ce que chacun sait – consciemment – des conséquences possibles du chômage. C'est-à-dire de la précarité (ou d'une baisse de revenus telle qu'elle changerait fondamentalement le statut social), à juste titre redoutée, qui en borne toujours l'horizon. Mais elle naît aussi de la représentation (à la fois consciente et inconsciente) que chacun a de cette réalité. Représentation qui est toujours double, puisqu'elle s'appuie à la fois sur l'image que la société en donne et sur celle que, compte tenu de l'histoire personnelle que l'on a eue, on peut soi-même en élaborer.

Étant entendu que poser l'importance de la représentation que chacun peut avoir de la réalité du chômage ne vise en aucun cas à donner à la peur qu'il inspire le statut d'une peur fantasmatique et à minimiser ainsi cette réalité. Bien au contraire.

Car c'est précisément parce qu'il vient frapper chez un être humain, d'une façon qui n'est pas fantasmatique, mais tout à fait réelle, des points essentiels ; parce qu'il le met en position de se retrouver, dans la réalité, ligoté et empêché (par une instance toute-puissante contre laquelle il ne peut rien) de travailler, c'est-à-dire de mettre en œuvre les moyens – qu'il aurait la force et les capacités de mettre en œuvre – pour subvenir à ses besoins et à ceux de sa famille ; parce qu'il représente une sorte de combat de David contre Goliath à l'issue plus qu'incertaine, que le chômage peut susciter de telles terreurs.

Répétons-le encore : une personne au chômage ne fantasme pas qu'elle est entravée et immobilisée. Elle l'est. Dans la réalité. Et c'est ce poids écrasant de réalité et l'impuissance tout aussi écrasante qu'il implique qui fonde, à juste titre, la peur du chômage. Une peur qui est devenue aujourd'hui une peur sociale.

Du fait de la crise, en effet, la peur du chômage est entrée, avec celle de la précarité, au panthéon des grandes peurs de notre époque : les statistiques et les sondages ne cessent de le clamer et de le proclamer[1].

1. Rappelons que, selon un sondage CSA, 75 % des Français pensent qu'eux-mêmes ou l'un de leurs proches se retrouveront un jour confrontés à la précarité (cf. introduction, p. 9).

Cette crainte généralisée face à ce qui apparaît désormais comme un fléau est sous-tendue par une représentation du chômage que l'on peut qualifier de « représentation sociale », car, quelle que soit la problématique particulière des personnes que l'on interroge, on la retrouve, quasiment identique, dans leurs propos.

Cette représentation s'appuie sur des chiffres. Les fameux « chiffres du chômage » que scandent jour après jour les médias et qui montrent sa progression croissante et inéluctable. Elle se nourrit aussi non seulement de ce que l'on sait des difficultés des personnes au chômage, mais de l'image que notre société donne de ces personnes : une image sur laquelle nous aurons l'occasion de revenir, et dont nous pouvons dire d'emblée que, particulièrement dévalorisante, elle fait du chômage, au-delà même des souffrances tout à fait réelles qu'il implique, une sorte d'enfer (non seulement de pauvreté, mais d'exclusion sociale) auquel chacun pourrait – cauchemar s'il en fut – se trouver un jour, sans appel, condamné.

Toute personne que le chômage touche, mais aussi toute personne qui craint qu'il ne la touche (ou touche ses enfants), se retrouve donc, qu'elle le sache ou non, prisonnière de cette représentation qui, tout autant que le chômage lui-même – voire peut-être plus encore que lui –, la terrifie. À la façon dont les représentations de la mort en femme porteuse d'une faux, dont la tête (de mort) fixait en ricanant le spectateur, pouvait, au moins autant que la mort elle-même, plonger dans la terreur nos ancêtres.

Et cette représentation – sociale – du chômage à laquelle nul n'échappe pèse d'autant plus lourd qu'elle sert de toile de fond aux représentations personnelles que chacun peut en élaborer. Représentations qui sont toujours d'une très grande complexité.

Peur du chômage, angoisse du chômage

Quand une personne dit qu'elle a peur du chômage, elle exprime en général, sans le savoir, deux ressentis qui sont, en elle, mêlés, mais qu'il convient de ne pas confondre (même si le langage courant les confond souvent) : la peur et l'angoisse.

Il convient de ne pas les confondre, car les objets respectifs de ces deux ressentis, les objets qui leur donnent naissance, n'appartiennent pas du tout au même registre.

On peut en effet parler de « peur » quand l'objet que l'on dit craindre est un objet réel. Un objet qui renvoie, parce qu'il est réellement dangereux, à la réalité. (« Un cambrioleur vient de s'introduire chez moi. Je me suis caché, mais j'ai peur qu'il me découvre. »)

Et l'on parlera d'« angoisse » quand cet objet est imaginaire. C'est-à-dire quand il n'est pas (ou très peu) susceptible de constituer, dans la réalité, un danger. (« J'habite dans un quartier tranquille et dans un immeuble parfaitement sécurisé. Mais je n'arrive pas à dormir la nuit, parce que j'ai peur des cambrioleurs. »)

L'objet de la crainte (ici, les cambrioleurs) peut être dit, dans ce cas, « imaginaire », parce que, en fait, ce n'est pas lui que la personne redoute. Ou, plus exactement, elle ne le redoute que parce qu'elle a, inconsciemment, accroché sur lui, comme sur un support, des craintes enfouies. Des craintes qu'elle ne connaît pas, parce qu'elles sont inconscientes, et qu'elle exprime de cette façon. (Une peur obsédante et permanente des cambriolages peut cacher par exemple la peur d'une atteinte corporelle, d'une atteinte faite à son « intérieur » : une pénétration, un viol, etc.)

À cette distinction nécessaire entre « peur » et « angoisse », il faut ajouter le constat que l'angoisse est plus dévastatrice encore que la peur. Car, imaginaire, elle est par définition sans limites (l'univers de l'angoisse, comme celui des cauchemars, ne connaît pas de bornes). Et peut se nourrir de tout ce qui, dans la réalité, pourrait la justifier. (« Mais enfin ! Vous voyez bien que j'ai raison d'avoir peur des cambriolages. On sait bien qu'en France, depuis dix ans, leur nombre s'accroît. ») Elle peut donc, si rien (ni personne) ne s'interpose entre la personne angoissée et son imaginaire, s'amplifiant au fur et à mesure que le temps passe, l'envahir en totalité.

En matière de chômage, prendre en compte cette distinction entre « peur » et « angoisse » serait essentiel. Cela permettrait de comprendre que les milliers d'individus qui, aujourd'hui, en pouvant ou non le dire, le redoutent, éprouvent à la fois :

• une peur de ce chômage (qui peut prendre, selon leur position sociale, des formes différentes). Une peur contre laquelle on ne peut pas grand-chose, car elle est inévitable et, de plus, parfaitement justifiée. Puisque le chômage n'épargne aujourd'hui aucun secteur ni aucune catégorie de personnel et que ses conséquences – chacun le sait – peuvent se révéler dramatiques. Avoir peur du chômage est donc à la fois logique et sensé. Au point, d'ailleurs, que l'on serait en droit de s'interroger sur l'état (psychologique) d'un salarié qui, aujourd'hui, ne penserait jamais au chômage…

• et une angoisse face à ce chômage. Une angoisse dont, contrairement à la peur, on pourrait, si l'on en parlait, leur permettre de faire (au moins en partie) l'économie. Car elle relève, elle, d'une construction imaginaire. Construction qui se nourrit de l'image sociale du chômage (nul, nous l'avons dit, n'y échappe), mais aussi de leur propre histoire.

La perte de son emploi (ou la perspective de cette perte) peut en effet, du fait de ce qu'elle implique, renvoyer inconsciemment un homme ou une femme à un imaginaire de malheur hérité de son enfance. À l'idée d'une punition pour des fautes qu'il pense avoir commises, par exemple. Des fautes imaginaires (« J'ai souhaité la mort de ma petite sœur/le divorce de mes parents », etc.). Ou des fautes réelles, mais dramatisées par des adultes qui prenaient plaisir à terrifier l'enfant qu'il était (« Ma grand-mère me disait toujours que, si je continuais à copier en classe sur mes voisins, le bon Dieu me punirait… »).

De telles angoisses peuvent sembler à ceux qui ne les ont jamais éprouvées étranges. Elles sont pourtant perceptibles jusque dans le langage courant. Et notamment dans ces exclamations qui viennent si souvent, spontanément, à la bouche de ceux que leur vie confronte à une trop grande accumulation de problèmes : « Mais qu'est-ce que j'ai bien pu faire au bon Dieu pour que… ? », « Mais enfin ! Je n'ai quand même pas mérité ça ! » Etc.

Confrontés à des problèmes graves, les êtres humains redeviennent souvent, sans le savoir, les petits enfants qu'ils ont été. Ces petits enfants qui se croyaient centre de tout, cause de tout. Et ils retournent d'autant plus facilement à cet état de toute-puissance infantile que l'inconscient – Freud le souligne – « ne connaît pas le temps ». Les malheurs de la vie adulte s'y mêlent en permanence aux croyances, aux craintes, aux culpabilités de l'enfance. Donnant naissance, sans que celui (ou celle) qu'elles vont obséder en ait conscience, à des causalités fallacieuses. Et ces causalités, ces pseudo-explications (purement imaginaires), constituent pour lui (ou elle) un réel danger. Car, le conduisant à se croire le jouet d'un destin contre lequel il ne pourrait rien, elles peuvent en venir à le plonger dans la désespérance.

De la même façon, certaines personnes, à cause de ce qu'elles ont vécu (ou de ce qu'ont vécu les générations qui les ont précédées), vivent comme au bord d'un gouffre. Un gouffre qui pourrait, à tout moment, les engloutir (« J'ai toujours eu peur de me retrouver seul, sans personne qui m'aime, sans rien, comme les "SDF" qu'on voit dans la rue. Cela m'a toujours obsédé... »). Et le chômage – ou plus exactement ce qu'elles en imaginent – peut représenter pour elles ce gouffre. Et leur donner ainsi l'impression que leur histoire, à laquelle elles avaient pu jusque-là, au moins en partie, échapper, va, sans qu'elles y puissent rien, les rattraper. Que leurs cauchemars vont se réaliser.

Les fantasmes qui peuvent naître du chômage et, avant même le chômage avéré, de l'idée du chômage sont, on le voit, multiples. Il serait donc urgent de leur donner une place dans le débat public, d'en parler, d'y réfléchir, de les étudier. Pour aider les intéressés à les nommer, à les comprendre, et donc, leur ayant rendu leur statut de constructions imaginaires, à s'en débarrasser.

Le chômage en effet est une réalité meurtrière, une réalité qui tue. Qui ne tue pas toujours les personnes, mais qui tue toujours leur vie. Leur vie passée : celle qu'elles avaient avant de devenir des « chômeurs ». Et leur vie future : celle qu'elles espéraient.

Le chômage est donc, qu'on le redoute ou que, d'ores et déjà, on le subisse, suffisamment difficile à vivre pour que ceux qui y sont confrontés n'aient pas, en plus, à supporter l'imaginaire (aussi bien social que personnel) que toujours il fait naître.

D'autant que cet imaginaire (totalement invalidant) prive, au moment où ils en ont le plus besoin, les intéressés de leurs forces.

Contre un objet réel (comme celui de la peur), contre un ennemi réel, on peut se battre. Et l'on peut surtout, sachant que l'on est capable de ce combat, l'affronter sans se sentir forcément, par avance, battu. Contre un objet réel, contre un ennemi réel, on peut toujours penser que l'on a une chance de gagner. Mais, contre un objet imaginaire, on ne peut rien. Tels les monstres aux pouvoirs sans limites des contes de notre enfance, cet objet ne cesse jamais de se dérober, de fuir et de nous échapper.

Donner la parole à ceux que ravagent aujourd'hui leurs angoisses face au chômage, entendre cette parole et y répondre (comme on l'a fait autrefois pour les drames de l'intime) serait donc essentiel.

Mais – on ne peut que le constater – cela n'est pas fait. Si l'on accepte de dire (et de redire) que « les Français ont peur du chômage », on ne propose jamais (ou presque) à chacun de ces Français d'écouter ce qu'il pourrait avoir à en dire.

On ne passe jamais (ou presque) de l'entité sociologique (« les Français »), cette entité aseptisée qui a sans doute le mérite de n'être susceptible ni de crier ni de pleurer, aux êtres pris dans leur singularité. Ces êtres de chair et de sang qui pourraient dire, eux, leurs douleurs, leurs pleurs, leurs malheurs.

Comme si notre société, saisie à son tour par la peur – une peur de cette peur du chômage qui l'a envahie –, avait décidé de laisser les « chômeurs » (et ceux qui redoutent de le devenir) errer, solitaires et abandonnés, tels des lépreux dont chacun redouterait les souffrances par trop contagieuses…

« Chômeur » : un mot qui condamne

Si bien des angoisses pourraient être évitées aux personnes au chômage, bien des souffrances pourraient aussi, grâce à la réflexion, leur être épargnées. En premier lieu, celles qui tiennent à l'utilisation qui est faite dans notre société du mot « chômeur ». Une utilisation qui prête, elle aussi, à ce que l'on fasse du chômage un gouffre.

Le mot « chômeur », outre qu'il renvoie à une image dévalorisée de la personne qu'il désigne (nous l'avons déjà évoqué et nous y reviendrons), a aussi une particularité : celle d'annuler son identité sociale. « Chômeur » est un terme indifférencié qui rassemble, sans plus les distinguer, toutes les catégories sociales. Privé d'emploi, on n'est donc plus un « boulanger », un « cadre commercial », un « chercheur » au chômage. On est un « chômeur ».

Annulation symbolique de l'identité sociale parfaitement destructrice, qui vient s'ajouter, tel un poids supplémentaire, à la difficulté des conditions de vie et au sentiment d'insécurité que celle-ci entraîne. Et qui est ressentie d'autant plus douloureusement que, notre société exigeant que, sur maints formulaires, le métier que l'on exerce soit mentionné, elle doit être régulièrement inscrite, ou plutôt « avouée ». « Avouée », car – bien des personnes au chômage le disent – écrire sur un formulaire « chômeur » ou « demandeur d'emploi » équivaut pour elles à un aveu. L'aveu d'une caractéristique qu'elles ressentent comme dévalorisante et même souvent honteuse.

Et plus honteuse encore quand le formulaire à remplir concerne non plus leur propre personne, mais leurs enfants.

Isabelle Marie, journaliste dont le mari fut au chômage, raconte ainsi, dans le livre qu'elle a écrit sur cette période difficile de leur vie, l'histoire d'une de leurs amies. Chercheur sans emploi, elle doit l'inscrire sur la fiche scolaire de son fils de sept ans et demi. Et, ne le supportant pas, s'écroule. Jusqu'à ce que le petit garçon, la voyant défaite, la rassure en remettant, avec le génie qui caractérise toujours les enfants, les choses à leur place : « Mais ce n'est pas grave, maman [...]. Un métier, tu en as un. C'est du travail que t'as pas[1]... »

« Parfois, ajoute l'auteur, on devrait tous avoir sept ans et demi. »

Du haut de ses sept ans, ce petit garçon a en effet compris que le chômage, privant un individu de travail, lui donne en plus l'impression qu'il n'a plus de métier. Et que le terme dont la société use pour nommer son état (« chômeur ») valide cette croyance.

Comment dès lors imaginer qu'ainsi privé, jusque dans les mots, de son identité professionnelle le dénommé « chômeur » puisse encore croire qu'il va retrouver, dans sa profession, une place ? Comment imaginer qu'ainsi stigmatisé il trouve encore la force de se battre ? Et c'est si vrai que, l'ayant compris, le monde des cadres de haut niveau, le monde des

1. Isabelle Marie, *Fin de droits*, First Éditions, 2014, p. 11.

« hauts salaires » au chômage, cherchant des moyens d'échapper au verdict imaginaire que constitue le mot « chômeur », tente d'en inventer un autre. Et, dans un jargon qu'une journaliste appelait récemment une « novlangue de précaire conquérant[1] », désigne désormais le « chômeur » comme un « candidat en phase de transition apprenante ».

Tentative sans doute désespérée pour compenser les privilèges perdus du pouvoir et de l'argent par celui de la nomination. Pour, gardant une singularité, une supériorité, ne pas se mêler à la « masse », ne pas se perdre dans cette « masse ».

Tentative dont on pourrait sourire si l'on n'en entendait la dimension tragique. Si elle ne montrait à quel point la pratique sociale du mot « chômeur » et l'annulation de la fonction sociale (que l'on occupait jusque-là) qu'il implique aggravent la désespérance des personnes que le chômage prive d'emploi.

Et l'aggrave d'autant plus que le mot « chômeur » ne cesse aujourd'hui, répété à longueur de journée par les médias, qui rendent compte du « nombre des chômeurs », des « chiffres du chômage », de retentir dans l'espace public. Au point que ces chiffres (du chômage), désignant une masse d'êtres devenus, par le biais de cette appellation, indifférenciables, en viennent à évoquer d'autres chiffres. Ceux qui dénombrent, en une comptabilité sinistre, d'autres anonymes : les « morts de la route », par exemple. Ou

---

1. Géraldine Catalano, « Chômage : du gros salaire à la galère », *L'Express*, 16 avril 2014.

les victimes de tel conflit armé, de telle catastrophe naturelle, etc.

Comparaison qui peut paraître violente, mais qui, cette non-différenciation des êtres, cette négation de leur singularité et de leur identité sociale ayant valeur de mise à mort, nous semble justifiée.

Le vocable « chômeur » par lequel elle les désigne fait donc partie de la longue cohorte des violences que notre société inflige aujourd'hui aux personnes que le chômage a frappées. Mais qu'elle inflige aussi à celles qui craignent qu'il ne les frappe. Ce vocable induit en effet chez les premières l'idée, particulièrement destructrice, que la société les a d'ores et déjà rayées de la liste de ses membres – professionnellement – vivants. Tandis qu'elle oblige les secondes à vivre dans la terreur de cette mort (sociale) annoncée. Violence d'autant plus grave que c'est emplies par avance de cette terreur qu'elles vont devoir, si le chômage les touche, affronter sa réalité.

Le choc de la réalité : licencié !

« Licenciement »... Le mot, à force d'être entendu, a perdu de sa violence. Les aspérités en ont été comme érodées par la répétition (« Telle usine ferme à X, on prévoit 300 licenciements », etc.). Il a fini par ne plus vraiment étonner, ne plus vraiment choquer. Comme si, résigné ou désireux de se protéger de la peur que l'on pourrait éprouver, on en restait, là aussi, à la dimension sociologique du problème : à la masse anonyme des licenciés. En oubliant ce que le licenciement peut représenter pour chaque salarié qui y est confronté. Comme si l'on ne pouvait envisager la question du licenciement qu'au pluriel et jamais au singulier…

Il faut donc le dire et le redire : un licenciement constitue toujours, pour la personne qui le subit, un événement traumatique. Un événement qui, l'arrachant à la réalité, peut la faire plonger dans un monde qui s'apparente à celui du cauchemar, un cauchemar comparable à ceux dont l'actualité nous donne des exemples : celui des tremblements de terre qui font tout à coup se dérober le sol sur lequel, depuis toujours, on s'appuyait. Ou celui, devenu emblématique, du 11 septembre 2001 (que nous avons déjà évoqué), où l'effondrement à New York des Tours jumelles, inimaginable, impensable (au sens propre de ces mots : impossible à imaginer, impossible à penser), ne pouvait que conduire ceux qui y assistaient à croire qu'ils rêvaient. Que ce qu'ils voyaient était, comme le disent les enfants, « pour de faux ». Alors même que l'effondrement dont ils étaient témoins était bel et bien « pour de vrai », bel et bien réel. Si réel que les tours, en s'effondrant, faisaient s'effondrer avec elles, pour eux, la réalité.

Un événement traumatique est une sorte de « cauchemar pour de vrai ». Une sorte de tremblement non pas de terre, mais de réalité. Qui fait vaciller cette réalité et plonge celui qu'il frappe dans l'irréalité.

Comparer un licenciement à un tel événement pourrait donc sembler excessif.

En premier lieu du point de vue de sa violence. On pourrait en effet considérer que, s'il est certainement difficile d'être licencié, la violence de l'événement n'est en rien comparable, pour celui qui y est confronté, à celle, par exemple, d'une catastrophe naturelle. Ce serait une erreur. Et, qui plus est, une erreur symptomatique, car elle montrerait une fois de plus que, si notre société peut admettre aujourd'hui l'idée de « dommages psychologiques », elle ne peut toujours pas, quoi qu'elle en dise, reconnaître que ces dommages peuvent être aussi massifs, aussi graves et surtout aussi invalidants que les plus graves des dommages corporels.

Et les enfants maltraités (qui ont – on le sait – quelque chance d'être protégés s'ils sont battus par leurs parents[1], mais beaucoup moins s'ils ne sont « que » l'objet de maltraitance psychologique de leur part) le savent mieux que personne.

Un licenciement est toujours, pour celui qui le vit, un choc psychologique d'une extrême gravité. C'est même un double choc.

• C'est un choc du fait de sa réalité. Car il est toujours très violent pour un salarié (même s'il savait que cela allait arriver) de s'entendre dire que, à partir de telle date, il ne fera plus partie de l'entreprise qui a été, pendant des années, le lieu, le territoire de sa vie sociale.

Il est très violent pour lui de s'entendre dire que, à partir de cette date, l'accès à ses locaux (où tout lui

1. Bien que pas encore suffisamment – tant s'en faut.

était, avec le temps, devenu si familier que cela faisait un peu partie de lui) lui sera interdit. Qu'il ne fera plus partie du groupe de ceux – ses collègues devenus ses « ex-collègues » – qui y garderont, eux, de plein droit, une place. Qu'il ne sera plus pour l'entreprise qu'un étranger. Qu'il sera aussi, à cette date, exclu du temps de cette entreprise, des horaires, des habitudes, des contraintes liées au travail, dont souvent il se plaignait, mais qui scandaient sa vie. De ce temps dont, parce qu'il lui était devenu aussi familier que les lieux, il avait, l'intériorisant, fait « son » temps.

Un licenciement est toujours un choc psychologique d'une extrême violence, parce qu'il est toujours très violent pour un salarié de se voir, en un instant, privé de l'ancrage que constituaient pour lui l'espace et le temps de son travail. De se voir, en un instant, déraciné (au sens propre du terme, car sa vie sociale s'était enracinée dans l'entreprise qui l'employait). De se voir dépossédé d'une partie de sa vie et, de ce fait, d'une partie essentielle de lui-même.

Équivalent à un bannissement, il marque toujours, pour le salarié, le début d'un exil. Et, qui plus est, d'un exil dont il sait que, la crise étant là, il peut très bien devenir définitif.

• Mais un licenciement n'est pas seulement un choc à cause de ses conséquences réelles. Il l'est aussi à cause de ce que, au-delà même de ces conséquences, il déclenche dans l'imaginaire de celui qui le subit.

Chacun en effet vit aujourd'hui, nous l'avons dit, dans la peur du chômage, une peur qui se double des fantasmes angoissants – de rejet, de misère, d'exclusion – qu'il fait naître et qui en font une sorte d'enfer que chacun redoute, auquel chacun espère échapper, tente d'échapper.

L'annonce de son licenciement ne projette donc pas seulement le salarié, en un instant, dans la perspective – réelle et inquiétante au plus haut point – d'un avenir difficile, mais dans le monde de ses pires cauchemars. Il savait l'épidémie à l'œuvre. Il savait la maladie (potentiellement) mortelle. Il redoutait de l'attraper. Il l'a ! Le verdict, en même temps que l'annonce de son licenciement, tombe. Qu'il s'en rende compte consciemment ou non, c'est, dans sa tête, l'équivalent d'un tremblement de terre, car la réalité, soudain, rejoint le fantasme. Et, de ce fait, comme lors d'une catastrophe naturelle, comme lors du 11-Septembre, « pour de vrai » et « pour de faux » se mêlent, s'unissent et, devenant impossibles à différencier, impossibles à dissocier, lui ôtent tous ses repères et le désorientent, le déséquilibrent très profondément.

De même que l'on pourrait minimiser la violence d'un licenciement, on pourrait en contester le caractère soudain, qui est, avec la violence, la seconde caractéristique d'un événement traumatique.

Contrairement à une catastrophe naturelle ou à un attentat, le licenciement est en effet souvent prévu : « On s'y attendait », disent les intéressés. Phrase qu'ils assortissent en général d'un « mais » (« On s'y attendait, mais… ») que l'on prend rarement la peine d'écouter. À tort. Car on pourrait, si on le faisait, se rendre compte que le fait de « s'attendre » à un licenciement n'amoindrit pas le choc que l'on éprouve lorsqu'il survient. Bien au contraire.

D'abord parce que, si attendu que soit un événement, le choc produit lorsqu'il devient réalité est toujours sans commune mesure avec ce que l'on aurait pu en imaginer. Et surtout parce que « attendre » un licenciement, « s'y attendre », ce n'est pas s'y préparer comme l'on pourrait se préparer à un autre événement douloureux (le décès prévu d'une personne que l'on sait très malade, par exemple). Car s'attendre à un licenciement, l'attendre, c'est entrer, d'une part, dans l'imaginaire que nous évoquions précédemment (cet imaginaire dans lequel représentations sociales et représentations personnelles se mêlent pour faire du chômage un enfer). Et, d'autre part, dans le temps d'une attente : celle du moment où, décrété « chômeur », on perdra par le biais de ce mot son identité sociale. C'est entrer dans l'attente de la mort annoncée de son identité sociale.

Attendre le chômage, « s'y attendre », ce n'est donc pas bénéficier d'un délai qui permettrait une réflexion, une élaboration grâce auxquelles on serait susceptible de retrouver des forces pour affronter l'épreuve ; c'est entrer dans un cycle de peurs, d'angoisses obsédantes qui, le temps passant, ne vont pas s'apaiser, mais au contraire s'accroître. Attendre le chômage, s'y attendre, c'est entrer dans une sorte de « couloir de la mort ». Une mort qui n'est pas la mort réelle, mais celle de son existence sociale.

L'attente – anxieuse – de cette catastrophe annoncée qu'est le chômage et le compte à rebours anxiogène que constitue cette attente, loin d'amoindrir le choc causé par le licenciement, ne peuvent donc que l'aggraver.

Et contribuer (comme le fait, dans d'autres cas, la soudaineté) à lui donner un caractère traumatique.

Ce caractère traumatique peut se voir de plus aggravé par les conditions (réelles) dans lesquelles le licenciement va se dérouler.

• Du fait de la personne chargée par l'entreprise de le signifier au salarié, par exemple. Car elle peut, soit par sadisme, soit parce que, redoutant que pareil sort ne la guette et voulant se persuader qu'elle est « du bon côté de la barrière », en « rajouter ». Accablant le salarié de reproches, lui expliquant sans lésiner sur les précisions les incompétences, les failles (évidemment impossibles à combler) qui justifieraient que l'entreprise veuille se séparer de lui. Failles (supposées) qui lui seront alors présentées de telle façon que, au sortir de l'entretien, le salarié, totalement dénarcissisé, aura du mal à imaginer qu'il puisse être embauché ailleurs.

Conséquence d'autant plus probable qu'un entretien de licenciement est toujours, pour la personne qui doit être licenciée, un moment de grande fragilité psychologique.

Confrontée, dans un rapport de forces parfaitement inégal, à ce qu'elle ressent comme un tribunal qui va, elle le sait, prononcer sa condamnation, elle se retrouve, ses défenses affaiblies, dans une situation de grande vulnérabilité. Et les blessures qu'on lui inflige l'atteignent, de ce fait, plus profondément qu'elles ne l'auraient fait en temps ordinaire.

• Mais l'aggravation du caractère traumatique du licenciement peut découler aussi de la volonté de l'entreprise de ne pas accabler le salarié, mais au contraire de « dépersonnaliser » le problème. C'est-à-dire de ne pas mettre en avant ses « défauts » supposés, mais plutôt de nier sa singularité. Pratique psychologiquement destructrice (puisqu'elle revient à lui signifier qu'il n'est qu'un être interchangeable, c'est-à-dire… personne), aujourd'hui si répandue que des spécialistes la soulignent : « Comment ne pas rappeler que le moment du licenciement constitue un véritable choc psychologique parfois aggravé par certaines pratiques patronales, qui font comprendre aux salariés qu'ils ne sont qu'une variable d'ajustement dans le budget de l'entreprise et qu'on peut les jeter sans la moindre considération pour leur personne[1]. »

Le chômage commence donc toujours par un traumatisme. Et, qui plus est, par un traumatisme qui ne sera pas soigné. Puisque le salarié perd, dès son licenciement, tout contact avec le service médical de l'entreprise qui l'employait et qu'aucune instance n'existe qui pourrait prendre le relais de ce service, auquel il n'a plus accès.

Non-assistance évidente à personne en (très grand) danger. Violence que, là encore, les spécialistes ne

1. Professeur Michel Debout (psychiatre, professeur de médecine légale et de droit de la santé), lemonde.fr, 7 mars 2013.

manquent pas de relever. Soulignant de plus à quel point elle est difficile à comprendre dans une société qui ne cesse par ailleurs, chaque fois que survient un événement qui pourrait être traumatisant, de créer des « cellules de soutien psychologique » chargées de porter secours aux personnes qui en auraient été victimes[1].

Comment expliquer que cette même société abandonne à leur sort les milliers de salariés que traumatise, chaque jour, leur licenciement ? Et qu'elle le fasse alors même qu'elle ne peut ignorer que ce traumatisme n'est que le début de l'épreuve qui les attend, une épreuve pour laquelle ils auront besoin de toutes leurs forces ? Et comment ne pas voir que, venant redoubler le traumatisme subi par les personnes licenciées et, partant, leurs souffrances, cet abandon aggrave pour elles les risques à venir ?

Une entreprise vient en effet de leur signifier – premier choc – qu'elles ne lui servaient plus à rien, qu'elles n'avaient plus, pour elle, aucune utilité. Et, en les abandonnant, sans leur proposer la moindre assistance, à leur détresse, la société leur laisse entendre – second choc – qu'elle considère que, à l'instar sans doute des véhicules trop anciens ou trop usagés, il serait vain ou trop (inutilement) coûteux de tenter de les « réparer » (en l'occurrence, de les soulager). Bon pour le chômage, bon pour la casse. Peut-on imaginer plus grande violence ?

1. *Ibid.*

L'inscription à Pôle Emploi

Cette violence ne s'arrête pas là. Aux deux premiers chocs que vient de subir le salarié licencié va s'en ajouter un troisième : son inscription à Pôle Emploi.

Elle a en effet pour le salarié (là encore, qu'il s'en rende compte consciemment ou non) une importante portée symbolique. Car cet acte, que l'on pourrait croire purement administratif, et donc banal, entérine officiellement le fait qu'il n'appartient plus au groupe de ceux auxquels le marché de l'emploi offre une place – valorisée – de travailleur, mais, désormais, à un autre ensemble : celui des hommes et des femmes qui, dépourvus d'un emploi, sont exclus de ce groupe.

Son inscription à Pôle Emploi lui signifie donc, une seconde fois, son licenciement, tout en donnant à ce licenciement une dimension qui n'a plus rien de personnel, puisqu'elle le rend officiellement public et, de ce fait, modifie l'appréhension que le salarié peut lui-même en avoir. Allant jusqu'à lui donner parfois, du fait du poids de la chose écrite, une douloureuse impression de définitif et même d'irrémédiable.

« Vous allez trouver ça stupide, nous expliquait récemment un patient qui, ayant retrouvé du travail, retraçait son parcours. Mais quand j'ai dû aller m'inscrire à Pôle Emploi, ça m'a fait le même effet que si j'avais dû signer moi-même mon acte de décès. J'avais l'impression que je me déclarais moi-même officiellement mort. »

Impression d'irrémédiable qui peut être d'autant plus destructrice et dangereuse que, en s'inscrivant à Pôle Emploi, le salarié acquiert lui-même un nouveau statut qui, parce qu'il est lui aussi officiel et public, a valeur pour lui de nouvelle identité sociale. Une nouvelle identité qui n'est pas sans lui poser (psychologiquement) problème, car elle ressemble à s'y méprendre à une non-identité.

• D'une part parce que, le classant dans la catégorie indifférenciée des « chômeurs », elle le prive, nous l'avons vu, de son ancienne identité professionnelle (boulanger, mécanicien, chercheur…).

• D'autre part parce que la particularité de l'inscription à Pôle Emploi est que, bien qu'elle passe dans la réalité par le fait d'inscrire leur nom et l'ensemble de leurs coordonnées sociales, elle est souvent ressentie par ceux qui doivent l'effectuer comme l'inscription sur une liste d'anonymes. Non sans raisons. Car, alors que, bouleversé, angoissé, fragilisé, chacun d'entre eux aurait besoin d'être, comme toute personne traumatisée, accueilli, aidé, pris en charge individuellement et particulièrement entouré, il ne l'est pas. Et non seulement on n'écoute pas (parce que rien n'est prévu pour cela) sa souffrance particulière, mais on redouble la négation de sa singularité contenue dans l'appellation « chômeur ».

Le plus souvent, en effet, Pôle Emploi ne s'adresse pas aux demandeurs d'emploi qu'elle rassemble de façon personnalisée, mais use, pour le faire, de courriers anonymes.

L'ex-salarié qui a déjà l'impression de n'être « plus rien » ne reçoit donc plus de l'organisme qui est son interlocuteur social que des courriers types dans lesquels il n'est plus personnellement nommé.

Comme si la société lui signifiait, par l'entremise de cet organisme officiel, que non seulement il n'est plus un professionnel clairement défini (boulanger, mécanicien, etc.), mais qu'il n'est même plus « lui », l'interlocuteur particulier qu'il était avant son licenciement et auquel on pouvait, nommément, s'adresser. Qu'il n'est plus qu'un numéro sur une liste, autrement dit… personne. Humiliation supplémentaire, particulièrement douloureuse et invalidante pour lui, puisqu'elle l'atteint au cœur même de son narcissisme (de la représentation inconsciente qu'il a de lui-même). Et d'autant plus destructrice qu'elle le frappe dans une période où il est, comme toutes les victimes de traumatisme, aux prises avec l'extrême difficulté et même la quasi-impossibilité de trouver (d'autant qu'il est sans aide) les mots qui lui permettraient de nommer ce qu'il ressent.

Au moment même où, plongé dans un désarroi tellement impossible à nommer qu'il en devient innommable, il se débat dans cet innommable, la société lui renvoie donc de lui l'image d'un être qu'elle ne prend même plus la peine de nommer. Comment dès lors ne se sentirait-il pas lui-même, à l'image de ce qu'il vit, « innommable » ? Avec tout ce que ce mot peut contenir de possibilités de rejet de soi, de honte de ce que l'on est.

L'anonymat des courriers de Pôle Emploi (qui pourrait apparaître comme une mesure administrative banale et dépourvue de sens) est donc une violence supplémentaire infligée aux chômeurs qui y sont inscrits. Une violence qui contribue à les fragiliser encore un peu plus et que l'on pourrait certainement, si l'on acceptait d'en prendre la mesure, leur épargner.

Et, au sein même de Pôle Emploi, certains d'ailleurs en sont conscients et le disent : « Quand les personnes s'inscrivent à l'agence, elles font le deuil de leur emploi. C'est une période angoissante qui demanderait un temps d'écoute et d'analyse pour aider à se projeter dans l'avenir. Mais les agents ne peuvent pas offrir cela. Comme c'est le cas dans les autres administrations, le fonctionnement de Pôle Emploi s'est automatisé. L'usager est baladé, il ne reçoit que des courriers types.

» Les gens souffrent de cette déshumanisation et ils sont exaspérés de n'être considérés que comme des numéros ou des cas à gérer. La difficulté est d'arriver à leur expliquer les décisions, car on ne peut accepter que si l'on comprend. D'ailleurs en tant que médiateurs, même quand nous confirmons des mesures défavorables, nous sommes remerciés, car nous avons donné une réponse pédagogique et personnelle[1]. »

Il serait d'autant plus important de leur épargner cette souffrance inutile que c'est atteints de la sorte,

1. Jean-Louis Walter, médiateur de Pôle Emploi, « Comment le chômage met en danger la vie sociale », lacroix.com, 25 février 2013.

aussi bien dans la conscience de leur identité que dans le sentiment de leur valeur, que ces salariés qui ont perdu leur emploi vont aborder le parcours du chômage.

La vie « en mode chômage »

Passé le choc de son licenciement commence en effet, pour le salarié licencié, une vie qu'il ne connaissait pas et qu'il n'avait pu jusque-là qu'imaginer, une vie « en mode chômage ».

Une vie dont on peut reconstituer les grandes lignes quand, psychanalyste, on écoute des personnes au chômage. Ou quand on lit les blogs, les sites dédiés aux « chômeurs » mais dont les médias ne parlent que rarement. Donnant ainsi à chacun de ceux qui la vivent l'idée que ce qu'elle leur fait supporter serait particulier. Alors qu'on en retrouve presque toujours, chez tous, les mêmes grandes lignes.

En fait, le principe organisateur de la vie « en mode chômage », le principe qui structure, dans la tête du « chômeur », cette vie et qui en fonde la temporalité, c'est l'espoir : l'espoir de retrouver un travail. Un espoir qui dépasse de beaucoup celui de retrouver un salaire et une sécurité matérielle. Car il est, bien au-delà de ces éléments de réalité tout à fait essentiels, un espoir de ne pas perdre définitivement sa place dans le monde du travail. C'est-à-dire un espoir de ne pas s'identifier (et de ne pas être identifié) à l'« étiquette » que l'on s'est vu attribuer par la société au moment du licenciement. De ne pas devenir, aux yeux du monde mais avant tout à ses propres yeux, un « chômeur », avec tout ce que ce terme suppose de sentiment de différence et d'exclusion.

Cet espoir – et la capacité de résistance qu'il soutient – va donc, telle une source lumineuse dont l'intensité serait variable, éclairer la scène de la vie au chômage. Et les variations de son intensité vont en déterminer les différentes étapes.

Le temps de l'espoir ou l'entrée en résistance

Passé le temps de l'annonce et malgré l'absence d'une prise en charge, la personne qui vient d'être licenciée réussit en général, grâce à ses propres réflexions et à l'aide de son entourage, à se reprendre.

L'angoisse est là, qui l'étreint, mais elle se bat. Elle résiste au découragement et parvient en général à retrouver un espoir et, par là même, l'idée d'un avenir encore possible : c'est dur, mais ça ne va pas durer…

Elle commence donc des recherches pour trouver un nouvel emploi et, parallèlement, parce que l'espoir soutient son désir de vivre, s'autorise souvent à trouver dans cette situation nouvelle un intérêt et même un certain plaisir.

Elle n'est certes pas « en vacances », tant s'en faut, mais, du fait de la vacance – qu'elle pense, qu'elle veut momentanée – de ses obligations habituelles, elle peut vivre cette période comme celle d'un temps (provisoirement) libre. Et se livrer à des activités que, depuis des années, absorbée par son emploi, elle différait : des petits travaux dans la maison, une installation pour les enfants, etc.

Ses journées ne sont plus scandées par les horaires de travail, mais elles sont néanmoins structurées par ce qu'elle fait et projette de faire : « Au début la perte d'emploi désarçonne comme elle peut soulager. Très vite on s'aperçoit que la situation est paradoxale : d'un côté on se sent perdu, angoissé de ne plus faire partie de la grande tribu des “gens normaux”, ceux qui bossent. Le rythme est cassé, on tente de le maintenir. Et de l'autre côté on éprouve la joie des vacances, du temps retrouvé[1]. »

L'espoir en fuite ou la résistance en danger

Cette éclaircie est en général de courte durée. La vie en effet devient, du fait de la diminution des revenus, difficile. Et, surtout, l'espoir qui la soutenait s'appuyait sur l'idée que ce temps de « vacance » serait de courte durée. Les (petits) bonheurs que l'on s'octroyait au présent n'étaient possibles que parce que l'on croyait en un avenir et que l'on avait confiance en cet avenir.

Or, le temps passant, cet avenir semble reculer chaque jour un peu plus et, de ce fait, l'espoir s'effrite.

« Les réponses négatives s'entassent, les entretiens sont rares, décevants, de plus en plus éprouvants.

1. Sophie Harcourt, « Qu'est-ce qu'un chômeur fainéant ? », actuchomage.org, 6 août 2009.

Les embûches administratives sont nombreuses. On change plusieurs fois son fusil d'épaule, on demande conseil, on adopte de nouvelles stratégies. Au bout d'un moment, ça frise l'incompréhensible[1]. »

Cette incompréhension s'ajoute aux difficultés de la vie quotidienne, qui vont grandissant et qui, surtout, s'installant dans la durée, prennent un autre sens. La vie « à la dure », en effet, le temps d'une vacance, est, comme lorsqu'elle est le fait d'un temps de vacances, supportable. Mais si l'inconfort, la gêne, le mal-être menacent de durer et même de devenir définitifs, tout change. Une escapade en milieu hostile, pourquoi pas ? Mais y vivre si l'on n'en a jamais eu l'expérience, et surtout si on ne l'a pas choisi…

Or rien ne se passe. Et rien ne laisse présager que quelque chose pourrait se passer, que la situation pourrait changer. Les réponses aux lettres de candidature sont négatives, ou, pire, n'arrivent pas. La boîte aux lettres reste vide, le téléphone ne sonne plus. Les journées se font de plus en plus longues, les « aujourd'hui » de plus en plus semblables aux « hier », de plus en plus semblables aux « demain » et, on le craint, aux surlendemains. « Tu as fait quoi, aujourd'hui ? Tu as eu du nouveau ? – Non, rien… »

Face à ce vide, les interrogations se font obsédantes, angoissantes, déprimantes : « Est-ce que je vais y arriver ? »

Résister au découragement devient chaque jour plus difficile. Néanmoins, on s'accroche. On s'accroche

1. *Ibid.*

à l'idée du lien social, comme on s'accrocherait à une rambarde. On s'accroche à l'idée de son identité sociale, et on ne veut pas la lâcher. On est toujours – on tente de s'en persuader, de s'en convaincre – un « boulanger », un « commercial », un « chercheur ». On fait toujours partie du monde du travail. On n'a plus d'emploi, mais on ne peut pas ne pas en retrouver un. On va en retrouver un. L'exclusion n'est que provisoire.

La fin de l'espoir, la fin de la résistance : « chômeur » !

Mais cette résistance a, comme toutes les résistances, des limites. Elle s'use. Et parfois, un jour, parce que rien ne se passe, parce que c'est trop long, parce que c'est trop dur, parce que l'on n'en peut plus, on lâche la rambarde de l'espoir.

En apparence, rien ne change. On ne modifie rien de sa vie quotidienne. On continue à vivre comme on le faisait la veille et l'avant-veille. Mais, dans sa tête, on lâche la conscience de l'appartenance au monde de la vie des autres, au monde de la vie sociale.

Et, telle la chèvre de Monsieur Seguin qui, épuisée, accepte au petit matin de se laisser manger par le loup, on capitule.

Ligoté, coincé par les difficultés de sa vie présente, obsédé par son passé professionnel, dont il se voit contraint de faire le deuil, celui qui est devenu depuis le jour de son licenciement, pour la société, un « chômeur » accepte alors de reprendre à son compte cette non-identité destructrice. Il devient un « chômeur » et s'enfonce chaque jour un peu plus dans ses angoisses.

Il perd le goût et surtout l'énergie d'entreprendre. Il n'a plus d'envies, plus de forces. Et il se le reproche. Car il ressent cet état comme une « paresse » (et son entourage, parfois, le lui renvoie comme tel). Alors que, bien loin d'en être une, cet état et l'immobilisme qu'il entraîne disent seulement à quel point son désir de vivre lui-même, laminé peu à peu par la situation, est atteint.

Il réagit néanmoins, se reprend par instants, mobilise toutes ses forces pour passer un coup de téléphone, aller à un rendez-vous, faire bonne figure quand son conjoint ou ses enfants rentrent, mais le cœur n'y est plus. Et le corps non plus. Le moindre geste, la moindre démarche lui demande des efforts surhumains. Il « se traîne », comme il dit. Et finit, dans les moments où il se reprend, par se sentir, parce qu'il se force à agir, un imposteur. Comme un infirme qui parviendrait à faire semblant, par moments, d'avoir encore ses jambes.

Ce sentiment s'amplifiant, il ressent de plus en plus un écart entre lui et le monde, qui, de ce fait, lui semble de plus en plus hostile. Parce qu'il se sent vivre à contretemps. Avec l'impression que tout le monde le sait, le voit et le juge. La concierge ou la voisine qu'il croise dans le hall de l'immeuble, l'épicier, le professeur de français de son fils qu'il rencontre dans la rue à une heure où il devrait être au travail. Et qui, peut-être, pensent qu'il n'en fait pas assez. Qu'il est content de vivre « aux crochets de la société », comme disent certains. Lesquels n'hésitent pas, d'ailleurs, à faire passer les indemnités de chômage (dont, en général, ils ignorent le taux réel[1]) pour une rente qui ferait de ceux qui les reçoivent des privilégiés.

Parfois, une relation retrouvée, un ancien collègue qui s'est « recasé », un membre de la famille ou simplement le hasard, la chance, font que celui qui se pensait définitivement « chômeur » retrouve un travail. Pas toujours dans sa branche, pas toujours au salaire qu'il aurait souhaité, mais un travail.

Un travail qui lui permet de retrouver, ayant à nouveau une vie sociale et une identité sociale, le monde des autres et, par là même, une image à nouveau positive de lui.

Mais parfois rien ne se passe. Et, perdu dans son désert (où presque plus personne ne passe), il se voit condamné à continuer d'attendre. Otage à perpétuité d'une force plus puissante que lui et qui refuse de le libérer.

« Fin de droits » : le temps du désespoir

Et le temps passe… Il n'en finit pas de passer, identique. Il devient le temps d'une nouvelle attente.

---

1. « L'allocation de chômage ne compense qu'entre 57,4 % et 75 % de l'ancien salaire. Et moins d'un inscrit sur deux à Pôle Emploi y a droit. » Cité in Jean-Louis Walter, « Comment le chômage met en danger la vie sociale », art. cité.

L'attente de l'étape à laquelle, heureusement, tous les chômeurs n'arrivent pas, mais qui sera la dernière du parcours du chômage. Cette étape finale qui génère toutes les peurs, toutes les angoisses. Celle dans laquelle s'originent tous les désespoirs et qui porte un nom qui ressemble, à lui seul, à une condamnation : « fin de droits ». Une condamnation mais aussi, symboliquement, une exclusion. « Fin de droits », formule qui peut être entendue comme : « tu n'as plus aucun droit », « tu n'as même plus le droit d'avoir le moindre droit », et qui, à ce titre, évoque la violence subie par l'enfant qu'un adulte rejette pour une faute supposément dramatique qu'il aurait commise, le plongeant ainsi – parfois pour très longtemps, des adultes en analyse en témoignent – dans la culpabilité et surtout dans l'horreur de lui-même : « Tu n'es plus mon fils, je ne veux plus te voir ! »

« Bizarrement le temps s'écoule, à la fois très vite et comme au ralenti. Puis le pire arrive quand s'épuisent les droits. Ce n'est plus la protection sociale qui va vous permettre de tenir, mais la solidarité nationale (plus souvent perçue comme de la charité). ASS [allocation de solidarité spécifique], RSA [revenu de solidarité active] : le "minima social" est synonyme de honte, de déchéance. C'est une humiliation de plus. Son montant dérisoire finit de vous achever : remplir son frigo ou chercher du boulot, il faut choisir ! Vous avez échoué à rejoindre la masse des honnêtes salariés contribuables : ceci est votre punition. Et la "paresse" s'accentue quand les marges de manœuvre disparaissent et que monte un sentiment d'injustice[1]. »

Dans la réalité, la fin des droits marque le début d'une vie où le pire peut arriver, car rien ne dit que le peu d'argent dont on disposera permettra de continuer à avoir l'essentiel : un toit et de quoi vivre et faire vivre sa famille.

Mais c'est aussi – symboliquement – la fin de l'arrimage social. Car les indemnités du chômage, parce qu'elles découlaient des années de travail que l'on avait accomplies, des années passées dans le monde de la vie sociale, dans le monde du travail, maintenaient un lien (même difficile, parce que si différent de celui que l'on avait auparavant) avec ce monde. Et maintenait donc, par là même, un lien avec la vie sociale. On avait encore une vie sociale.

Les aides que l'on va toucher maintenant, outre qu'elles seront moins importantes, ne découlent pas du travail. Elles relèvent de l'assistance et, à ce titre – même si elles lui sont plus que nécessaires –, dévalorisent l'ex-salarié et le font se sentir un « assisté ». Avec l'insupportable sentiment d'impuissance que cela entraîne. Et l'injustice extrêmement violente que cela représente.

Car la société l'assiste comme s'il n'était pas capable de subvenir, seul, à ses besoins, alors qu'il en est en réalité (même si, à force d'échecs, il finit par en douter) parfaitement capable. Cette société,

1. Sophie Harcourt, « Qu'est-ce qu'un chômeur fainéant ? », art. cité.

du fait de la crise, le lui interdit. Injustice d'une grande violence, puisqu'elle revient, pour la société, à faire passer l'interdiction qu'elle fait au salarié de travailler pour une impuissance dont la responsabilité lui incomberait. « Je t'oblige, alors que tes jambes sont en bon état, à te conduire comme si elles étaient coupées. Et, du fait de cette fausse infirmité que je t'impose, je te fais l'aumône d'une assistance. »

Si l'on accepte d'entendre la violence que représente pour un être humain une telle situation. Si l'on accepte d'entendre le piège qu'elle représente pour lui. Piège impossible à ouvrir, puisqu'il est mis en place par une autorité face à laquelle il est totalement impuissant. On peut comprendre que le chômage, quand il n'a pas d'issue, puisse mener la personne qui le subit au désespoir, et la conduire même, la mort pouvant lui apparaître comme la seule possibilité de sortir du piège, à vouloir mourir. On peut comprendre aussi à quel point le chômage constitue, pour ceux qui le subissent, une véritable maltraitance sociale. Maltraitance dont les conséquences psychologiques ne peuvent être que destructrices.

Le passage de l'espoir au désespoir

Le schéma que nous venons d'évoquer n'est évidemment qu'une esquisse. Il ne donne qu'une idée très générale du parcours que constitue la vie « en mode chômage ». Il ne prétend ni retracer le trajet particulier de chacune des personnes au chômage, ni surtout rendre compte de leur quotidien. Un quotidien marqué par l'infinie pesanteur de jours alourdis par le manque de perspectives, la répétition sans fin du même vide et, surtout, l'angoisse.

Il n'a pour vocation que de souligner, chez toutes les personnes au chômage, l'inéluctable et progressive usure de l'espoir qui peut, si rien ne se passe, les mener au désespoir.

Un désespoir qui pourra prendre la forme d'un découragement qui les rendra incapables d'agir et pèsera sur leur famille (et surtout sur leurs enfants), et même d'une dépression.

Et si dire ce désespoir et l'expliquer nous semble aujourd'hui aussi urgent qu'indispensable, ce n'est pas seulement pour le dénoncer et le déplorer, mais :

• pour faire entendre l'urgence qu'il y aurait à mettre en place des soins adaptés pour ceux – les « chômeurs » – qu'il menace et dont il faudrait se donner les moyens de soutenir, par une aide psychologique, les capacités de résistance ;

• et parce que nous pensons qu'expliquer les ressorts psychologiques de ce désespoir peut également aider tous ceux qui, dans la société, même s'il ne les menace pas (parce qu'ils ne sont pas – ou pas encore – touchés par le chômage), ne cessent pourtant aujourd'hui de le redouter. Et sont de ce fait les otages d'angoisses qui gâchent leur vie et celle de leur famille.

Car ces souffrances des chômeurs, dont – par peur sans doute de regarder en face une vérité par trop dérangeante – on ne parle jamais (ou presque), paradoxalement, tout le monde les connaît. Parce que tout le monde a dans son entourage ou dans sa famille quelqu'un qui a subi un licenciement et essaie, en se heurtant jour après jour à des portes qui refusent de s'ouvrir, de retrouver un emploi.

Tout le monde connaît les difficultés matérielles de cette personne, mais aussi ses difficultés psychologiques, sa peur de l'avenir, sa perte de confiance en elle-même et en la vie…

Et tout le monde, face à ces difficultés, a peur. Une peur si grande que certains d'ailleurs, on le sait, fuient la personne au chômage, évitent de la rencontrer, ne lui téléphonent plus ou presque plus[1]. Arguant en général qu'ils ne savent plus « quoi faire » ou « quoi lui dire ». Comme si cet ami (ce parent ou cet ancien collègue) était devenu, avec le chômage, un être avec lequel on ne saurait plus communiquer, dont on aurait comme perdu le « mode d'emploi ».

En fait, les personnes au chômage font peur à certains de leurs proches. Non pas (comme, dévalorisées et meurtries, trop souvent elles le croient) à cause de ce qu'elles seraient ou seraient devenues, mais à cause de ce qu'elles représentent. Parce qu'elles représentent pour eux ce qu'ils ont peur de devenir.

Et la peur qu'elles suscitent est d'autant plus grande que le silence entretenu sur leurs souffrances ne cesse de l'accroître :

---

1. Ce qu'elle ressent évidemment, à juste titre, comme très douloureux, très injuste et très violent.

• parce que ce silence, les obligeant à en prendre acte sans pouvoir les comprendre, contraint ceux qui constatent ces souffrances à les imaginer. Et que ce que l'on imagine est toujours bien pire, on le sait, que la réalité ;

• et surtout parce que – nous l'avons déjà souligné – le fait que l'on ne parle pas de ces souffrances contribue à leur donner le statut de « maladies honteuses » qu'il conviendrait de cacher. Fantasme qui ne peut qu'effrayer ceux qui redoutent d'être, à leur tour, « contaminés ».

Il convient donc de regarder en face et de comprendre les souffrances que vivent « au singulier » (chacun « dans sa tête ») les chômeurs, les atteintes psychologiques dont ils sont victimes. Cette entreprise suppose que l'on recense précisément les pertes qu'ils sont, du fait du chômage, contraints de subir. Pertes qui sont toujours à la fois réelles et symboliques.

Que perd-on quand on perd son emploi ?

La perte de son identité sociale

La première chose qu'il convient de poser, parce qu'elle explique la gravité des dommages psychologiques subis par les chômeurs, est que le chômage représente, au-delà des pertes réelles qu'il implique, une perte symbolique majeure.

En perdant son emploi, le salarié perd en effet l'activité sociale qui était le support de sa vie sociale. Il perd le « faire », utile à la société, qui lui donnait une place légitime dans cette société, et l'identité sociale qui découlait de cette place. Identité à propos de laquelle chacun pouvait, le rencontrant, l'interroger. De même que les adultes demandent souvent aux enfants qu'ils rencontrent : « Tu es dans quelle classe ? », de même ses alter ego demandent volontiers à l'adulte : « Vous faites quoi dans la vie ? » Étant entendu que, pour vague qu'elle soit, la question ne porte pas sur ses « hobbies », mais sur le métier qu'il exerce.

Cela explique d'ailleurs le désarroi que certains chômeurs disent éprouver chaque fois qu'ils sont confrontés à cette question. Quelle réponse en effet doivent-ils apporter ? Celle qu'ils auraient donnée autrefois : « Je suis boulanger, mécanicien, etc. » ? Elle n'est plus possible : elle leur semble, surtout après un long temps de chômage, mensongère, puisque, depuis leur licenciement, ils n'ont plus exercé ce métier. Doivent-ils alors répondre : « Je ne fais rien » ? C'est tout aussi impossible, car, loin de ne « rien » faire, ils ne cessent d'œuvrer à retrouver un emploi. Faut-il qu'ils disent ce que d'aucuns leur assurent être la « vérité » : « Je suis chômeur, demandeur d'emploi » ? Ils répugnent à le faire, car le mot leur semble trop difficile à dire, dévalorisant, stigmatisant et même, pour certains, honteux.

Et les hésitations de ces chômeurs disent mieux que de longs discours que le chômage, mettant en cause son identité sociale, porte aussi atteinte à l'image sociale que le salarié licencié peut avoir de lui-même. Image sociale qui était importante pour lui par rapport aux autres, car elle le faisait reconnaître par eux. Mais qui l'était aussi parce qu'elle était devenue une partie constituante de son narcissisme, de l'image valorisée qu'il pouvait avoir de lui-même.

En perdant son emploi, le salarié perd donc l'ensemble des éléments (activité, place, identité et images sociales) qui constituaient sa vie sociale et, de ce fait, la partie sociale de son être, son être social. Autrement dit, ce que nous avons appelé la « branche sociale » de sa « colonne vertébrale psychique ». Il est atteint au cœur même de la construction sociale de lui-même qu'il avait faite depuis son enfance et se retrouve donc dépossédé d'une partie de son être. Dépossession qu'il est en général fort loin de pouvoir appréhender comme telle[1], mais qu'il exprime, si on l'écoute, au travers de tout ce qu'il sent, sait et dit avoir perdu.

La perte de la sécurité

En perdant son emploi, le salarié perd aussi la sécurité que cet emploi représentait. Perte énorme,

1. Et c'est regrettable. Car il pourrait, s'il y parvenait, comprendre qu'il n'a pas à se sentir coupable de son désespoir, qui est, étant donné l'immensité de la perte qu'il a subie, plus que légitime.

puisqu'elle va hypothéquer toute sa vie, mais perte aussi plus complexe qu'il n'y paraît. Car la sécurité perdue n'est pas seulement réelle, elle est aussi symbolique.

L'entreprise qui permettait au salarié, en lui versant un salaire, de vivre ne lui donnait pas en effet seulement une sécurité matérielle. Elle lui donnait aussi un sentiment de sécurité.

D'autant plus grand que (même s'il devait lui-même payer durement, par son travail, cette possibilité) cette entreprise pouvait être investie inconsciemment par lui comme une instance rassurante, protectrice, nourricière et même maternelle. Elle pouvait être pour lui (surtout si elle avait employé avant lui ses parents et des membres de sa famille) une sorte de « bonne mère » dont, parce qu'elle l'avait accueilli, il n'avait rien à craindre.

La perte du sentiment de sécurité que cet accueil lui donnait se double donc, lorsque cette « bonne mère », en le licenciant, le chasse, d'un sentiment d'abandon et même de rejet qui ne peut être que très violent, puisque, ayant mis l'entreprise à cette place, il ne pouvait l'imaginer.

« Pour nous, Alençon, c'était l'usine-mère, déclarait ainsi à une journaliste une employée de Moulinex. On se sentait à l'abri. Il ne pouvait rien nous arriver[1]. »

« Il ne pouvait rien nous arriver… » Comment mieux dire le sentiment de protection ressenti par le salarié ? Une protection qui évoque la petite enfance,

---

1. Sylvie Joly, lexpress.fr, 14 novembre 2002.

la fragilité du petit enfant et sa confiance éperdue en l'adulte. Une confiance qui le met à sa merci.

La perte des liens

Mais, en perdant sa place dans l'entreprise, le salarié perd aussi les liens humains qu'il y avait tissés. Des liens qui existaient parallèlement à ceux qu'il avait noués dans sa vie privée, qui étaient différents de ceux-ci (car ils étaient nés de l'expérience partagée du travail), mais qui étaient essentiels à son existence.

Les salariés licenciés évoquent beaucoup cette perte. Et, parmi eux, des femmes, qui parviennent souvent mieux que les hommes à dire, au plus près de leurs souffrances et de leurs émotions, ce qu'elles ressentent.

Ainsi, les ouvrières de Lejaby, qui, après que l'usine d'Yssingeaux, sa production ayant été délocalisée en Tunisie, a fermé en 2011, parlent[1]. Et font passer tout à coup le discours de l'anonymat de l'approche sociologique à la première personne de la souffrance personnelle, individuelle et, de ce fait, bouleversante.

Ainsi Marie-Claude, trente-deux ans de maison, qui présente le groupe qu'elle formait avec ses collègues. Elle dit : « On faisait de la belle marchandise, on était dures à la tâche. On peut même pas

1. Propos recueillis par Nicole Pénicaut, lenouvelobservateur.fr, 27 janvier 2012.

dire qu'on était grévistes. On a dû s'arrêter 1 ou 2 matinées pour des augmentations de salaire. »

Et elle raconte son travail, « leur » travail : « Il y avait des cadences terribles. Un salaire de 1 100 euros par mois et des primes collectives si l'atelier réussissait à suivre les cadences. »

Autrement dit, une course, chaque jour, contre le temps pour atteindre les objectifs. Et donc des conditions de travail très difficiles pour un gain plus que modeste. Mais, au-delà de ces difficultés, transcendant ces difficultés, une vie, un groupe soudé autour de la chose à faire, des difficultés du travail, mais aussi de la solidarité, de l'amitié : « L'entraide entre les filles, les fous rires compensaient tout cela. »

Des années de vie se sont écoulées ainsi : « On a vécu ensemble, alors aujourd'hui, cette fermeture, c'est comme si on nous arrachait les sentiments qu'on a eus les unes pour les autres. Ça fait mal, je vous jure. »

En fermant leur usine, on a arraché à ces femmes leur travail, leur salaire, mais aussi les années d'amitié qu'elles avaient vécues là, ensemble. On leur a comme arraché le cœur. Mutilation symbolique d'une indicible cruauté.

La perte du métier

Mais, en perdant leur travail, elles ont aussi, comme nombre de salariés licenciés (surtout si la branche dans laquelle ils travaillaient est en voie de disparition), perdu leur métier. Un métier qui, pour ces salariés, est irremplaçable. Si irremplaçable que même l'argent gagné dans une autre branche, avec un autre emploi, ne le remplacera pas.

De ce métier, valeur centrale de leur vie, avec son univers de codes, de savoirs, de savoir-faire, de ce métier issu d'une tradition et qui, de ce fait, était lié pour eux à l'idée (porteuse de sens) d'une transmission (car ils l'avaient appris de leurs aînés et auraient dû l'enseigner, à leur tour, à de plus jeunes qu'eux), bien des salariés parlent.

Telle Marie-Claude, encore, à qui – elle le dit – son licenciement n'a pas arraché seulement le cœur, mais son métier. Un métier que, parce qu'une journaliste attentive l'écoute, elle évoque en pleurant. Et en touchant du bout des doigts le tissu – la dentelle – qui en était le symbole. Une dentelle qu'elle caresse à la façon dont on peut caresser, une dernière fois, le corps d'un être aimé que l'on ne reverra plus, les murs d'une maison dans laquelle on a passé une partie de sa vie et où, on le sait, on ne reviendra plus. Comme si elle voulait en garder dans ses mains quelque chose, une trace, le souvenir d'un toucher : « C'est si doux… », dit-elle.

D'autant plus doux, d'autant plus douloureusement doux que cet amour du tissu (comme très souvent l'amour du métier) venait pour elle de loin.

Petite, déjà, elle le dit, elle cousait des vêtements pour ses poupées. Et, à ce jeu qui n'en était plus vraiment un, car il s'était transformé, pour elle, en désir, elle se montrait déjà particulièrement habile : « Un triangle, dit-elle, des plis, et hop ! »

De l'âge des jeux d'enfant à celui de l'entreprise et du métier d'adulte, des habits de poupée à la lingerie pour femmes, le même tissu devenu dentelle fragile, précieuse, dont le maniement requiert une expérience, un savoir-faire, le même fil. Fil de soie, fil de soi…

Pour Marie-Claude, avec la fermeture de l'usine, le fil s'est rompu. Elle a perdu ce fil et, avec lui, le fil de cette vie, le fil de sa vie.

Car à cet univers dont, malgré la rudesse du travail et l'âpreté des conditions de vie, Marie-Claude et ses collègues avaient fait, grâce à leur amour commun de leur métier et à l'amitié qui les unissait, un univers humain et profondément humanisé, la crise en a opposé, elle le dit, un autre. Un autre où il n'est plus question de la douceur de la dentelle ni de celle de l'amitié. Où il n'est plus question de compétence, de savoir-faire, de valeurs vraies et profondément vécues, mais seulement de logique commerciale, de coûts, de prix de revient.

Et elle rappelle les faits : 8,17 euros la pièce en Tunisie contre 13 à 14 euros en France, la cause était entendue. Face à ces chiffres, plus rien ne comptait. La délocalisation s'est imposée.

La chair, le sang, la beauté, les valeurs ne pèsent pas lourd face aux logiques financières.

Marie-Claude et ses collègues se sont heurtées à cette logique. Et le vivent aussi douloureusement que les enfants dont les parents cassent, au nom de l'argent, une aspiration essentielle. Ces enfants qui découvrent un jour en eux le désir de faire de la musique (de la danse, du dessin...) et auxquels leurs parents opposent un : « Pas question ! C'est trop cher » sans appel. Alors même que (ils le découvriront parfois des années plus tard, sur le divan de leur psychanalyste) il existait, dans leur ville, des structures (municipales ou autres) qui leur auraient permis de réaliser, pour des sommes modiques, leurs rêves. Mais, pour leurs parents, le désir de ces enfants, leur bonheur, leur vérité n'avaient pas de valeur. Ils ne comptaient pas. Ils ne valaient pas les quelques dizaines d'euros qu'ils auraient pu coûter.

« Parce que je le vaux bien », proclame (pour justifier l'achat d'un produit de beauté) une femme dans une publicité.

Ces enfants-là ne le « valaient » pas. Marie-Claude et ses collègues non plus.

Et, face à cela, elles disent, comme tant d'autres, au-delà de leurs problèmes matériels, de leur angoisse du lendemain, leur colère devant l'injustice et surtout leur chagrin. Un chagrin qui dit le prix de chair, de sang, d'émotions et de larmes que paie à la crise chacun de ceux qui forment la masse, anonyme, des chômeurs. Et, par là même, le terreau dans lequel s'enracinent leurs difficultés psychologiques.

Un sentiment de fragilité

La première perte ressentie par le salarié étant celle de la sécurité, le premier sentiment qui l'envahit est, en toute logique, un sentiment d'insécurité.

Ce sentiment est lié, bien évidemment, à la réalité et aux difficultés tout à fait réelles qu'il va, il le sait, devoir affronter, mais il est lié surtout, inconsciemment, à la perte de ses attaches sociales.

Perte dont, nous l'avons dit, il ne perçoit pas toute l'ampleur, mais qu'il ressent toujours, confusément, en évoquant le malaise général dont il est la proie : il dit souvent qu'il a l'impression de ne plus être le même, qu'il se sent diminué, paralysé.

Confronté à une période – celle de la crise – qu'il sait difficile pour tout le monde, et particulièrement pour lui, qui doit retrouver un emploi, et alors qu'il lui faudrait, pour partir au combat, se sentir sûr de lui et en pleine possession de ses capacités, il se ressent donc fragile, vulnérable. À la façon d'un navigateur qui, au moment d'affronter une zone de tempêtes, ne serait plus certain de la solidité de son bateau. Ou d'un marathonien dont l'une des jambes serait, à la veille de la course, blessée. Et cette sensation d'être diminué majore, sans qu'il en soit conscient, son insécurité face à l'avenir.

Quand il dit (ou se dit), angoissé : « Est-ce que je vais y arriver ? », il faut entendre : « Est-ce que, diminué de la sorte, je vais y arriver ? »

La culpabilité

Cette sensation de vulnérabilité et d'insécurité qu'il éprouve pèse d'autant plus sur lui qu'elle est amplifiée par la culpabilité, à la fois consciente et inconsciente, qui trop souvent l'obsède. Contraint (parce que, craignant de peser sur ses proches, il n'ose pas leur parler et ne bénéficie par ailleurs d'aucune aide appropriée) à un tête-à-tête destructeur avec lui-même, il se repasse à loisir, les jours où rien, à l'extérieur, ne le sollicite, le film des événements. Il en refait le scénario et le modifie toujours en sa défaveur : « Si j'avais été plus ceci et moins cela... », « Si j'étais plus ci et moins ça... », « Si j'avais prévu... », etc. Si... Si... Si... Autant de « si » qui l'accablent. Au point que, souvent, son entourage, conscient de sa tendance à la dévalorisation, s'insurge, essaie de le ramener à la réalité : « Mais enfin ! Il y a eu 60 licenciements dans ton entreprise, ce n'étaient quand même pas 60 incapables ! »

Et l'intéressé l'admet volontiers. Il l'admet sans problème pour les autres, parce que, les concernant, cela lui semble évident. Mais pas pour lui. Parce que lui, contre toute logique, soutient et surtout se persuade qu'il aurait dû pouvoir éviter la catastrophe.

La culpabilité est un poison qui, une fois qu'il a pénétré un organisme, ne demande qu'à l'envahir. Et qui, en général, de rumination en rumination, gagnant chaque jour du terrain, y parvient.

D'une part parce que, l'enfance étant un inépuisable réservoir de culpabilité, les culpabilités de la vie adulte se nouent toujours à celles de ces années-là. Et deviennent, de ce fait, difficilement déracinables.

Et surtout parce que l'idée – culpabilisante – qu'il « aurait dû pouvoir y arriver », quand elle prend, en de telles circonstances, possession de quelqu'un, est toujours d'autant plus difficile à combattre qu'elle joue pour lui un rôle paradoxal.

D'un côté – il le sait et il le dit –, elle lui gâche la vie, mais, de l'autre, pour étrange que cela puisse paraître, elle restaure (un peu), même s'il n'en est pas conscient, son narcissisme profondément meurtri.

Se dire que l'on « aurait pu y arriver » est peut-être moins insupportable que de prendre acte que, dans une situation donnée, quoi que l'on ait pu tenter, on ne pouvait rien. Moins insupportable et surtout moins dangereux. Car l'idée que l'on ne pouvait rien peut, du fait de l'impuissance radicale, totale, à laquelle elle renvoie, mener, en un glissement destructeur, à penser que, puisque l'on ne pouvait rien, c'est que l'on n'était rien. Et à mettre ainsi en cause le sens même de son existence : « Qui suis-je et à quoi bon vivre si, à ce point, je ne peux rien ? »

La culpabilité (de n'avoir pas fait ce que, pense-t-on, l'on aurait pu faire), parce qu'elle maintient la croyance en une possibilité de se battre contre l'adversité – et donc d'avoir une prise sur le monde –, protège de cette vertigineuse et dramatique annulation de soi. Et l'on comprend dès lors qu'elle soit, une fois installée, si difficile à déraciner.

Un sentiment de dévalorisation

Elle est en général d'autant plus vivace qu'elle vient toujours se nouer à la mise en cause de leurs capacités que sont amenés à faire les salariés licenciés.

Cette ère du doute commence d'ordinaire au moment de leur licenciement, qui les dévalorise toujours. Les difficultés qu'ils rencontrent ensuite pour retrouver un travail ne font qu'accroître ces doutes.

Des doutes qui se révèlent toujours, eux aussi, difficiles à combattre, car ils sont, pour partie, normaux et inévitables.

Sauf à s'imaginer, de façon pathologique, au-dessus de tout et supérieur à tout le monde, on ne peut en effet, si l'on subit des échecs (et surtout s'ils se répètent), que s'interroger sur soi-même. Et, partant de ces interrogations légitimes, il est malheureusement facile de glisser vers une remise en cause, aussi totale que destructrice, de sa personne.

D'autant que l'on peut toujours – dans le tête-à-tête destructeur avec soi-même que nous évoquions précédemment – soutenir que d'autres (parmi ses anciens collègues, par exemple) s'en tirent mieux. Qu'ils n'ont pas été, eux, licenciés, ou qu'ils ont trouvé un autre emploi.

Au jeu de la dévalorisation et de la culpabilité, c'est toujours : « Pile je perds, face tu gagnes. » Les dés sont toujours pipés. On est toujours perdant.

Et plus encore dans des périodes comme celles du chômage, où chaque réponse négative (ou chaque non-réponse) à une candidature peut venir jouer le rôle d'une pièce supplémentaire que l'on versera au procès que l'on se fait, jour après jour, à soi-même (procès truqué, puisqu'il est, depuis longtemps, jugé…). « C'est sûr que je ne vaux rien. La preuve ? Personne ne veut de moi ! »

Un sentiment de rejet et de honte

Ces sensations de fragilité, d'insécurité, cette remise en cause permanente de soi-même pèsent très lourd, car elles atteignent chaque jour un peu plus l'image que le salarié pouvait avoir de lui-même.

Elles laminent peu à peu son narcissisme. Et, même si celui-ci était auparavant solide, le conduisent (des petits coups de lime pouvant réussir, s'ils sont méthodiquement répétés, à venir à bout du plus solide des barreaux) à une vision dévalorisée de lui-même.

Prisonnier du chômage, le salarié qui a perdu son emploi se sent chaque jour un peu plus différent des autres, un peu plus « anormal » (c'est ainsi que, souvent, il l'exprime), et, de ce fait, un peu plus exclu, un peu plus rejeté. Il n'est plus dans la norme de ceux qui, chaque matin, vont travailler. Il n'est plus dans le monde des gens qu'il considère comme « normaux »…

Ce sentiment d'exclusion et de rejet s'appuie sans aucun doute, là encore, sur la réalité (le monde du travail ne lui fait plus aucune place et, dans son entourage, certains, nous l'avons dit, le fuient). Mais il dépasse de beaucoup cette réalité, car sa véritable origine se trouve dans la honte qu'à force de remises en cause et de dévalorisation il a fini par avoir de lui-même.

Une honte dont il est frappant de constater qu'elle ressemble à celle qu'éprouvent les enfants maltraités. Ces enfants qui, alors qu'ils en sont les victimes, ont toujours honte de ce que les adultes leur ont fait subir.

De la même façon, les victimes de cette maltraitance sociale qu'est le chômage ont honte de ce qui leur arrive. Et elles en ont honte parce que, comme les enfants maltraités, elles s'en croient toujours (au moins en partie) responsables. Et finissent donc, en toute logique, par prendre en horreur ce qu'elles sont (ou plus exactement ce qu'elles croient être) et par le rejeter. Elles ne veulent plus le voir, elles ne peuvent plus « se voir ». Elles se cachent. Elles ont honte.

Souffrance majeure et permanente, car la honte est une sorte de lèpre qui ronge, qui n'en finit jamais de ronger. Et qui, de ce fait, mène toujours à l'exclusion.

Une logique de l'exclusion

Rejetant ce qu'ils croient être, obsédés par l'image qu'ils ont d'eux-mêmes, les salariés devenus chômeurs le sont aussi, en effet, par celle qu'ils pensent donner d'eux-mêmes aux autres. Car le mécanisme de la honte suppose toujours que l'on prête aux autres le regard que l'on porte soi-même sur soi. Que l'on se croit vu par eux comme l'on se voit. Et que l'on imagine donc, dès qu'on les croise, voir dans leur regard la déchéance que l'on croit être la sienne.

Dès lors, persuadé qu'ils éprouvent des sentiments identiques à ceux que soi-même l'on éprouve (alors même que, la plupart du temps, il n'en est rien), on les fuit. Malentendu tragique qui ravage tant de vies. Et qui ravage la vie de bien des chômeurs, qui – souvent au désespoir de leur entourage – finissent, otages de cette honte, par se couper des autres et, peu à peu, par s'isoler, s'enfermer, afin de soustraire au regard de ces autres l'être indigne qu'ils croient être devenus. Renforçant ainsi le tête-à-tête destructeur avec eux-mêmes et, de ce fait, la dévalorisation qui, de rumination en rumination, leur rendra l'accès à ces autres de plus en plus difficile.

Car plus, se sentant lamentables, ils s'isolent, et plus ils magnifient, mythifient ces autres qu'ils fuient. Ces autres soi-disant « normaux », soi-disant valeureux, vers lesquels, les ayant parés de toutes les vertus (dont ils se pensent eux-mêmes dépourvus), ils n'osent plus aller. Engrenage de la honte si souvent à l'œuvre dans l'univers du chômage, comme il l'est dans celui de la maltraitance. Cercle vicieux de l'isolement, d'autant plus destructeur que, les autres ayant été, du fait de la honte, ainsi mis à distance, aucune parole extérieure ne peut plus venir le rompre.

Mais si cette honte que nous venons d'évoquer est, pour une grande part, fantasmatique, elle est loin néanmoins de ne relever que de l'imaginaire personnel de chacun des chômeurs qui en est la proie. Car elle naît aussi de l'image que la société renvoie d'eux-mêmes aux chômeurs.

Cette image mérite qu'on la mentionne et même que l'on s'y attarde, car, outre qu'elle pèse de façon dramatique sur les personnes au chômage, elle contribue aussi à effrayer, voire à terroriser, tous les salariés qui, bien qu'étant en possession d'un emploi, redoutent pour eux-mêmes ou leurs enfants le chômage.

Du chômeur victime au chômeur coupable

Cette image sociale des chômeurs a – il est frappant de le constater – beaucoup évolué. Elle a, au fil des années, subi une évolution dont on peut remarquer qu'elle est – et c'est logique – parallèle à celle de l'image de la pauvreté.

Les chômeurs, les pauvres, c'est-à-dire tous ceux que la société, poursuivant sa route, laisse régulièrement sur le bas-côté, ont été en effet longtemps considérés comme des victimes.

Ils étaient, pensait-on, les victimes du système économique, du système social en vigueur. Et ce statut qui leur était donné avait pour conséquence que l'on pouvait, à cette époque, éprouver pour eux de la compassion. Et surtout se sentir responsables et comptables de leur devenir.

Nombre de sociologues dont les recherches portent, depuis de longues années, sur la question de la pauvreté et sur le monde du travail en témoignent.

« En 1988, déclare ainsi Serge Paugam, quand fut institué le revenu minimum d'insertion, neuf Français sur dix étaient favorables à cette loi qui impliquait des dépenses publiques importantes. L'insertion était considérée comme un impératif national, nous avions collectivement une dette à l'égard des plus défavorisés, victimes de l'injustice sociale[1]. »

Et, à cette époque – une autre sociologue le souligne[2] –, la souffrance des chômeurs était majoritairement prise en charge par des collectifs (syndicats, collectifs de travailleurs…). Elle était considérée comme l'affaire de tous.

Le chômage n'était donc pas, dans la réalité, moins difficile à vivre qu'il ne l'est aujourd'hui, mais il n'entraînait pas l'opprobre. Si le chômeur était alors « à plaindre » (ce qui n'était pas forcément facile à vivre pour lui), du moins n'était-il pas « à blâmer »…

Les temps ont changé. À partir des années 2000, ce n'est plus la société, le système économique, que l'on pense responsables du chômage, mais le chômeur lui-même.

« Dans les années 1990, dit encore Serge Paugam, la pauvreté est couramment expliquée par l'injustice. Au début des années 2000, c'est la paresse qui devient l'explication : les pauvres sont les premiers responsables de leur situation[3] ! »

Désormais, si le chômeur est au chômage, c'est sa faute. S'il a perdu son emploi, c'est, pense-t-on, parce qu'il n'avait pas les capacités requises pour l'occuper

---

1. Serge Paugam est sociologue, auteur, entre autres, de *La Disqualification sociale* (PUF, 2004). Interview à telerama.fr, propos recueillis par Michel Abescat, 27 novembre 2010.

2. Danièle Linhart, directrice de recherches au CNRS, est auteur, entre autres, de *Perte d'emploi, perte de soi* (Erès, 2002). Interview à paroleseduc.com.

3. Serge Paugam, interview à telerama.fr, art. cité.

ou n'a pas fait ce qu'il fallait pour le garder. Et, s'il n'en trouve pas un nouveau, c'est parce qu'il ne le veut pas. Parce qu'il préfère ne rien faire. Parce qu'il est… un fainéant. Le mot est lâché.

Et ce mot n'est pas dénué d'intérêt. On peut remarquer que le qualificatif « fainéant », après avoir servi, dans le domaine de l'enfance, à masquer les problèmes psychologiques des élèves dont on l'affublait (« S'il n'apprend pas en classe, madame, je vous le dis, ce n'est pas parce qu'il a des problèmes, c'est parce qu'il est fainéant ! »), sert aujourd'hui à occulter les difficultés économiques qui sont à l'origine du chômage : trois millions de chômeurs, trois millions de fainéants… Qui dit mieux ?

Et l'on connaît les déclarations (évidemment) péremptoires de ceux qui n'hésitent pas à invoquer les milliers d'emplois qui, aujourd'hui, seraient vacants et dont personne ne voudrait. Les chômeurs qui se gobergeraient aux frais de la société. Et ces diatribes se terminent en général par l'évocation de quelqu'un (dans l'entourage de celui qui les profère) « qui connaît quelqu'un qui connaît quelqu'un qui connaît quelqu'un qui » – à l'instar sans doute du « frère du cousin du voisin » qui a rencontré le grand amour sur Internet – a trouvé, lui, en six mois, un emploi. « Parce qu'il le voulait. Parce qu'il avait du courage, lui, madame ! »

Des sociologues, là encore, le constatent : « Les chômeurs en fin de droits, comme les salariés confrontés à la souffrance au travail, font face aux mêmes problèmes. L'indifférence voire la suspicion générale à l'égard de ceux qui n'y arrivent pas induisent l'idée que, s'ils n'y arrivent pas, c'est bien de leur faute[1] ! »

Les raisons qui ont présidé à ce changement des mentalités sont, sans aucun doute, multiples. Et leur étude dépasse le champ des compétences du psychanalyste. Nous ne prétendons donc pas, ici, les recenser. Mais seulement en avancer quelques-unes.

En premier lieu, l'évolution de la demande que l'entreprise fait à ses salariés et que la sociologue Danièle Linhart souligne. Montrant que, si dans les années 1980 l'entreprise valorisait les compétences, le savoir-faire, les connaissances de ses salariés, c'est aujourd'hui un investissement subjectif qu'elle exige d'eux. « Quand on perd son emploi, conclut-elle, on se sent donc disqualifié en tant qu'individu et pas seulement comme travailleur[2]. »

On peut ajouter que cela explique aussi, sans doute, que le salarié licencié, perçu par l'extérieur comme disqualifié non seulement sur le plan professionnel, mais sur tous les plans, se sente atteint narcissiquement, au-delà même de ses capacités professionnelles, dans son être tout entier.

Le glissement est donc lourd de conséquences. D'autant qu'il est régulièrement amplifié, depuis quelques années, par les politiques.

Certains en effet ne cessent, prenant pour cible les salariés, de donner d'eux l'image d'une peuplade

---

1. Danièle Linhart, interview à lhumanite.fr, 13 mars 2013.
2. Interview à paroleseduc.com.

dont la caractéristique principale serait d'être particulièrement réfractaire au travail et à l'effort.

Cette croyance explique l'image des chômeurs, conçus, dans cette optique, comme les plus fainéants, les plus scandaleusement fainéants de ces fainéants.

Des fainéants qu'il conviendrait évidemment de sanctionner. Et certains n'ont pas hésité, d'ailleurs, à entreprendre cette croisade.

Ainsi, Nicolas Sarkozy, alors président, annonça en 2012 qu'il souhaitait un référendum sur les droits et les devoirs des demandeurs d'emploi. Proposition qui, ainsi formulée, ne pouvait, qu'il l'ait voulu ou non, que donner consistance à la croyance en cette fainéantise des chômeurs. Évoquant leurs « devoirs », elle validait en effet, étant donné le contexte, l'idée que ces chômeurs (semblables sans doute en cela à ce que d'aucuns nomment les « enfants rois ») s'imagineraient n'avoir que des droits. Et auraient donc le plus grand besoin que la société – porte-parole des « honnêtes gens » – leur rappelle qu'ils ont aussi des devoirs…

Et, en bon pédagogue, le président Sarkozy ne manquait pas d'annoncer la punition qui, appliquée avec fermeté, finirait par ramener ces êtres sans conscience à la raison. Prévenant que, dans sa future réforme, le chômeur serait, à l'issue d'une formation, « tenu d'accepter la première offre d'emploi correspondant au métier pour lequel il aurait été formé[1] ».

1. Lefigaro.fr, 10 février 2012.

Il laissait donc entendre que, tel le renard de La Fontaine refusant les raisins (« Ils sont trop verts et bons pour des goujats »), les chômeurs auraient pour habitude de faire, par rapport à ce qu'on leur proposerait, la fine bouche. Et que le problème ne serait donc pas tant celui des emplois qui manquent que celui du désir, de la volonté qu'ils auraient de travailler.

Habile tour de passe-passe aux termes duquel le président de la République française, rejoignant de fait, par ses déclarations, les propos du style « café du Commerce » que nous évoquions précédemment, validait l'image du « chômeur fainéant » et élevait au rang de grande cause nationale la lutte contre ces êtres supposés en proie à une jouissance aussi asociale que malfaisante. Prise de position lourde de conséquences. D'abord parce qu'elle a, bien au-delà des apparences, contribué à donner des chômeurs une image plus négative encore que celle qui était jusque-là la leur. Puisqu'elle faisait d'eux des êtres qui, coupables de ne tenir compte que de leur bon plaisir et ayant, de ce fait, « trop tiré sur la corde », comme l'on dit, ne devraient plus avoir aucun droit d'accepter ou de refuser ce qu'on leur propose. Et devraient désormais (et ce n'était que justice !) s'estimer heureux qu'on leur permette de parvenir à satisfaire – même si cela devait être au plus juste – leurs besoins vitaux.

La mesure proposée était en effet claire. Elle disait en substance : vous ne voulez pas être radié de Pôle Emploi et vous retrouver ainsi privé des allocations qui vous permettent encore (avec votre famille) de vivre ou, du moins, de survivre ? Alors, si l'on vous propose un emploi dans le métier qui est le vôtre, quelle que soit cette offre (c'est-à-dire même si l'emploi qui vous est proposé est payé beaucoup moins bien qu'il ne le devrait et même s'il vous contraint à partir loin de votre famille), vous devez le prendre !

Autrement dit, vous n'avez plus droit au choix. Vous n'avez plus le droit de dire « je voudrais », et surtout « je ne voudrais pas ». Ni même celui d'émettre une opinion ou un avis. Car toute réticence face à une offre d'emploi sera considérée comme un refus de travailler.

Désormais, pour vous, ce sera « c'est ça ou rien ! » – le fameux « c'est ça ou rien ! » que nous avions déjà évoqué à propos de jeunes diplômés qui, pour échapper au chômage, sont contraints d'accepter des emplois qui n'ont aucun rapport avec les études qu'ils ont faites (et ne requièrent même parfois aucun diplôme).

Et cette interdiction de choisir, d'avoir, fût-ce *a minima*, le choix de son emploi, va bien plus loin qu'il n'y paraît. Car elle équivaut à faire des chômeurs une catégorie à part. Une catégorie d'êtres qui seraient, sur le plan de leur emploi (et donc de leur vie sociale, puisque l'emploi en est, nous l'avons dit, le support), privés d'un droit dont bénéficie le reste de la population : celui d'avoir et d'exprimer un désir, celui de désirer.

Semblable en effet aux idéologues (ou supposés tels) qui s'ingénient à essayer de faire croire aux parents que donner la parole à leurs enfants équivaudrait à leur donner le droit de dire (et surtout de faire) n'importe quoi, le président Sarkozy laissait entendre que donner aux chômeurs une possibilité de choisir leur emploi (c'est-à-dire de prendre celui qu'ils pensent être le plus adapté… ou le moins inadapté) reviendrait à leur permettre d'exiger, pour se remettre au travail, qu'on leur donne tout… et même la lune, comme disaient autrefois nos grands-mères.

Il les posait donc comme incapables de comprendre ce que tout enfant de 3 ans peut, si on le lui explique, comprendre : qu'avoir droit au désir implique que ce désir puisse s'inscrire dans le cadre des lois en vigueur (ce n'est pas parce qu'on a le droit de désirer que son petit frère disparaisse que l'on a, pour autant, celui de le jeter par la fenêtre…). Et qu'il tienne compte des limites imposées par la réalité (acheter un paquet de bonbons peut être possible, en acheter trois ne l'est pas).

Le président Sarkozy brossait donc des chômeurs un portrait qui, outre qu'il était calamiteux, ressemblait étrangement à celui qui, pour justifier la destruction de la justice des mineurs, était fait, dans les mêmes années, des jeunes que leur histoire avait menés à la délinquance : des êtres avides, par nature, de jouissance et qui n'auraient pour seul guide que cette jouissance.

Dans les deux cas se trouvait invoquée, pour légitimer la répression, la sauvagerie d'une supposée volonté de jouir sans limites qui ne pouvait que scandaliser un public dont on savait la vie chaque jour plus difficile.

Au jeu du « vous n'avez pas de pain et eux réclament de la brioche », on était donc, dans les deux cas, à peu près sûr de gagner…

Et ces deux portraits menaient d'ailleurs aux mêmes conclusions. Ils concluaient tous deux à la nécessité d'une mise à l'écart, d'une relégation de cette jouissance scandaleuse.

Pour se protéger des jeunes délinquants, la société devait, sans plus se soucier de les éduquer, ne pas hésiter à les emprisonner. Et se devait, de la même façon, d'enfermer les chômeurs.

Et les propositions du président Sarkozy réalisaient cet enfermement. Elles les enfermaient en effet dans un statut. Faisant d'eux des êtres à part, des sortes de parias interdits de désir et cantonnés au besoin. Condamnés de ce fait à la seule survie et, de surcroît, priés de ne pas s'en plaindre. Car, tels les enfants que les adultes frappent en prétendant que c'est « pour leur bien », ils étaient supposés l'avoir, dans cette optique, « bien mérité ».

Pour les personnes au chômage, le retentissement personnel de telles déclarations ne pouvait donc être, qu'elles en soient ou non conscientes, qu'énorme.

Privées déjà, du fait du chômage, d'un grand nombre des éléments matériels qui faisaient autrefois leur vie, privées de l'estime d'elles-mêmes et du sentiment de leur valeur, elles se retrouvaient en effet privées, aussi, du droit au désir et à la parole. Considérées comme coupables et frappées d'exclusion pour des fautes qu'elles n'avaient pas commises. En sachant, en outre, qu'elles allaient désormais être perçues comme telles par les autres.

Au lendemain des déclarations présidentielles, des hommes et des femmes victimes du chômage, qui luttaient pour conserver le sentiment de leur dignité et, avec lui, leur combativité, ont retrouvé ce portrait mensonger qui était fait d'eux dans le regard de nombre de ceux qu'ils croisaient. Un regard qui est venu, amplifiant leur honte, les affaiblir encore un peu plus.

Et, ce qui est peut-être plus terrible encore, des enfants, leurs enfants (ou du moins certains d'entre eux), se sont entendu dire à l'école, dans la cour de récréation, par d'autres enfants qui avaient entendu, la veille, leurs parents en parler, que si leur père ou leur mère étaient chômeurs, c'est parce qu'ils étaient des fainéants. Et que c'était tellement vrai que même le président de la République l'avait dit. (« Na, na, na, nanère… » Chacun connaît la rude chanson des cruautés enfantines.)

Et ces enfants, victimes de cette humiliation publique, se sont retrouvés contraints, eux aussi, à la honte. (À une honte si profondément destructrice que – la pratique psychanalytique le prouve – une vie entière peut ne pas suffire à en effacer les effets.) Prouvant ainsi, une fois de plus, que quand la société prend la (toujours très lourde) responsabilité de renvoyer à une partie de ceux qui composent sa population une image méprisante d'eux-mêmes, elle ne blesse pas seulement ces adultes qu'elle vise. Mais également leurs enfants, qu'elle oblige, otages de la honte publique de leurs parents, à se construire, eux aussi, dans la honte. Injustice meurtrière dont il serait peut-être temps – et même plus que temps – que l'on prenne, afin d'y mettre un terme, conscience.

QUATRIÈME PARTIE

La vie peau de chagrin

Si la crise, prenant pour cible leur emploi, frappe aujourd'hui, au cœur même de leur vie sociale, des millions d'hommes et de femmes, elle en frappe aussi, même s'ils sont encore en possession d'un emploi, des millions d'autres, dans leur vie sociale comme dans leur vie privée, en s'attaquant à leurs revenus et à leur niveau de vie.

Dans ce domaine aussi, la perception des dommages subis et surtout celle des souffrances éprouvées restent floues. Les mécanismes à l'œuvre sont les mêmes que ceux que nous avons évoqués à propos du chômage : l'évaluation de la situation (son évaluation sur le plan psychologique) est brouillée par la peur. Une peur qui est – tout comme pour le chômage – entretenue par le silence qui règne sur la question.

Les hommes et les femmes qui pourraient parler de leurs angoisses du lendemain n'osent pas le faire. Et les médias qui pourraient leur offrir l'occasion d'en parler semblent avoir peur de leur donner la parole.

On s'en tient donc, là encore, sans doute pour ne pas regarder les choses en face, pour ne pas regarder la souffrance en face, à la dimension sociologique du problème. On parle, là encore, au pluriel et jamais (ou presque) au singulier.

On évoque les « pauvres », la « pauvreté », la « paupérisation », la « précarisation », mais on permet rarement à ceux qui vivent cette pauvreté de dire à la première personne de quoi est faite leur vie, ce qu'ils ressentent, et de rendre compte du trajet qui les a menés là. Et on donne plus rarement encore la parole à ceux qui, bien qu'ils bénéficient toujours d'une situation à peu près confortable, redoutent cette pauvreté. Alors même qu'ils sont aujourd'hui – les sondages le prouvent – de plus en plus nombreux.

La pauvreté comme le chômage semblent être devenus des sortes de spectres qui hantent notre société. Des spectres que l'on feint d'ignorer, comme si, en proie à des croyances issues du tréfonds de l'enfance, on craignait, en les nommant, de permettre à des images de cauchemar de devenir réalité.

Cette peur face à la pauvreté, cette peur si grande qu'elle oblige ceux qui en sont préservés à tenter d'en ignorer l'existence, et surtout à se cacher à eux-mêmes les sentiments qu'elle leur inspire, tient bien évidemment à la réalité.

Dans une société où rien n'est gratuit et où la satisfaction des besoins les plus élémentaires suppose de posséder un minimum d'argent, la perspective d'une privation massive d'argent ne peut être que terrifiante.

Mais, dans la peur qu'inspire la pauvreté, la réalité n'est pas seule en cause. Car cette peur tient aussi, pour beaucoup, aux images qui sont associées à l'idée de pauvreté. Images qui sont, comme toujours, à la fois sociales et individuelles, conscientes mais aussi inconscientes.

I

La pauvreté : un état

Pauvreté, précarité : ces mots sont devenus aujourd'hui d'autant plus effrayants qu'ils évoquent une situation massive, totale, catastrophique. Et surtout une situation qui serait définitive.

L'expression si souvent utilisée « tomber dans la pauvreté » est, à cet égard, instructive, car elle montre à quel point l'on considère cette pauvreté comme un gouffre, un gouffre si profond que, une fois que l'on y serait tombé, il deviendrait impossible de regagner la surface, impossible d'en sortir.

Dans un tel contexte, le mot « pauvre » ne peut donc plus être un qualificatif susceptible d'être appliqué à quelqu'un à un moment donné de sa vie et qui serait considéré comme temporaire. Car « devenir pauvre » équivaut dans cette optique à « devenir un pauvre ». C'est-à-dire à se retrouver dans une situation où, ayant subi, en termes d'« avoir », des pertes par trop importantes, on ne pourrait plus continuer à être ce que l'on était avant ces pertes. Ayant moins, beaucoup moins que les autres, on serait désormais moins qu'eux.

La pauvreté (comme la perte d'emploi) n'atteint pas seulement chez ceux qu'elle frappe l'« avoir », elle atteint leur être. On se la représente non pas comme une situation liée à l'avoir et qui de ce fait – les problèmes d'avoir étant toujours potentiellement réversibles – serait provisoire, mais comme un changement total et définitif. La pauvreté est conçue imaginairement comme une atteinte globale faite à l'être. Elle est conçue comme un état.

Une telle conception de la pauvreté est loin – il faut le souligner – de n'être que fantasmatique, car, dans la réalité, la pauvreté, prenant en otage aussi bien la vie sociale que la vie privée de ceux qu'elle frappe, rend toujours très difficile, on le sait, leur retour à une vie plus « normale » et surtout plus « vivable ». Il est toujours, dans la réalité, très difficile de sortir de la pauvreté.

On aurait tort cependant de négliger la dimension fantasmatique de cette conception.

D'une part, parce que, leur donnant un sentiment d'inéluctable (« Il n'y a plus rien à faire. Je ne suis pas seulement devenu plus pauvre, je suis devenu "un pauvre", je ne m'en sortirai jamais »), elle pèse sur les personnes en situation de pauvreté, s'ajoute à leurs difficultés matérielles et hypothèque leur avenir.

Et d'autre part, parce qu'elle pèse aussi sur toutes celles qui ne sont pas en situation de pauvreté et accroît leur peur. Elle se noue en effet aux fantasmes personnels que l'idée de pauvreté peut – en fonction de leur histoire – faire naître en elles. Et les conduit à imaginer cette pauvreté comme une différence si essentielle qu'elle les condamnerait immédiatement et inéluctablement au rejet et à l'exclusion sociale.

La figure du « SDF »

Un rejet et une exclusion sociale d'autant plus redoutés que, dans notre société, des êtres aujourd'hui l'incarnent. Des êtres que chacun peut, au sortir de chez lui, chaque jour, croiser, et qui sont devenus le symbole absolu de la précarité.

Ces hommes, ces femmes qui, parce qu'ils n'ont même plus le minimum, parce qu'ils n'ont plus rien, tentent de vivre (ou du moins de survivre) sur les trottoirs des villes. Et dont, parce qu'ils sont tellement dépourvus de tout que l'on ne peut plus les définir par quelque chose qui leur appartiendrait encore, on est contraint de faire des « sans ». Et donc de définir (hommes et femmes regroupés, sans plus même distinguer leur sexe, sous la même appellation) par leurs manques. Et plus précisément par celui de leurs manques qui empêche que la société puisse même, comme les autres citoyens, les situer : celui de domicile. « Sans domicile fixe ». Autrement dit, sans place déterminée, sans lieu, sans feu ni lieu : « SDF ».

De ces dépossédés, de ces exclus du verbe « avoir », bien des passants, on le sait, s'efforcent de détourner leur regard. Et certains, faisant sans s'en rendre compte en sorte d'annuler la perception qu'ils en ont, réussissent même à ne pas les voir. Non pas seulement, comme on pourrait le croire, parce que, ne voulant rien leur donner, ils peuvent ainsi feindre de n'avoir pas remarqué la main qu'ils tendent, mais parce qu'ils ont peur.

Parce qu'ils éprouvent une peur qu'il nous semble important de reconnaître. Non pas pour la légitimer (car elle est, pour les « SDF », une souffrance supplémentaire qui leur est à chaque instant infligée), mais pour en comprendre les ressorts.

Une peur justifiée

Les passants ne détournent pas seulement leur regard par lâcheté, mais parce que la vision de ceux que, annulant leur identité et leur singularité, on rassemble sous le nom de « SDF » leur est – qu'ils en soient ou non conscients – insupportable.

Et si elle leur est insupportable, ce n'est pas seulement du fait de l'aspect le plus souvent misérable que présentent ces hommes et ces femmes ainsi échoués en un lieu qui n'en est pas un, puisqu'il n'est, pour les autres, qu'un lieu de passage.

Ce n'est pas seulement non plus du fait de leurs corps sales et très souvent visiblement malades.

Et ce n'est pas non plus du fait de leur comportement, de leurs propos, qui, la violence de ce qu'ils vivent les obligeant à chercher dans l'alcool un ersatz d'apaisement ou l'illusion temporaire d'une force, peuvent être incohérents et même agressifs et, de ce fait, susciter des craintes.

La vision des « SDF » est insupportable aux passants parce que ces hommes et ces femmes leur donnent, par leur malheur, la représentation d'un sort parmi les pires qui puissent être faits à un être humain.

Parce qu'ils leur donnent un exemple et surtout une preuve de la déchéance à laquelle on peut condamner un être humain, de la violence qui peut lui être faite.

La vision des « SDF » est insupportable aux passants parce qu'elle confronte chacun d'entre eux à la vision insoutenable de la façon dont on peut détruire, chez un être humain, ce qui fait, précisément, qu'il est un être humain : son humanité. Parce qu'elle oblige chacun d'entre eux à assister, en direct, à cette destruction.

Une destruction publique

Les « SDF », en effet, sont soumis jour après jour à des violences destructrices, non seulement pour leur corps, mais pour leur psychisme. Et ils le sont publiquement.

• Les violences faites à leur corps, chacun les connaît. Ce sont celles qui découlent du dénuement total dans lequel ils se trouvent. Celles du froid et de la faim, de la fatigue extrême et permanente qui est le lot de ceux qui n'ont jamais de vrai repos. À ce niveau – et c'est pour tout le monde perceptible –, les « SDF » sont contraints à des conditions de vie inhumaines. Au sens propre de ce mot : à des conditions de vie qui ne sont pas, pour un être humain, vivables. Et auxquelles, qui qu'il soit, il ne peut (s'il y survit) survivre qu'un temps.

• Mais les « SDF » subissent également des violences psychologiques, plus subtiles et plus meurtrières encore que celles que nous venons d'évoquer, et dont, parce qu'elles sont moins apparentes, on a souvent beaucoup moins conscience.

– Ainsi la nécessité permanente dans laquelle ils sont de mendier. Nécessité humiliante, mais également destructrice, car elle les met à la merci des autres, du « bon vouloir » de ces autres qui peuvent leur donner – ou non – de quoi survivre. Et qui se trouvent donc en position de décider de leur sort, et même de leur vie et de leur mort. Comment supporter d'être prisonnier d'une impuissance aussi radicale ? Comment supporter un tel pouvoir de l'autre ?

– Nous avons par ailleurs évoqué la faim du « SDF ». Elle ne le détruit pas seulement physiquement. Elle le détruit aussi psychologiquement.

Dire, comme nous l'avons fait, qu'un « SDF » « souffre de la faim » est une expression juste, parce qu'elle rend compte d'une souffrance réelle qu'il éprouve. Mais ce n'est pas, pour autant, une expression exacte. Parce que c'est une expression que l'on pourrait dire « convenable », « aseptisée », et qui, de ce fait, peut en venir à masquer la réalité de ce qu'il vit.

La faim du « SDF » en effet n'est pas une faim que l'on pourrait dire « ordinaire », c'est-à-dire une faim susceptible de le conduire, comme les autres gens

– ceux que l'on dit « normaux » –, dans une boutique où il pourra se procurer de quoi la combler. Car s'il n'a pas réussi à obtenir des passants assez d'argent pour acheter la nourriture qui pourrait calmer sa faim, le « SDF » va devoir, on le sait, aller en chercher dans le lieu où ceux qui en ont déposent celle dont ils ne veulent plus. Il va devoir aller chercher dans les rebuts des autres – avec ce que cela suppose de contact avec la saleté, la pourriture, les produits avariés – de quoi survivre. Il va devoir aller fouiller dans les poubelles.

On pourrait dire : « comme un chien ». Mais ce ne serait pas exact. Car, dans nos sociétés civilisées, les chiens, parce qu'en général quelqu'un les nourrit, n'ont pas besoin d'aller fouiller dans les poubelles. Parce que, dans nos sociétés civilisées, on leur interdit même de fouiller dans les poubelles.

Le « SDF », si, affamé, il ne veut pas mourir de faim, va donc devoir faire ce que, dans la société dans laquelle il vit, un chien n'a pas besoin de faire et qu'il a même l'interdiction de faire. Se donnant ainsi à lui-même, chaque fois qu'il le fait, la preuve qu'il n'a même pas, dans cette société, accès au statut dont bénéficie un animal domestique.

Peut-on imaginer plus grande violence ?

– Cette violence faite à son psychisme n'est pas la seule. Dans la vie du « SDF », qui se passe tout entière sous le signe de la violence, on peut par exemple rappeler celle, destructrice au plus haut point, que constitue pour lui le fait de ne jamais pouvoir échapper au regard des autres. De ne jamais pouvoir s'abriter de ce regard.

Le « SDF », en effet, ne possède, par définition, aucun lieu à lui qui, si exigu et inconfortable soit-il, pourrait lui permettre de protéger son intimité. Or l'intimité est un élément sans lequel aucun être humain ne peut vivre. Car le regard des autres, lorsqu'on ne peut pas s'en protéger, peut devenir très vite, qui que soient ces autres, un élément persécuteur.

On peut se sentir poursuivi, traqué par ce regard comme on le serait par un projecteur qui serait en permanence braqué sur soi et que l'on ne pourrait jamais éteindre.

Et la présence de ce projecteur est évidemment plus intolérable encore dans les moments où l'on doit accomplir des gestes, des actes que les autres humains ont le droit et même – on le sait – l'obligation d'accomplir « en privé », c'est-à-dire loin du regard des autres.

L'intimité des « SDF » est ainsi violée par le regard des autres chaque jour et même plusieurs fois par jour. Parce que, dans une société comme la nôtre, pour pouvoir faire ses besoins non pas comme un animal, dans la rue, mais dans un lieu réservé à cet effet et où l'on ait le droit d'être seul, il faut payer.

Dans notre société, la dignité est payante, le droit à l'humanité est payant.

Dans notre société, pour avoir le droit à une existence digne d'un être humain, il faut en avoir les moyens.

Les « SDF » ne les ont pas.

Ils sont donc condamnés non seulement à une vie dont l'inhumanité est criante, mais condamnés en outre à donner aux autres en permanence, et alors qu'ils ne l'ont pas choisi, le spectacle de cette inhumanité. Un spectacle qui provoque leur rejet.

Ce rejet que subissent les « SDF » fait partie, lui aussi, des violences qui les détruisent. Et il est pour eux d'autant plus violent qu'il est parfaitement injuste.

Quand il rejette le « SDF », en effet, le passant ne le fait pas seulement de son plein gré et poussé par des raisons qui ne seraient que personnelles.

Il le fait aussi – et surtout – parce qu'il est – qu'il le sache ou non – pris dans le même piège que lui. Puisque c'est la même société qui (en ne lui donnant aucun lieu où il pourrait l'abriter ou la cacher) oblige le « SDF » à étaler, sur le trottoir, sa misère. Et qui en même temps le contraint, lui, le passant qui ne peut faire autrement que passer, à la regarder.

Le « SDF » et le passant sont « dans le même bateau ». Enchaînés l'un à l'autre par la même société. Une société qui oblige le passant à violer par son regard l'intimité du « SDF », et celui-ci à violer à son tour, par le spectacle de sa déchéance, le regard de ce passant.

À une différence près, cependant. Alors que, pris dans ce piège, le « SDF » n'a pas le moindre choix (il est condamné au trottoir et condamné à y exhiber son malheur), le passant, lui, jouit d'une relative liberté. Il peut sortir du piège en refusant la place que ce piège lui désigne. Ne pas rejeter le « SDF », mais au contraire se sentir solidaire de lui et tenter de l'aider.

Comme il peut, n'entendant pas le piège, rendre le « SDF » responsable de l'angoisse qu'il suscite chez lui et, de ce fait, le rejeter. Le chargeant ainsi de fautes qui ne sont pas les siennes, d'une inhumanité qui n'est pas la sienne.

Une inhumanité dont il faut préciser qu'elle n'est pour aucun de ceux qui rejettent les « SDF » inconnue. Et dont ils peuvent accepter et supporter qu'elle ait existé autrefois, à certaines périodes de l'Histoire, ou qu'elle existe encore à notre époque, hors de nos frontières, ailleurs. Mais dont la vision aujourd'hui, au cœur de la vie civilisée dont ils bénéficient, leur est insupportable, parce qu'elle fait vaciller toutes les certitudes et tous les repères de sécurité qu'ils pouvaient avoir.

Comment en effet supporter de voir, non pas dans une exposition ou à la télévision, mais à sa porte, des êtres dont le sort ressemble à celui que décrit Primo Levi et qui fut, à Auschwitz, sous le joug des nazis, le sien et celui de ses compagnons ?

Un sort qui le conduisit à donner à l'un de ses livres un titre en forme d'interrogation : « Si c'est un homme » (si l'on peut encore appeler cela un homme…). Un livre qui commence par des mots qui pourraient avoir été écrits à propos des « SDF » :

Vous qui vivez en toute quiétude
Bien au chaud dans vos maisons,
Vous qui trouvez le soir en rentrant
La table mise et des visages amis,
Considérez si c'est un homme
Que celui qui peine dans la boue,
Qui ne connaît pas de repos,

Qui se bat pour un quignon de pain,
Qui meurt pour un oui ou pour un non.
Considérez si c'est une femme
Que celle qui a perdu son nom et ses cheveux
Et jusqu'à la force de se souvenir,
Les yeux vides et le sein froid
Comme une grenouille en hiver[1].

Les « SDF » ne sont pas, comme le furent Primo Levi, ses compagnons et tant d'autres, victimes d'une entreprise systématique de destruction. Et ils ne vivent pas dans la terreur de pouvoir être, à tout moment, anéantis par des bourreaux tout-puissants susceptibles de leur ôter, pour leur bon plaisir et en toute impunité, la vie. Mais leurs conditions de vie sont, comme l'étaient celles de Primo Levi et de ses compagnons, inhumaines et déshumanisantes.

Si le passant, consciemment, ne le sait pas, s'il ne peut pas, le plus souvent, le dire, et encore moins se le dire, inconsciemment il le sait. Et cela le terrifie. Car, les « SDF » étant chaque jour plus nombreux et chaque jour plus près de chez lui, rien ne l'assure que son sort à lui, le passant, ne sera pas un jour (et même un jour prochain) semblable au leur.

Les « SDF » font peur parce qu'ils représentent pour chacun le cauchemar de ce qu'il pourrait lui-même devenir. Et chacun tente, en essayant de ne pas les voir, de conjurer sa peur.

---

1. Primo Levi, *Si c'est un homme* [1958], Robert Laffont, 1996.

Des chiffres qui expliquent la peur

Selon une enquête de l'Atelier parisien d'urbanisme (APUR) réalisée en 2012 dans l'agglomération parisienne[1] :

– Le nombre de « SDF » a connu depuis 2001, dans cette agglomération, une hausse exponentielle de 84 % (l'agglomération parisienne accueillant 43 % des « SDF » de l'Hexagone). Ils étaient, en 2012, 28 800, dont 6 250 enfants.

– 1 « SDF » sur 3 travaille (essentiellement des femmes, des étrangers francophones, des jeunes de moins de 30 ans).

– Ils ont des métiers peu qualifiés et peu rémunérés.

– 1 « SDF » sur 2 n'a jamais eu de logement personnel.

– Ceux qui ont perdu leur logement l'ont perdu à la suite d'une séparation, d'une expulsion locative, d'une perte d'emploi, d'un salaire insuffisant.

– Les femmes ont souvent fui leur logement à la suite de violences conjugales.

– Les ressources des « SDF » sont un salaire faible ou le RSA ; 27 % d'entre eux ont moins de 400 euros par mois pour vivre.

– Parmi les couples de « SDF » sans enfants, un sur deux n'a aucune ressource.

1. « 84 % de SDF en plus depuis 2001 à Paris », *Le Parisien*, 20 juin 2014.

Une peur terrifiante

Cependant, même si l'on peut refuser de les voir, les « SDF » sont devenus aujourd'hui des preuves incontournables et omniprésentes de ce que la crise peut faire subir à un être humain.

De ce fait, leur image – même s'ils n'en sont que la figure ultime – s'est associée à celle de la pauvreté. Donnant à chacun l'impression qu'elle serait un tourbillon dans lequel il pourrait se trouver emporté. Un engrenage qui ne pourrait que le mener, inéluctablement, à un état proche du leur.

Et cette association est lourde de conséquences.

• Elle majore en effet notablement les angoisses des hommes et des femmes qui, de plus en plus nombreux, sont confrontés aujourd'hui à des difficultés économiques.

Ils ne disent évidemment pas clairement (et surtout ne se le disent pas, car cela serait trop effrayant) : « Je n'y arrive plus, j'ai peur d'être un jour "SDF". » Mais on peut entendre, si l'on accepte de les écouter, que cette peur inconsciente sert de toile de fond à toutes leurs angoisses.

Et aussi à celles de leurs enfants, qui croisent, comme eux, sur le trottoir ces « SDF » qui les effraient, les intriguent, et dont surtout ils ne comprennent pas pourquoi (comme le demandait une petite fille[1]) « ils n'ont pas de maison ». Ces enfants qui auraient

1. Claude Halmos, *Dis-moi pourquoi. Parler à hauteur d'enfant*, Fayard, 2012.

besoin d'explications et qui, souvent, n'en ont aucune parce que, alors même que les « SDF », allongés à leur hauteur sur le trottoir, sont beaucoup plus près d'eux qu'ils ne le sont des adultes, ces adultes préfèrent, pour se protéger, se maintenir dans l'illusion que leurs enfants ne les voient pas…

• De plus, l'association de l'image des « SDF » à celle de la pauvreté n'a pas seulement accru la peur de cette pauvreté. Elle a aussi rendu plus difficile encore l'expression de cette peur.

On peut en effet la dire, de façon anonyme, dans les sondages. Mais, alors même que l'on vit de plus en plus avec elle, on en parle difficilement aux autres (même à ses amis ou à ses proches).

Parce que cette peur fait honte, comme elle a toujours fait honte : on craint en la disant (comme on le craignait autrefois) de révéler son dénuement. Mais on craint en plus aujourd'hui d'avouer que l'on se sent proche de l'exclusion. Une exclusion que l'on ne vit pas seulement comme une exclusion de la société, mais comme une sorte d'exclusion de la condition d'« humain normal ».

Des milliers d'hommes et de femmes en viennent donc à avoir non seulement peur de la pauvreté, mais peur de la peur qu'ils en ont. À avoir peur de leur peur… Et le silence entretenu par les médias accroît – nous y reviendrons – ces deux peurs. Car il conforte chacun dans le fantasme qu'elles seraient non seulement des sortes de maladies indicibles parce que honteuses, mais des maladies dont il serait le seul à être affecté.

Les invisibles de la peur

Ces peurs sont telles que, même lorsqu'on ne redoute pas la pauvreté, mais seulement la baisse de son niveau de vie, on a du mal à l'avouer.

Situation d'autant plus absurde que cette crainte est aujourd'hui – à de très rares exceptions près – présente à tous les niveaux de la société. Et même dans les milieux que l'on peut dire « favorisés ».

Elle ne porte pas partout sur les mêmes objets. Dans les milieux plus aisés, on ne craint pas, par exemple, d'être privé d'un toit ou de la possibilité de nourrir sa famille. Mais on redoute de ne plus pouvoir emmener ses enfants en vacances. De ne plus pouvoir payer l'école dans laquelle ils sont scolarisés. De devoir renoncer aux études que l'on avait prévues pour eux.

Ces peurs sont sans doute moins dramatiques que celles qui portent sur des éléments plus essentiels de la vie, mais elles existent. Et elles sont, tout comme les autres, génératrices d'angoisses, de culpabilité, de sentiments douloureux d'impuissance. On ne peut donc les ignorer.

Or elles sont aujourd'hui notablement absentes du débat public. Et une population entière semble avoir comme « disparu des radars ».

Celle des hommes et des femmes qui, dans tous les milieux, se sentent, du fait de la crise, en danger (et, bien souvent, le sont). Sans pour autant, surtout dans les milieux supposés plus protégés, oser le dire. Ce qui permet à ceux qui pourraient faire connaître leurs peurs de s'appuyer sur ce silence pour justifier le leur. Et la société elle-même semble se cacher ces peurs grandissantes de la pauvreté (ou simplement du déclassement) et les réalités économiques qui les font naître.

Si l'on a des mots pour désigner les personnes en situation de précarité et de pauvreté, on peine à en trouver qui rendent compte de l'état de celles qui, bien qu'ayant encore un toit, un travail et des revenus à peu près suffisants, sont et se sentent en danger.

Parce que, n'ayant aucune marge de sécurité (ou une marge insuffisante), elles s'estiment (à juste titre) à la merci d'un dérapage qui pourrait les mener à une situation matérielle très préoccupante ou simplement beaucoup moins assurée que celle qu'elles ont encore.

Comment prendre en compte les difficultés économiques de ces personnes ? Comment prendre en compte leur état psychologique ? Que dire d'elles ? Qu'elles sont – et se sentent – en situation d'insécurité matérielle ? En danger de pauvreté ?

Il semble que l'on ne trouve pas de terme susceptible de les nommer (et sans doute ne le cherche-t-on pas...). Et ce vide au niveau de la dénomination mériterait qu'on le prenne en compte. Car il montre que, si l'on peut, en refusant de la voir, nier une réalité, on peut aussi parvenir au même résultat en refusant de la nommer : « Je ne peux pas t'empêcher d'exister, mais je ne veux pas savoir que tu existes. Dès lors, je ne te nomme pas et... tu n'existes pas ! »

Mais si la peur de la pauvreté est, pour une part, fantasmatique, elle est aussi fondée sur une réalité. Une réalité qu'il faut pouvoir regarder en face.

D'une part parce qu'elle existe. Et que vouloir vivre en ignorant la réalité du monde dans lequel il vit est toujours, pour un être humain, lourd de conséquences.

Et d'autre part parce que, même si cela peut sembler paradoxal, la conscience de la réalité, loin d'accroître la peur, est toujours au contraire un point d'appui pour l'apaiser.

Quand on a peur de quelque chose, savoir ce qu'est, précisément, la chose dont on a peur permet donc, si effrayante que soit cette chose, de donner à sa peur des bornes et des limites, de la contenir. Et permet ainsi (nous l'avons déjà évoqué à propos du chômage), prenant conscience que l'on se trouve confronté certes à une réalité redoutable, mais pas à un monstre, de retrouver la force de se battre.

II

La pauvreté : une détresse matérielle

Avoir une idée précise (ou en tout cas plus précise que celle que l'on a la plupart du temps) de la pauvreté passe par des chiffres et par la compréhension de ces chiffres.

Précarité, grande pauvreté

Dans le cas de la très grande pauvreté, de la précarité, les premiers chiffres à prendre en compte sont ceux qui définissent ce que l'on appelle le revenu médian. Car ce revenu est le critère à partir duquel l'évaluation peut être faite. Le revenu médian est la médiane au-dessus et en dessous de laquelle se situent 50 % des revenus du pays[1].

À partir du revenu médian, on établit ce que l'on appelle le seuil de pauvreté, qui équivaut à 60 % de

1. Autrement dit, si, à un moment donné, 50 % des Français gagnent plus de 1 000 euros par mois et 50 % moins de 1 000 euros, le revenu médian est de 1 000 euros.

ce revenu. En France, aujourd'hui, le seuil de pauvreté est fixé à 977 euros pour une personne seule et à 2 052 euros pour un couple avec deux enfants en bas âge[1].

Si les revenus dont on dispose sont inférieurs à ces sommes, on est considéré comme « pauvre ». Aujourd'hui, en France, 8,8 millions de personnes sont dans ce cas. Et – il faut le souligner – elles ne sont pas toutes au chômage, puisque 1,9 million d'entre elles travaillent. On les appelle des « travailleurs pauvres ».

De plus – et cela ne laisse pas d'être inquiétant –, parmi ces 8,8 millions de personnes considérées comme pauvres, 5 millions n'atteignent pas 50 % des revenus équivalant au seuil de pauvreté. Parmi ces personnes, la moitié – constituée de jeunes dont les parents n'ont pas des revenus suffisants – a moins de 30 ans.

Notons enfin que, en l'absence de tout revenu, certaines personnes touchent le RSA. Elles étaient, en décembre 2013, au nombre de 1,8 million.

Le taux de ce RSA – il n'est pas inutile de le rappeler – a été fixé au 1er janvier 2014 à :

– 499,31 euros pour une personne seule
– 748,97 euros pour une personne avec 1 enfant
– 898,76 euros pour une personne avec 2 enfants
– 1 098,48 euros pour une personne avec 3 enfants
– 1 298,20 euros pour une personne avec 4 enfants
– et 1 497,92 euros pour une personne avec 5 enfants.

1. Nouveautes-actu.com, 23 octobre 2013.

Parmi les personnes en état de grande pauvreté en France, les femmes sont particulièrement touchées[1] :
– 55 % des pauvres sont des femmes
– 70 % des travailleurs pauvres sont des femmes
– 57 % des bénéficiaires du RSA sont des femmes
– 2 retraités pauvres sur 3 sont des femmes
– 1 retraitée pauvre sur 3 vit avec moins de 700 euros par mois.

Et, parmi ces femmes pauvres, les mères célibataires sont au premier rang des souffrances. Elles représentent 2 millions de familles, et 31 % d'entre elles vivent sous le seuil de pauvreté[2].

On estime par ailleurs que 2,7 millions d'enfants (soit 1 enfant sur 5) vivent aujourd'hui, en France, sous le seuil de pauvreté[3]. Chiffre qui dessine les contours d'une tragédie à court, à moyen et à long terme. Et qui rend particulièrement odieux le silence entretenu sur les conséquences psychologiques de la crise économique.

La « petite pauvreté »

À côté de ces hommes et de ces femmes dont les chiffres montrent clairement le très grand dénue-

---

1. « Précarité féminine, des facteurs aggravants », in « La pauvreté se fabrique d'abord au féminin », dossier du Secours populaire français, 5 septembre 2013.
2. Chiffres Insee, cités par Rue89, 17 avril 2012.
3. Oliver Twist, « 2,7 millions d'enfants pauvres en France : une bombe à retardement ? », Atlantico, 25 avril 2013.

ment, se situe une autre pauvreté. Celle que les associations qui portent assistance aux personnes en difficulté nomment parfois, pour la différencier de la précarité, la « petite pauvreté ». Le qualificatif de « petite » étant, en l'occurrence, particulièrement relatif…

Dans son rapport de 2011 intitulé « Regards sur 10 ans de pauvreté », le Secours catholique définissait cette « petite pauvreté » comme celle qui contraignait alors (et c'est toujours le cas) de plus en plus de personnes à « se serrer la ceinture pour ne pas basculer de l'autre côté ».

Les restrictions en matière de logement

Les premières difficultés que rencontrent ces personnes concernent leur logement et la possibilité de continuer à payer leur loyer. Puis, si elles ne le peuvent plus, celle de réussir à trouver un moyen moins onéreux de se loger. Recherche qui se fait toujours dans la peur de se retrouver « à la rue » – situation qui, à juste titre, les affole.

Les restrictions énergétiques

Outre celles qui touchent au logement, un grand nombre de restrictions que ces personnes s'imposent touchent aux dépenses d'énergie. On parle de « précarité énergétique » : « Plus de 8 millions de personnes peinent à se chauffer ou à régler leurs factures de gaz, d'électricité ou de fuel[1]. »

Et il n'est pas difficile de comprendre que ces restrictions prennent leur vie quotidienne en otage. À partir de ces restrictions, elle n'a plus rien à voir en effet avec ce qu'elle était auparavant, car tout doit être calculé : les heures pendant lesquelles on peut faire marcher le réfrigérateur, le nombre de machines à laver que l'on peut encore « faire », combien de temps on peut, en empilant des pulls et des chaussettes, résister sans allumer le chauffage, quelles pièces on peut éviter de chauffer, etc.

Ces restrictions sont très difficiles à vivre, mais plus difficiles encore à expliquer aux enfants. Car nous vivons dans un monde où allumer la lumière, faire couler un robinet semblent des choses normales, simples et qui vont de soi. « Mais pourquoi on peut pas, maman ? » : question posée dix fois par jour par des enfants et que leurs parents reçoivent à chaque fois – ils le disent – comme un coup de poignard dans le cœur.

La santé

Ces restrictions touchent aussi à la santé. Dans ce domaine, on supprime les dépenses les plus élevées : celles afférentes aux soins dentaires par exemple.

---

1. « La précarité énergétique se propage », lemonde.fr, 1er juin 2013.

On supprime aussi les analyses médicales, parce qu'il y a toujours un reste à payer. On supprime les médicaments qui ne sont pas remboursés, etc. Ces restrictions dans le domaine de la santé sont d'autant plus importantes que les plus pauvres n'ont en général pas de « complémentaire santé ». Et elles sont très dangereuses, car elles peuvent mettre en péril l'avenir et parfois même – à court terme – la vie des personnes qui les subissent.

La nourriture

Néanmoins, avec les restrictions énergétiques, les restrictions les plus importantes concernent le domaine de l'alimentation.

Dans son dernier livre, Annie Ernaux écrit : « Les femmes et les hommes politiques, les journalistes, les "experts", tous ceux qui n'ont jamais mis les pieds dans un hypermarché, ne connaissent pas la réalité sociale de la France d'aujourd'hui[1]. »

Elle l'écrit avec raison, car la façon dont les familles se nourrissent parle toujours bien mieux que de longs discours des difficultés ou des craintes qui sont les leurs. Leur alimentation témoigne de ces difficultés et de ces craintes, même si les membres de ces familles sont, eux, à mille lieues de pouvoir les évoquer. Et ces difficultés et ces craintes existent

1. Annie Ernaux, *Regarde les lumières, mon amour*, Seuil, 2014, p. 12.

même dans des milieux où l'on ne s'attendrait pas à les trouver.

Dans un article récent publié par l'hebdomadaire *Marianne*, un marchand de fruits et de légumes « bio » installé dans un quartier de Paris considéré comme « bobo » racontait ainsi que nombre de ses clients (apparemment sans problèmes financiers) n'achetaient plus, depuis maintenant quelque temps, un kilo de ses produits, comme ils le faisaient auparavant, mais une livre.

Comparée aux restrictions drastiques auxquelles sont contraintes, aujourd'hui, des milliers de familles, celle-ci peut paraître anecdotique. Pourtant, elle est révélatrice de réels problèmes et de peurs dont nous ne cessons de dire qu'ils sont, bien que niés, présents à tous les niveaux de la société.

Dis-moi ce que tu manges et je te dirai qui tu es…

Précarité alimentaire, insécurité alimentaire

Pour toute une partie de la population, néanmoins, cette formule n'est pas exacte, car, étant donné leur situation financière, la seule formule applicable serait non pas : « Dis-moi ce que tu manges », mais : « Dis-moi si tu peux manger. »

Ces personnes, en effet, ne peuvent se nourrir et nourrir leur famille qu'en ayant recours aux associations qui leur apportent une aide alimentaire.

Elles sont au nombre de 3,5 millions. On les dit en situation de « précarité alimentaire ». Et chacun connaît, du fait des campagnes organisées par les associations qui leur viennent en aide pour récolter des fonds, leur existence. Mais on connaît moins leurs difficultés psychologiques et la honte qu'elles ont de devoir, pour manger, avoir recours à ces associations. Recours dont elles craignent souvent qu'il ne soit perçu par les autres comme une incapacité de leur part à subvenir, seules, à leurs besoins les plus élémentaires.

Houria, mère célibataire qui, ayant perdu son emploi d'auxiliaire de vie, devait élever ses deux enfants avec 600 euros par mois, raconte ainsi les trois mois durant lesquels elle a dû bénéficier de l'aide des Restos du Cœur : « J'avais honte d'aller aux Restos du Cœur et j'avais toujours peur de croiser quelqu'un que je connaissais et de dévoiler ma détresse aux yeux du monde. Et puis, un jour, j'ai vu un voisin faire la queue non loin de moi. Il avait l'air aussi gêné que moi. La pauvreté donne l'impression d'être exclu du monde. On se sent différent. On a le sentiment que les autres vous regardent de travers. Moi, je voulais donner l'image d'une famille normale, sans histoire[1]... »

La pauvreté, maladie honteuse, susceptible de surcroît de révéler une « anormalité » et que, pour rester dans le monde des gens supposés « normaux », il faudrait cacher...

À côté de ces personnes en état de « précarité alimentaire », une autre catégorie existe. Ce sont les

1. « La grande précarité des mamans solo », parents.fr, 29 avril 2013.

personnes qui souffrent d'« insécurité alimentaire » et que l'on repère très difficilement.

D'une part parce que l'« insécurité alimentaire » est un problème qui est en France (contrairement aux États-Unis, où il est beaucoup étudié) mal connu.

D'autre part parce que, comme, par isolement, manque d'information ou pudeur, elles n'ont pas recours aux associations, les personnes en situation d'« insécurité alimentaire » sont difficiles à recenser.

Elles font en effet en sorte de se nourrir sans aide extérieure, avec l'argent dont elles disposent. Mais elles sont astreintes à des restrictions telles qu'elles « n'ont plus accès en quantité mais surtout en qualité aux aliments pour satisfaire leurs besoins nutritionnels et leurs préférences alimentaires[1] ». Et vivent en permanence dans la peur de ne pouvoir se nourrir suffisamment (ce qui justifie que l'on parle, à leur propos, d'insécurité). On estime leur nombre à 6 millions, ce qui représente 12,2 % des adultes de notre pays[2].

Au Secours populaire, par exemple, on dit avoir découvert leur existence en tentant de comprendre en 2012 un phénomène que l'on jugeait inquiétant : l'augmentation (de 13,2 %) des personnes qui bénéficiaient de colis alimentaires et, parallèlement, la baisse (de 8 %) du nombre de donateurs réguliers,

---

1. Catherine Rollot, « Six millions d'adultes victimes d'insécurité alimentaire », lemonde.fr, 23 novembre 2013.

2. Selon Nicole Darmon, directrice de recherches à l'INRA, citée *ibid.*

qui, ouvriers ou employés, donnaient 50 à 100 euros par an[1].

Après enquête, l'association s'est rendu compte que la plupart des donateurs s'étaient eux-mêmes retrouvés, du fait d'une perte d'emploi ou d'une mise à la retraite, en difficulté. Et non seulement ne pouvaient plus rien donner à l'association, mais s'efforçaient, en rognant le plus possible sur leur budget alimentaire, de ne pas en devenir, eux-mêmes, bénéficiaires. Tous essayaient désespérément de ne pas se retrouver « de l'autre côté de la barrière ».

Exemple de la façon dont la pauvreté gagne chaque jour, silencieusement, du terrain. D'autant plus silencieusement que ceux qui la subissent, comme ceux qui la redoutent, font tout pour la cacher.

Comment se nourrissent ces personnes que l'on dit en « insécurité alimentaire » ? Avec une seule règle, qu'énonce, interviewé, un ouvrier de 50 ans, au chômage depuis quatre ans : « Je mange ce que je peux m'acheter[2]. »

Autrement dit, jamais de viande, jamais de poisson, jamais de laitages, jamais de fruits, jamais de légumes, etc., parce que tous ces produits sont trop chers. Mais, la plupart du temps, des conserves à bas prix qu'il finit, comme toutes les personnes dans la même situation que lui, par avaler très vite, sur un coin de table. Comme pour ignorer, annuler l'insupportable d'un tel mode d'alimentation.

---

1. *Ibid.*
2. *Ibid.*

Être en situation d'« insécurité alimentaire », c'est en effet ne pas pouvoir manger ce que, pour garantir sa santé, on aurait besoin de manger. Mais c'est aussi ne jamais manger ce que l'on aurait envie de manger. C'est être condamné à une alimentation de survie dont toute idée de désir et de plaisir est bannie. C'est vivre, là encore, sous le règne d'un tragique « c'est ça ou rien ! ».

Un « c'est ça ou rien ! » qui a de graves conséquences sur la santé des personnes qui y sont confrontées.

Dans une étude récente du *BEH* (*Bulletin épidémiologique hebdomadaire*)[1], le professeur Arnaud Basdevant[2] le pose clairement. Et s'élève, chemin faisant, contre quelques idées reçues : « L'obésité, écrit-il, est un témoin social. Il est classique d'en parler comme d'une maladie de la société d'abondance. Sans doute. Mais l'épidémiologie nous apprend qu'il faudrait plutôt parler de maladie de la vulnérabilité sociale. »

Pour l'étude qu'il commente, des chercheurs ont suivi 700 femmes recourant à l'aide alimentaire (c'est-à-dire en situation de précarité alimentaire). Et en concluent qu'elles sont « exposées à un risque particulièrement élevé de surpoids et d'obésité ».

De fait, 36,4 % d'entre elles sont en surpoids (contre 23 % dans la population générale). Et 35,5 %

1. Éric Favereau, « Les médecins alertent sur le poids de la misère », *Libération*, 17 juin 2014.

2. De l'Institut de cardiométabolisme et de nutrition à l'hôpital de la Salpêtrière, à Paris.

sont obèses (contre 17,6 % dans la population globale). Et l'étude montre que la situation s'aggrave, puisque, en 2004-2005, elles n'étaient que 29,3 % à être en état d'obésité.

Les chercheurs ont également étudié la vie d'autres femmes qui, n'ayant pas recours aux associations, n'étaient pas, elles, en situation de précarité, mais d'insécurité alimentaire.

Ils montrent que près des deux tiers de ces femmes vivent dans la peur permanente de ne pouvoir se nourrir suffisamment. Cette peur atteignant des degrés très sévères chez 40 % d'entre elles.

Cette insécurité, soulignent-ils, « détermine des arbitrages alimentaires. Par exemple en plaçant en priorité l'alimentation des enfants, avec pour conséquence un déséquilibre nutritionnel encore plus important chez la mère[1] ».

Ces mères sont donc obligées, pour pouvoir nourrir leurs enfants, de se priver elles-mêmes de nourriture.

L'étude n'aborde pas la question des conséquences de ces privations sur la relation mère-enfant et sur la construction de l'enfant, mais on peut facilement les imaginer.

Comment en effet un enfant pourrait-il se construire normalement alors qu'il est, du fait de la situation, l'objet d'un inévitable surinvestissement (on pense – et il ne peut en être autrement – d'abord à lui, sur-

---

1. « L'obésité chez les femmes recourant à l'aide alimentaire : aspects sociaux et problèmes de santé associés », *BEH*, 17 juin 2014.

tout à lui), l'objet d'une culpabilité de ses parents, qui se reprochent le plus souvent, alors qu'ils font tout ce qu'ils peuvent, de ne pas « se débrouiller suffisamment bien » ? Et comment lui-même ne se sentirait-il pas coupable de se nourrir ainsi, aux dépens de sa mère ?

L'étude rend compte, d'ailleurs, des conséquences qu'ont les privations auxquelles elles s'astreignent sur la santé des mères. Les déséquilibres alimentaires provoquent en effet chez elles des problèmes dentaires : 60 % des femmes interrogées déclarent au moins une dent absente, et 18,3 % entre 5 et 14 dents.

Ils provoquent également des problèmes de sommeil : 1 femme sur 10 a un sommeil de moins de 5 heures, et les chercheurs précisent que, dans ce groupe, le risque d'obésité est particulièrement important.

Étant entendu que cette obésité est à craindre non pas – faut-il le souligner ? – pour des raisons d'esthétique ou de confort, mais – le professeur Basdevant le rappelle – parce qu'elle est à l'origine d'une série de maladies chroniques.

Le choix interdit du lieu d'achat

Si le désir et le plaisir sont totalement absents de l'alimentation des personnes en état de « précarité » ou d'« insécurité » alimentaires, ils sont aussi aujourd'hui, pour nombre d'autres qui peuvent encore pourtant se nourrir à peu près correctement, relégués au second plan. Et l'on peut s'en apercevoir si l'on prend en compte la façon dont elles font leurs courses, les lieux dans lesquels elles s'approvisionnent.

Les personnes qui ont (ou ont encore) des revenus normaux jouissent à ce niveau d'une grande liberté. Car elles peuvent choisir les magasins dans lesquels elles vont s'approvisionner.

L'augmentation du coût de la vie les oblige à faire des choix (à acheter éventuellement un type de produit à tel endroit et un autre à tel autre). Mais – si l'on excepte les commerces de luxe – aucun ne leur est vraiment interdit.

Il n'en est pas de même pour toute une partie de la population, qui, du fait de la baisse de ses revenus, ne peut plus faire ses courses que dans certains lieux. Des lieux qui semblent former une sorte de constellation dont il n'est pas sans intérêt de cerner les contours, car elle donne l'impression d'un vaste escalier dont les différentes marches marqueraient les étapes d'une (éventuelle et toujours possible) « descente sociale ».

• Au sommet de l'escalier, en effet, se trouvent les magasins que nous venons d'évoquer. Ceux auxquels les familles qui n'ont pas de problèmes financiers (ou dont les problèmes financiers, s'ils existent, ne sont pas trop graves) peuvent accéder : les petits commerces, les supermarchés et hypermarchés de tous ordres.

• Ensuite viennent les rayons « super-discount » de ces hypermarchés. Annie Ernaux, dans le livre que nous avons déjà cité, décrit celui de l'hypermarché qu'elle a choisi comme objet d'étude : « La direction [...] l'a déménagé [...] dans une enclave qu'il partage avec les produits pour les animaux. Ce qui fait moins tache qu'en plein milieu du magasin. Si on n'a ni chien ni chat on peut très bien en ignorer l'existence. [...] Autant la nourriture pour les chats et les chiens se présente sous une apparence succulente et joyeuse, avec des emballages colorés, autant à côté le bas de gamme pour les gens n'est rien moins qu'attrayante, empilée sur des palettes au sol ou sur des clayettes dans des casiers en bois. Même les bacs réfrigérés ont piètre aspect. Tout est en grosses quantités, les œufs par 30, les pains au chocolat par paquets de 14 à 1,89 euro. Pas de marque, seulement le contenu en très gros – “Choux de Bruxelles”, “Barre pâtissière”, “Cake au chocolat” – ou des marques de nulle part, café Premium, ratatouille Larroche[1]. »

Annie Ernaux souligne la relégation, dans un coin excentré de l'hypermarché, de ce rayon. Et cette relégation évoque évidemment celle de ses clients. Traités différemment des autres. Non seulement parce qu'ils ne représentent pas pour l'entreprise une source de profits suffisants, mais parce qu'il convient de faire en sorte que les autres clients ignorent leur existence et surtout leur nombre. Paupérisation cachée...

À cette description impitoyable (mais conforme à la réalité) d'Annie Ernaux, il convient d'ajouter

1. Annie Ernaux, *Regarde les lumières, mon amour*, *op. cit.*, p. 26.

une information qui a fait, récemment, le tour de la presse : la révélation – à la suite de contrôles – de la qualité désastreuse de nombre de produits « premier prix » et de leur absence de sécurité sanitaire. Là encore, « c'est ça ou rien ! ».

• Si l'on descend une marche de plus sur l'escalier des lieux réservés à ceux que Thomas Bernhard nomme – Annie Ernaux le rappelle – les « mange-pas-cher[1] », on trouve les magasins « discount ». C'est-à-dire les super- et hypermarchés qui n'ont pas seulement un rayon « discount », mais qui ne vendent que des produits « discount ». Dans ces grandes surfaces, les « mange-pas-cher » ne sont donc supposés rencontrer que leurs semblables.

• Une marche plus bas encore et l'on trouve, réservés à ceux qui ont encore plus de difficultés, les magasins qui ne vendent, à prix cassés, que des produits dont la date de péremption est très proche. Autrement dit des produits que, s'ils ne les vendaient pas, ils seraient obligés de jeter. Il n'est pas dans nos intentions d'entamer une polémique sur l'existence de ces supermarchés, qui permettent à nombre de personnes en difficulté de manger, et notamment de manger des produits frais auxquels, sans eux, elles n'auraient pas accès. Polémique qui serait d'autant plus vaine que l'on sait le nombre de discussions que suscite, à juste titre, la notion de « date de péremption ».

• Et surtout, nous n'oublions pas que tout en bas de l'escalier que nous venons d'évoquer se trouvent

---

1. Thomas Bernhard, *Les Mange-pas-cher*, Gallimard, 2005.

un grand nombre d'hommes et de femmes qui, sans avoir même le moindre espoir d'accéder un jour à cet escalier, doivent, pour se nourrir, attendre, quand l'aide alimentaire ne leur suffit pas, que ces supermarchés (ou d'autres) sortent leurs poubelles. Pour y chercher (si un directeur zélé, adepte de règlements monstrueusement absurdes, n'a pas donné l'ordre qu'on les asperge d'eau de Javel) la nourriture dont, parce qu'elle est d'ores et déjà périmée, ces établissements doivent se débarrasser.

L'enfer de Dante était formé d'une superposition de cercles. Le monde des difficultés alimentaires semble structuré de la même façon.

Le sort des personnes « vouées au discount » n'y est pas aussi terrible que celui des hommes et des femmes que nous venons d'évoquer (qui, contraints par la misère de fonctionner à contre-courant des autres, attendent, chaque jour, non pas l'ouverture, mais la fermeture des magasins). Mais il est néanmoins, pour elles, à l'origine d'un sentiment de ségrégation, d'exclusion.

Aller « parce que c'est moins cher » dans un rayon ou un magasin discount est une chose. Savoir que l'on ne peut aller que là, parce que l'on n'a pas les moyens d'aller ailleurs, est autre chose. Parce que cela revient à se heurter, chaque fois que l'on fait ses courses, à l'idée que l'on n'a pas droit à ce à quoi les autres ont droit, que l'on n'a pas, comme les autres, droit au choix, que l'on n'est pas « comme les autres ».

« Je fais le plein une fois par semaine chez les hard discount comme LIDL ou ADL. C'est moins cher que

Leclerc ou Carrefour. Je ne pourrais jamais sortir avec un Caddie plein comme ça dans une grande surface normale[1]. »

« Normale » : le mot est dit, corroboré par maints autres témoignages. Devoir aller dans ces supermarchés, ne pouvoir aller que là, c'est aller dans des endroits « pas normaux ». C'est donc être, sinon « anormal », du moins « moins normal » que les autres.

Tous les êtres sont égaux en droits, disait Coluche, mais certains sont plus égaux que d'autres…

---

1. Salima, interrogée par Rue89, 17 avril 2012.

III

La pauvreté : une détresse psychologique

On voit donc à quel point la pauvreté (et les états qui jouxtent cette pauvreté) est un facteur non seulement de détresse matérielle, mais de détresse psychologique.

Une détresse qui va beaucoup plus loin qu'il n'y paraît.

La pauvreté, en effet, et toutes les situations qui, sans être encore des situations de pauvreté, donnent à ceux qui les vivent l'impression et surtout la peur qu'elles n'y mènent, sont synonymes d'une vie où l'on se sent différent, relégué, voire exclu, et, bien sûr, honteux de l'être. (Nous avons longuement, à propos du chômage, évoqué cette honte.)

Mais ces situations sont synonymes également d'une vie d'où tout superflu (sorties au restaurant, au cinéma, achats festifs), et avec lui tout plaisir, est banni. D'une vie cantonnée au besoin, où la part de la liberté, du choix, du bonheur de vivre, se réduit, jour après jour, comme une peau de chagrin. D'une vie peau de chagrin.

Et une telle vie – on ne s'en rend certainement pas assez compte – est invivable (et donc destructrice). Parce qu'elle n'apporte plus, jour après jour, les éléments – plaisirs, envies, projets – qui peuvent soutenir le désir de vivre.

Elle est donc, pour les personnes qui y sont confrontées – et, il faut le souligner, pour des raisons qui ne tiennent pas à leur histoire personnelle, mais à leurs conditions réelles de vie –, facteur de dépression.

Il faut, pour le comprendre, prendre en compte non seulement les dimensions du plaisir et du désir, que nous venons d'évoquer, mais aussi le rôle symbolique que joue, dans la vie d'un être humain, l'argent, et le fait que cette vie l'amène à en posséder ou à en manquer.

L'argent : en avoir ou pas…

L'argent en effet – la sagesse populaire le dit – est le « nerf de la guerre ». C'est aussi le nerf de la vie, celui en tout cas d'une vie « vivable ».

Car l'argent remplit, dans l'existence de tout être humain, deux fonctions :

• Il lui permet d'avoir d'abord un pouvoir ou, du moins, une prise sur le monde. Et une expression de la langue française en témoigne : « avoir les moyens ». Avoir de l'argent, si l'on en a beaucoup, c'est « avoir les moyens ». Et, dans ce cas, on ne précise pas de quoi l'on a les « moyens ». Comme si, en ayant beaucoup d'argent, on avait les moyens de tout ou presque.

Si l'on a de l'argent, mais en moindre quantité, le discours se fera plus précis. On dira que l'on a « les moyens de… » : de tel achat, de tel investissement…

Quoi qu'il en soit, « avoir les moyens » restera synonyme d'action possible. Si l'on « a les moyens » (et même seulement « les moyens de… »), on peut agir. Mais aussi anticiper, prévoir, faire des projets. On a les moyens de réaliser ses désirs, et le langage en témoigne quand il parle d'« avoir les moyens de ses ambitions ».

Cette expression ne fait pas seulement référence à l'argent, mais elle peut s'appliquer à l'argent. Un jeune peut en effet, par exemple, « avoir les moyens » intellectuels d'entreprendre des études qui pourraient le mener au métier qu'il souhaite, mais être dépourvu des moyens financiers qui pourraient lui permettre de les envisager.

• Mais s'il est un facteur de pouvoir, l'argent est aussi une protection. Une protection dont on n'entend pas forcément, lorsque l'argent est là, à quel point elle est nécessaire. Mais dont l'importance se révèle quand il vient à manquer. Lorsqu'on est par exemple (en ce qui concerne son compte en banque) « à découvert ».

Et le terme n'est pas anodin, car être « à découvert » dans une situation de danger (sur un champ de bataille, par exemple), c'est ne plus avoir où se cacher, où s'abriter. C'est être à la merci de l'hostilité de l'autre, de l'agressivité de l'autre. C'est être à la merci de l'ennemi qui pourrait tirer.

Dans la vie quotidienne, être « à découvert », financièrement, c'est n'avoir plus aucune ressource pour faire face à l'imprévu. Surtout si l'on a été obligé – le découvert menaçant de trop durer – de puiser dans son épargne, dans ses réserves.

L'expression « à découvert » noue la question de l'argent à celle du corps. Elle évoque la vulnérabilité, le dénuement. Si l'on est « à découvert », on ne pourra plus « sauver sa peau ». L'autre pourra donc nous « faire (financièrement) la peau »… On pourrait à l'infini multiplier les métaphores. Toutes disent la gravité des dommages psychologiques que subit une personne lorsqu'elle voit ses revenus baisser de façon importante (et même de façon moins importante, car la crise, aujourd'hui, démultiplie les craintes). Et à quel point, se trouvant désormais à la fois sans protection et dans l'incapacité d'agir comme elle le voudrait, elle est atteinte au cœur même des sentiments de confiance en elle-même et de sécurité par rapport au monde qu'elle pouvait avoir.

Comme des nourrissons impuissants

Manquer d'argent revient donc à se heurter en permanence à une perte de pouvoir à la fois réelle et symbolique, et donc à un sentiment d'impuissance. À un « je ne peux pas » qui ne cesse de se répéter : « Je ne peux pas acheter cela », « Je ne peux plus faire mes courses dans tel magasin », « Je ne peux pas, ce mois-ci, acheter des chaussures à mon fils »...

Tant que l'impuissance ne joue pas sur l'essentiel, tant que les « je ne peux pas » touchent à des choses importantes qui mettent en cause la qualité de la vie, mais pas encore la survie, on peut relever la tête. « Je ne peux pas aller cette année en vacances », « Ma voiture est vieille et je ne peux pas la changer » : le manque comme l'impuissance à le combler restent supportables.

Mais quand les « je ne peux pas » commencent à toucher à l'essentiel, à ce que l'on juge vital pour soi et surtout pour ses enfants – « Je ne peux plus leur donner de la viande », « Je ne peux plus acheter leurs fournitures scolaires » –, on s'enfonce.

L'impuissance et le sentiment de vulnérabilité deviennent tels qu'ils ne sont plus supportables. Et l'on peut d'autant moins les supporter que cette impuissance et cette vulnérabilité ne sont pas, comme celles que l'on a pu éprouver autrefois, d'ordre fantasmatique (« Je me sens sans défense, j'ai l'impression que je ne pourrai jamais m'en sortir », etc.). Elles sont réelles.

Quand une mère de famille ne peut plus, depuis des semaines, acheter pour nourrir sa famille que des pâtes (qui plus est en choisissant les moins chères et en sachant qu'elle n'aura rien pour les accommoder), elle n'est pas aux prises avec un fantasme, une situation qu'elle imaginerait (ce qui lui permettrait, en modifiant des choses « dans sa tête », de calmer ses angoisses). Elle est aux prises avec une réalité.

Et, quoi qu'elle change dans sa tête, cette réalité ne changera pas.

Or cette situation de vulnérabilité réelle, d'impuissance réelle, chaque être humain l'a connue dans sa vie. Car c'est l'état réel du nourrisson. Un état qui, même si ce nourrisson a près de lui la plus attentionnée des mères, peut être angoissant (et l'est à coup sûr si sa mère, du fait de son histoire, ne peut pas être à l'écoute de ses besoins).

Attendre son biberon, par exemple, peut être, pour un nourrisson (qui sait que, si l'autre vient à lui manquer, il peut mourir de faim), l'occasion d'une angoisse insupportable. D'autant plus insupportable que, étant donné son rapport au temps, un délai même court peut lui sembler une éternité…

Le chômage, la pauvreté et même la peur de ce chômage et de cette pauvreté (qu'ils observent chez les autres) confrontent les individus à une détresse comparable à celle du nourrisson, qui, seul, ne peut rien.

Ils remettent en scène sa faiblesse absolue. Et, par là même, face à elle, l'image de la puissance de l'adulte. Cet adulte quasi magique dont le nourrisson attendait tout, parce qu'il savait, croyait-il, tout, pouvait tout et détenait les moyens qui pouvaient lui permettre de vivre.

Confrontés à la crise et à ses dangers, confrontés à la pauvreté (ou à la peur de la pauvreté), les hommes et les femmes redeviennent inconsciemment, dans leur détresse, les nourrissons qu'ils ont été.

L'adulte tout-puissant de leur enfance peut prendre alors tous les visages. Celui de l'État qui pourrait leur donner des subsides, de l'entreprise qui pourrait leur proposer un emploi, de Pôle Emploi qui pourrait répondre à leurs demandes.

Et de cet autre aux multiples pouvoirs et aux multiples visages, ils attendent qu'il leur rende ce qu'ils ont perdu : un emploi, de l'argent, une place comme celle des autres, une dignité.

En fait, la crise fabrique des nourrissons qui s'imaginent impuissants et confrontés à des parents tout-puissants.

Un drame imaginaire dès lors se met en place qui redouble les douleurs de la réalité.

Car ces nourrissons impuissants ont l'impression (et ce qu'ils vivent ne justifie que trop cette impression) que ces parents tout-puissants les abandonnent, les délaissent. Jusque dans le plus quotidien de leur vie. Ils ne leur permettent pas d'avoir de quoi manger, de quoi se soigner. Comme si leur corps, leur santé, leur vie pour eux ne comptaient pas.

Aux douleurs du manque réel auquel leur situation les condamne s'ajoutent donc celles de l'abandon. Et de cette douleur du délaissement, de cette douleur de l'abandon, on peut vouloir mourir. En tentant, par exemple, de se suicider devant Pôle Emploi (et parfois, hélas, en parvenant à le faire). Pour dire son malheur. Pour le crier. Pour obliger ces autres tout-puissants, qu'il laisse insensibles, à l'entendre.

On peut se suicider devant Pôle Emploi comme un adolescent se suicide parce que c'est le seul moyen qui, pense-t-il, lui reste pour faire entendre à ses parents ce qu'ils ne veulent pas entendre.

On peut se suicider devant Pôle Emploi non pas, comme d'aucuns le prétendent, pour des raisons qui ne tiendraient qu'à la vie privée, à l'histoire personnelle. Mais parce que l'on peut souffrir à en mourir de se sentir abandonné, impuissant et sans aide. Parce que l'on peut souffrir à en mourir du manque et de l'abandon.

Mourir pour dire

Pourtant, lorsqu'ils se produisent, de tels suicides sont souvent présentés comme des drames personnels et isolés.

On se refuse à envisager qu'ils puissent être dus aux difficultés matérielles et sociales auxquelles était confrontée la personne qui a voulu mourir. Et on sous-estime surtout le rôle qu'ont pu jouer les problèmes survenus dans les rapports qu'elle entretenait avec les organismes qui étaient ses interlocuteurs officiels.

À une époque où des « psys » sont convoqués tous les jours par les médias pour décrypter, dans le domaine de l'intime, des conduites dont on a fini par comprendre qu'elles ne se limitaient pas à l'ici et maintenant de leurs apparences, on nie, s'agissant du social, cette évidence, et on continue à faire comme si les événements du social ne pouvaient pas avoir des retentissements psychologiques graves. Et les exemples ne manquent pas.

Ainsi, en 2012, par exemple, la caisse d'allocations familiales de Mantes-la-Jolie décide de suspendre, parce qu'il n'a pas fourni tous les documents qui lui étaient demandés, le RSA à un homme de 51 ans à qui cette allocation permettait, dans la plus grande précarité, de survivre. Anéanti par la violence de cette décision qui, en un instant, le prive de tout, désespéré, il s'immole par le feu dans le bureau même où elle vient de lui être notifiée.

Dépêché peu de temps après sur les lieux, un membre du cabinet du préfet, interrogé par la presse, déclare, manifestement en toute bonne foi, qu'il ne pense pas que l'acte tragique accompli par cet homme puisse être dû à cette suspension. Il qualifie l'immolation d'« acte de colère grave » et pose qu'« il devait y avoir quelque chose derrière[1] ». Il cherche donc un « envers du décor » qui expliquerait ce geste.

Or si un tel « envers du décor » existe toujours (un chômeur a, comme tout un chacun, une histoire personnelle), il n'est pas nécessaire de l'invoquer pour expliquer un tel acte. Et il serait même dangereux de le faire, car cela reviendrait à poser que la crise ne serait susceptible de mettre en danger que les névrosés graves. Ce qui est loin d'être le cas.

Ce chômeur n'avait pour vivre que le RSA, et, du fait d'un problème qu'il pense sans doute mineur, on le lui retire. Comment pourrait-il supporter de se voir ainsi condamné à mort (car, c'est un fait, privé du RSA, il n'aura même plus de quoi se nourrir) pour un tel motif ?

---

1. Actuchomage.org, 18 août 2012.

Une vie contre un papier ? Sa vie contre un papier ? Y a-t-il vraiment besoin d'être un névrosé grave pour perdre définitivement, face à une telle décision, le courage de vivre ?

Certaines conditions de vie, par trop inhumaines, sont invivables et peuvent à ce titre anéantir le désir de vivre de ceux qui les subissent.

Notre société l'oublie, comme elle oublie que de telles conditions de vie, par ce qu'elles supposent de privations répétées, d'angoisses incessantes et d'humiliations permanentes, en arrivent à faire très rapidement des hommes et des femmes dont elles sont le quotidien des êtres aussi fragiles sur le plan psychologique que le sont, sur celui de leur corps, les grands brûlés ; des êtres susceptibles à ce titre d'éprouver, au moindre contact, des souffrances dont ceux qui ont la chance d'avoir une peau intacte ne peuvent même pas soupçonner l'intensité.

Or ces grands brûlés non seulement ne bénéficient d'aucun des égards dont ils auraient besoin, mais ils sont, en permanence, malmenés d'une façon particulièrement inhumaine.

Les relations avec les organismes comme Pôle Emploi donnent lieu chaque jour, on le sait, à des confrontations souvent d'une grande violence. Et comment pourrait-il en être autrement ?

Les conseillers de Pôle Emploi croulent sous les dossiers et n'ont pas (ou peu) le temps d'écouter ceux qu'ils reçoivent. Le fonctionnement administratif les contraint à des demandes de documents divers dont les demandeurs d'emploi – comme tout individu confronté à une administration – ont du mal à comprendre le sens.

Chacun parlant sa langue, incompréhensible à l'autre, la communication devient, de part et d'autre du guichet, impossible, et les chômeurs se sentent persécutés : « Il faut comprendre que, quand on a à peine de quoi vivre, toutes ces petites tracasseries administratives, qui sont très angoissantes, sont vécues comme du harcèlement[1]. »

On refuse de leur donner ce dont ils auraient, pour survivre, un besoin vital, et on exige d'eux, sans cesse, qu'ils donnent, apportent, rapportent – en un mot, supportent. De quelque côté qu'ils se tournent, ils se heurtent à ce dispositif kafkaïen dont ils sont, comme ils le seraient d'une nasse, prisonniers. Et ils y usent parfois jusqu'à leurs dernières forces.

En fait, comme l'ont souligné des sociologues, Pôle Emploi est le lieu d'un face-à-face tragique « entre ceux (les chômeurs) qui doivent chercher un emploi qui n'existe pas (du moins pas pour tous) et ceux (les employés de Pôle Emploi) qui sont sommés de le leur fournir[2] ». Ils sont donc tous, sans le savoir, prisonniers du même piège[3].

---

1. Marc Desplats, porte-parole du Mouvement national des chômeurs et précaires, actuchomage.org, 6 août 2009.

2. Christophe Hamelin, Renaud Tarlet, sociologues, « La figure du chômeur, une construction imaginaire », actuchomage.org, 6 août 2009.

3. Comme le « SDF » et le passant que nous évoquions pages 215 et suivantes.

Leurs rapports sont non seulement tendus, mais placés, régulièrement, sous le signe du malentendu, et l'agressivité sert d'exutoire à l'insupportable. Elle s'accroît au fur et à mesure que le temps passe (situation dramatique quand on sait que 4 inscrits sur 10 à Pôle Emploi le sont depuis plus d'un an[1]). Et elle peut être aussi bien dirigée vers l'autre que retournée contre soi.

Et à cela il faut ajouter ce qui, dans ces relations, se passe au-delà de la réalité et relève de ce que la théorie analytique nomme le « transfert ». « Transfert » dont l'une des dimensions consiste, partant d'une relation réelle, à superposer à cette relation une autre relation, imaginaire. C'est-à-dire à installer entre les êtres, alors même qu'ils pensent communiquer simplement, une scène imaginaire qui complique tout et rend toute parole potentiellement dangereuse. (« Quand mon chef de service me fait des reproches, ils ressemblent tellement à ceux que me faisait mon père que, redevenant l'enfant que j'ai été, c'est lui que j'entends… »)

On ne sait jamais, lorsqu'on parle à quelqu'un, ce qu'on lui dit. Parce qu'on ne sait jamais ce que « ce qu'on lui dit » va venir lui dire. C'est-à-dire la façon dont, compte tenu de ce qu'il est et de son histoire, il va interpréter ce qui lui est dit.

Essentiel dans la cure analytique, ce « transfert » est présent dans toutes les relations, et il joue à Pôle Emploi (comme ailleurs) un grand rôle.

---

1. « Comment le chômage met en danger la vie sociale », lacroix.fr, 25 février 2013.

Du fait de ce « transfert », en effet, le chômeur prend souvent le conseiller de Pôle Emploi non pas pour ce qu'il est : un employé qui doit rendre des comptes à une direction qui réclame que tel formulaire ou tel autre soit rempli. Mais pour un parent tatillon qui, pour jouir de son pouvoir, cherche des prétextes pour interdire, priver, punir de façon injuste. Et, la douleur de cette injustice s'ajoutant à celles que fait naître la privation, le salarié au chômage a l'impression d'errer dans un monde où non seulement il n'est rien, mais où il n'y a personne. Aucun interlocuteur humain suffisamment bienveillant pour l'aider ou, du moins, l'écouter.

Le nourrisson impuissant, qu'il se sentait déjà du fait de sa situation, peut donc en venir à ressentir la moindre « formalité » comme un coup supplémentaire, une blessure supplémentaire, une blessure de plus, une blessure de trop. Et la mort peut lui sembler, dès lors, la seule solution possible. Pour échapper à cet enfer, mais aussi pour récupérer (même si c'est au prix de sa vie) un droit à la parole et, par là même, un statut de sujet que cette machinerie kafkaïenne lui nie.

On peut mourir du manque. Comme on peut mourir pour hurler, une dernière fois, l'atrocité de ce manque.

Et, si notre société s'efforce de ne pas le savoir, les études le montrent : « Les études montrent qu'on se suicide davantage quand on est au chômage et, en période de crise, encore plus. J'ai calculé que, de début 2009 à fin 2011, la crise avait pu entraîner un surcroît de 750 morts par suicides et plus de

10 000 tentatives. […] Plus le chômage augmente, plus l'on pense que ça va être difficile de s'en sortir. Les chômeurs se replient dans leur solitude, l'étau se referme. Ils cumulent aussi souvent un surendettement très lourd à vivre, la honte de n'avoir pas suffisamment d'argent pour soi et pour les siens. Le sentiment général de désespérance en France n'a jamais été aussi élevé[1]. »

1. Pr Michel Debout, interview à lexpress.fr, 14 février 2013.

CINQUIÈME PARTIE

Le silence face à la crise

I

La vie privée, otage de la crise

« Ils n'en mouraient pas tous, écrit Jean de La Fontaine à propos des animaux malades de la peste, mais tous étaient atteints. »

On pourrait dire la même chose des humains malades de la crise. Elle ne les prend pas seulement en otages en portant atteinte, comme nous l'avons montré, à leur vie sociale. Elle modifie aussi profondément – à des degrés divers, mais dans toutes les classes de la société – leur vie privée et celle de leur famille.

La baisse des revenus (ou la crainte de cette baisse) n'a pas pour seule conséquence de rendre impossibles la satisfaction des désirs et, quand elle s'aggrave, celle des besoins. Elle hypothèque aussi tous les projets et, de ce fait, freine la vie et surtout la détourne des routes que l'on souhaitait la voir emprunter.

La crise, de par le manque d'emplois qu'elle génère, oblige ainsi, nous l'avons dit, de plus en plus de jeunes à rester, faute de moyens, chez leurs parents et à différer leur entrée dans la vie adulte.

Mais elle pèse aussi sur l'existence des hommes et des femmes qui sont d'ores et déjà inscrits dans le monde des adultes. Car un certain nombre de choix de vie qu'ils souhaiteraient faire et qui seraient pour eux essentiels sont devenus, pour des milliers d'entre eux, impossibles. Non pas parce qu'ils manqueraient des forces nécessaires pour les mettre en œuvre, mais parce qu'ils n'ont pas, matériellement, les moyens de cette mise en œuvre.

• Des couples qui ne s'entendent plus et qui auraient besoin (temporairement ou définitivement) de se séparer ne peuvent ainsi plus le faire, car leur budget leur interdit le paiement d'un loyer supplémentaire.

Ils se voient donc contraints de rester ensemble et de continuer à partager une vie qui ne leur convient plus et se révèle psychologiquement destructrice pour eux. Et contraints, qui plus est, de faire peser sur leurs enfants – même s'ils font tout pour les épargner – le poids d'un quotidien d'où le bonheur est banni.

• Confrontés aux mêmes difficultés matérielles, d'autres couples décident néanmoins de se séparer. Mais l'un des membres doit alors, pour avoir un toit, retourner vivre chez ses parents. Situation souvent très difficile pour lesdits parents et catastrophique pour lui, qui a l'impression d'un dramatique retour en arrière. Mais aussi très perturbante, là encore, pour ses enfants, qui voient un adulte – et l'un des adultes les plus importants de leur vie – retourner à un état qui ressemble à celui dans lequel eux-mêmes se trouvent : un état d'enfance.

Cette situation perturbe d'autant plus les enfants que, le plus souvent, atteint dans le sentiment de sa valeur et hanté par l'idée angoissante qu'il est « revenu à la case départ », le parent, culpabilisé, ne parvient pas à leur donner les repères dont ils auraient besoin pour comprendre ce qui se passe.

• Aux prises avec les mêmes difficultés matérielles, certains couples, pour éviter ce retour en arrière qu'ils savent pénible et invalidant, décident de se séparer, mais en continuant néanmoins à cohabiter.

Situation difficile, car elle les empêche d'avoir une vie personnelle qui pourrait être pour eux synonyme de recommencement, de futur encore possible. Mais très perturbante, elle aussi, pour leurs enfants.

Comment comprendre en effet que papa et maman ne s'aiment plus assez pour rester mari et femme, mais continuent à partager (parce que l'espace ne permet pas de faire autrement) la même chambre et souvent le même lit ?

Les parents ont beau expliquer les choses du mieux qu'ils peuvent, leurs explications n'ont, le plus souvent, pas l'effet escompté. Car la compréhension de l'enfant se heurte à son désir[1] que ses parents ne se séparent pas. La réalité de ce qu'il les voit vivre venant, croit-il, démentir ce qu'ils lui disent, il peut continuer à s'accrocher à son rêve : « S'ils peuvent

1. Désir qui est toujours beaucoup plus ambigu et plus complexe qu'on ne le croit.

encore vivre ensemble, c'est qu'ils ne sont pas vraiment fâchés. Ils ne vont donc pas, quoi qu'ils en disent, définitivement se séparer. »

Cette croyance l'empêche de faire le deuil (qu'il aurait besoin de faire) du couple uni de ses parents. Et le décalage instauré entre les mots et les actes le perturbe profondément.

On reçoit ainsi en consultation des enfants totalement désorientés qui semblent avoir perdu une grande partie de leurs repères. Non sans raison, car ce qu'ils vivent est pour eux particulièrement difficile à appréhender. « Mes parents sont séparés, mais ils vivent ensemble »... Que devient le sens des mots quand la réalité qu'ils désignent en vient à le contredire ? Abîme des plus vertigineux...

Faire ménage à trois avec la crise

La crise n'atteint pas seulement les couples « en désir » ou « en instance » de séparation. Elle atteint aussi, du fait des difficultés qu'elle provoque, tous les autres.

Vivre à deux est toujours, on le sait, une aventure difficile. À la fois pour de « grandes raisons » : des différences d'opinion ou de sensibilité qui, au fil du temps, se font jour, l'usure du désir, etc. Mais aussi pour des raisons qui peuvent paraître mineures (parce qu'elles portent, en apparence, sur des broutilles) et qui tiennent à la nécessité de partager le quotidien, ennemi, on le sait, majeur du couple. Et ennemi plus menaçant et plus dangereux encore quand les inévitables problèmes qu'il suscite sont amplifiés par le manque d'argent.

La gestion d'un budget commun, par exemple, est souvent source de divergences. Mais, en période de crise, la pénurie est susceptible de faire exploser à chaque instant ces divergences. Et de provoquer d'incessantes disputes que chacun, ensuite, se reproche.

On s'en veut, chaque fois, de s'être laissé aller à exploser. Mais on en veut aussi à l'autre d'avoir été à l'origine de cette explosion. Et l'on en veut au couple que l'on forme avec lui (ou elle) de ne pas être capable de régler, sans cris ni pleurs, une question comme celle de savoir si l'on va plutôt payer la facture d'électricité que le loyer (ou l'inverse), puisque l'on ne peut pas, ce mois-ci, payer les deux.

« On n'arrête pas de s'engueuler avec mon compagnon. Il a gagné 1 050 euros au mois d'octobre, mais lui aussi a des dettes. Hier on se demandait comment payer les 850 euros d'impôts locaux. Vous vous rendez compte ? Mon couple est en danger à cause des impôts locaux[1] ! »

Là encore, des individus s'accusent, se mortifient. Prisonniers de leurs idéaux, ils se sentent coupables de ne pas être capables d'aborder plus sereinement leurs problèmes.

Alors même – et il faudrait le leur dire et redire – que personne (n'en déplaise aux marchands de

1. « Regards sur 10 ans de pauvreté », rapport du Secours catholique, 2011.

conseils) ne peut régler sereinement ce type de problème. Surtout si celui du jour ressemble à celui que l'on a dû affronter la veille et à tous ceux que l'on devra, on le sait, affronter le lendemain…

Là encore, parce que des êtres restent, du fait du silence entretenu sur leurs problèmes, sans aide, ils s'accusent au lieu d'accuser la crise, seule responsable de ce qui leur arrive. Et ajoutent aux souffrances – inévitables – que leur impose la réalité de ce qu'ils doivent vivre d'autres souffrances qu'ils pourraient, elles, si on les aidait à comprendre leur situation, s'épargner.

De la même façon, lorsqu'un des membres du couple est au chômage, il se sent – on le sait et nous l'avons déjà évoqué –, surtout si ce chômage dure, coupable par rapport à son compagnon (ou sa compagne).

Il a le sentiment que celui-ci, ne pouvant plus compter sur son salaire, ne peut plus compter sur lui. Qu'il n'est donc plus, pour lui, un point d'appui, mais au contraire une source supplémentaire de difficultés.

De ce fait, il se dévalorise et prête à l'autre – même si ce n'est pas le cas – un regard qui entérine cette dévalorisation : « Vous savez, il (ou elle) ne me dit rien, mais je vois bien que… »

Et, le plus souvent, aucun des deux partenaires n'osant aborder la question, un silence s'installe qui crée entre eux un mur infranchissable de non-dits et de malentendus. Silence lourd de menaces, car chacun des deux protagonistes sait qu'il peut un jour exploser et mener à la faillite un couple qui, dans des conditions normales, aurait « tenu ».

En fait, nombre de couples sont obligés, aujourd'hui, de faire « ménage à trois » avec la crise. Et cette crise, partenaire supplémentaire qu'ils n'avaient pas prévu d'inviter et qu'ils retrouvent à chaque détour de leur vie, les met en péril. Car les difficultés quotidiennes qu'elle engendre sont capables de laminer les plus forts des sentiments.

Et ce d'autant plus que la crise peut en venir à immobiliser les deux partenaires en rendant impossible la réalisation de projets qui leur semblaient propres à une vie de couple et qu'ils pouvaient même considérer comme son aboutissement.

Léa, infirmière, à qui le site Rue89 donne la parole, déclare ainsi : « Avec mon ami nous vivons vraiment à la limite, nous devons faire très attention. Et nous ne pouvons pas nous offrir la joie d'avoir un bébé[1]. »

Pour Léa, obligée, avec son compagnon, de compter tout, tout le temps, pour réussir à vivre, le bébé qu'elle évoque n'est pas le petit être auquel elle pourrait, avec l'homme qu'elle aime, donner la vie. C'est un objet de luxe.

Un objet que, pas plus qu'un séjour de vacances dans un hôtel quatre étoiles, elle ne peut s'offrir.

Le fait n'est pas anodin. D'abord, parce que Léa est loin d'être un cas unique. Elles (ou ils) sont aujourd'hui des milliers à attendre que des conditions de vie moins difficiles leur permettent de réaliser des

---

1. « Léa, infirmière dans un hôpital endetté, jusqu'à 1 677 euros par mois », propos recueillis par Elsa Fayner, Rue89, 14 novembre 2012.

désirs qui sont, au stade où ils en sont dans leur vie, normaux et légitimes.

Et surtout parce que la souffrance de Léa montre l'importance de l'emprise qu'a aujourd'hui la crise sur la vie privée. Car, dans le cas de Léa et de son compagnon, la décision d'avoir un enfant ne dépend pas du désir de ceux qui pourraient être ses parents. Elle dépend de la crise. C'est elle qui va décider si la venue de cet enfant est possible ou non, autorisée ou non.

La crise s'immisce donc aujourd'hui dans la vie privée de nombre d'hommes et de femmes. Elle les en dépossède en en prenant les rênes. Allant même, on le voit, jusqu'à prendre en otage leur possibilité d'enfanter et décider, à leur place, du nombre de leurs enfants. Comme l'ont fait avant elle – faut-il le rappeler ? – des dictateurs ou des systèmes politiques autoritaires (Nicolae Ceauşescu ou l'État chinois interdisant par exemple aux familles d'avoir un second enfant). Injustice intolérable, atteinte insupportable à la liberté, qui sont autant de facteurs de désespérance.

De même qu'elle pèse sur la venue de l'enfant, la crise pèse sur la fin de vie des parents âgés que l'on souhaiterait aider pour leur assurer une vieillesse heureuse. Et que, alors que sans la crise on l'aurait pu, on ne pourra pas aider. Parce qu'on n'en a plus les moyens. Et que l'on se verra donc condamné – là aussi avec culpabilité – à priver des menus plaisirs que l'on aurait voulu leur offrir.

Les « seniors » face à la crise

La crise perturbe d'ailleurs profondément la vie de ces parents, bien avant que la question de la fin de leur vie ne soit à l'ordre du jour.

La crise a en effet inventé une nouvelle forme de vieillissement : le vieillissement social prématuré. Il frappe tous ceux que l'on appelle aujourd'hui les « seniors », dont le chômage ne cesse d'augmenter et qui, privés d'un travail qui pourrait leur prouver leur utilité sociale, sont condamnés à se sentir, bien avant l'âge, « vieux » (le mot ayant, là, le pire sens que l'on puisse, dans notre société, lui donner). « À 52 ans, on ne veut plus de moi, je ne retrouverai jamais rien » est une phrase que l'on entend, aujourd'hui, tous les jours.

La retraite est, on le sait, pour nombre de salariés, une perspective difficile à envisager à cause de la perte de vie sociale qu'elle peut impliquer. Et tous font en sorte de s'y préparer.

Mais quand, du fait du chômage, elle arrive – de fait – dix ans ou même quinze ans avant la date prévue, elle est souvent vécue, à juste titre, comme une « mise au rencart » et même une mutilation. Mutilation dont la douleur vient s'ajouter aux souffrances déjà créées par la perte – tout à fait réelle – de pouvoir d'achat que la situation implique et à la perspective des pertes à venir. Car le chômeur « senior » n'est pas sans savoir que les années de travail dont il est, là, privé ne grèvent pas seulement son budget actuel. Elles hypothèquent aussi, lourdement, le montant de sa future retraite.

Et il n'est pas besoin d'être un très grand psychanalyste pour imaginer les conséquences que peut avoir une telle situation sur celles et ceux qui la subissent. Les dépressions, mais aussi les maladies somatiques auxquelles le désespoir qu'elle entraîne peut donner naissance.

Comme il n'est pas difficile d'entendre l'image de la vie qu'elle peut donner aux jeunes. Confrontés, pour entrer dans le monde du travail, à des difficultés innombrables, ils ont pour toute perspective d'en être, s'ils y entrent, éjectés comme des objets hors d'usage, bien avant la date qu'ils avaient prévue.

« Les machines aujourd'hui ne sont plus faites pour durer », expliquent régulièrement aux acheteurs d'électroménager les vendeurs.

De la même façon, les salariés, en temps de crise, semblent n'être plus faits pour durer. Difficiles à mettre sur un marché où ils sont le plus souvent malmenés et bradés, ils en sont de plus en plus rejetés dès lors que de plus récents (et moins coûteux) qu'eux se présentent.

La crise aujourd'hui fabrique, par le biais du chômage, de faux « incapables », de faux « vieux » et de vrais malheureux. Est-ce ainsi que les hommes vivent ?

La vie de famille, otage de la crise

La crise n'intervient pas seulement dans la vie des familles du fait des problèmes de travail et d'argent qu'elle fait naître.

Elle pèse aussi sur ces familles par le biais des tensions qu'elle crée dans les entreprises qui emploient les hommes et les femmes qui ont fondé ces familles. Tensions qu'ils rapportent souvent avec eux lorsqu'ils rentrent le soir. Et ce d'autant plus que la frontière entre le monde de la vie professionnelle et celui de la vie privée est devenue beaucoup plus poreuse qu'elle ne pouvait l'être auparavant.

De plus en plus souvent, aujourd'hui, le salarié emporte avec lui, à la fin de sa journée de travail, le vacarme de l'entreprise. Vacarme qui va, inévitablement, perturber le calme de sa vie familiale, et qui est d'autant plus assourdissant que la crise a fait naître (et se développer) dans les entreprises de nouveaux maux.

- Elle provoque en effet, chez les dirigeants, une peur – de ne pas être suffisamment concurrentiels – qui les conduit souvent à durcir leurs méthodes de « management ». Et à accroître, de ce fait, la pression sur leurs salariés.
- Parallèlement, ces salariés ressentent une peur, voire une terreur, de perdre leur emploi. Une peur qui les conduit à essayer d'en faire toujours plus pour prouver à l'entreprise (et d'abord se prouver à eux-mêmes) qu'ils lui sont indispensables.

Le « présentéisme »

Au confluent de ces deux peurs apparaît depuis quelques années une « maladie » qui touche les salariés et que l'on a nommée le « présentéisme ». Une responsable syndicale (qui a participé à la SNCF à l'élaboration d'un accord patronat-syndicats destiné à le combattre) le définit de la façon suivante : « C'est un temps de présence très important au travail chez des salariés qui se sentent obligés d'arriver à 7 heures le matin et de repartir à 20 heures le soir pour montrer qu'ils sont disponibles pour l'entreprise. Tous les cadres font les frais de cette mentalité, et s'en plaignent régulièrement auprès des syndicats. Le problème est propre à la France. Dans les autres pays, en Europe du Nord par exemple, rester aussi longtemps est synonyme d'inefficacité. Ça veut dire qu'on ne sait pas s'organiser. Chez nous, votre direction se dit “on peut compter sur vous”[1]. »

Il s'agit donc, on le voit, d'en faire plus, encore plus et toujours plus dans l'espoir de ne pas être rejeté. Et surtout de le faire en oubliant la loi. En l'occurrence, le Code du travail, qui définit de façon précise les obligations du salarié et celles de l'entreprise. Cadre juridique essentiel, car il constitue aussi un cadre symbolique et peut, à ce titre, servir de repère au salarié.

Si ce cadre disparaît, en effet, un rapport imaginaire avec l'entreprise peut se mettre, pour le salarié, en place. Rapport fondé sur une relation (la loi ayant été exclue) de type duel. Aux termes de laquelle

1. Marie Thaeron, membre du collectif pour l'égalité à la CGT-cheminots, interrogée par Céline Wagnez, lexpress.fr, 18 septembre 2012.

l'entreprise pourrait, le salarié étant tenu de lui obéir sans limites, tout lui demander.

Relation névrotique qui n'est pas sans évoquer le drame de ces enfants que leurs parents n'aiment pas et qui ne cessent d'essayer de trouver néanmoins des moyens de se faire, pour ne pas être rejetés et abandonnés, aimer d'eux.

Dans le « présentéisme », l'entreprise devient, de la même façon, une sorte de mère abusive et monstrueuse qu'il faudrait sans cesse combler et que l'on ne parviendrait jamais à combler. Alors même que l'on userait ses forces pour y parvenir.

Car le « présentéisme » contraint le salarié à user ses forces jusqu'à l'épuisement. Au point, très souvent, d'en devenir, dans l'entreprise, inefficace, de manquer de concentration, de multiplier les erreurs. Là encore, comme ces enfants qui voudraient tellement bien faire qu'ils en deviennent maladroits et chaque jour un peu plus humiliés de l'être.

Et l'entreprise valorise parfois, aujourd'hui, ce symptôme, notamment chez les cadres. Ce qui les pénalise et pénalise plus encore les femmes.

Marie Thaeron le souligne : « Ils sont très nombreux à s'en plaindre. On sait que le présentéisme est pris en compte dans les évaluations annuelles, même si c'est officieux. Quelqu'un qui part toujours à l'heure aura un rapport d'évaluation moins bon, ce qui influence toute une carrière. Et ce problème touche encore plus les femmes que les hommes, parce que ce sont elles qui gèrent la vie de famille. Leurs collègues masculins ont plus de facilité à se réunir le soir, en dehors des horaires de bureau. Et, au cours de ces réunions informelles, les idées fusent, des décisions sont parfois prises, et elles excluent la salariée qui revient le lendemain[1]. »

Ce « présentéisme » qui pèse sur les entreprises et les salariés pèse donc aussi sur leur vie familiale.

Le mari ou la femme, le père ou la mère (et bien souvent les deux), sont en effet, quand ils rentrent, tendus, fatigués, stressés. Et, de plus, prisonniers du fantasme qu'ils ne devraient pas être là, chez eux, mais au travail pour œuvrer à satisfaire leur « mère-entreprise ». Ils sont donc moins disponibles, aussi bien pour leur vie de couple que pour leur vie de famille.

Leur conjoint en pâtit, mais leurs enfants aussi. Quand un parent n'est pas disponible pour son enfant, celui-ci ne se dit jamais que c'est parce qu'il est, par ailleurs, trop fatigué, trop préoccupé. Il s'attribue toujours la responsabilité du désintérêt qu'il ressent. Il pense que, s'il était plus intéressant, il parviendrait à mobiliser l'attention de son parent. Et en arrive parfois, face à ce père ou à cette mère atteints de « présentéisme », par « en faire », lui aussi, « trop » pour essayer d'obtenir une parole, un sourire, un regard. Usant ainsi en vain une énergie dont il aurait besoin pour se construire.

Cette distorsion n'est que l'une des multiples distorsions que la crise fait subir aux relations intrafamiliales. Nous avons dit en effet qu'elle s'immisçait dans la vie des couples. Elle s'immisce aussi dans la

1. *Ibid.*

vie des familles jusqu'à brouiller les rapports entre ses membres et entre les générations.

• Dans le contexte de la crise, la circulation de l'argent dans la famille est en effet souvent source de problèmes.

Le chômage et la difficulté à retrouver un travail peuvent conduire, par exemple, à emprunter de l'argent à sa famille proche[1] : parents, grands-parents, frères et sœurs. Et cela peut compliquer les rapports que l'on entretient avec eux.

Les refus peuvent être d'autant plus difficiles à supporter que l'on ne sait pas s'ils sont justifiés par un manque d'intérêt et d'affection ou par la situation matérielle de la personne qui refuse. Situation délicate à évaluer, car nombre de gens cachent aujourd'hui, nous l'avons dit, leurs difficultés et peuvent donc paraître plus « à l'aise » qu'ils ne le sont en réalité.

Mais l'obtention des sommes demandées peut également poser problème. Notamment parce que des parents, par exemple, peuvent se servir de ce qu'ils donnent (ou prêtent) à leurs enfants pour retrouver une mainmise sur eux qu'ils avaient perdue. Situation difficile pour ces enfants, et plus encore pour leurs propres enfants, qui voient leurs grands-parents contester le statut d'adulte (et par là même l'autorité) de leurs parents.

• Mais l'argent n'est pas le seul à brouiller les rapports entre les membres de la famille. Le ques-

1. Ce qui est aujourd'hui fréquent : « Un Français sur quatre prête de l'argent à un proche », *Le Parisien*, 4 juin 2014.

tionnement qu'a chacun d'eux sur l'image de lui que lui renvoient les autres peut aussi jouer un grand rôle. Notamment en donnant à ceux qui sont aux prises avec d'importantes souffrances sociales l'impression que leur famille (comme leurs amis) ne les voit plus qu'à travers ces souffrances. Que ce qu'ils étaient auparavant ne compte plus, n'existe plus.

Un jeune homme chômeur écrit ainsi à ses parents une lettre bouleversante, mais aussi riche d'enseignements :

« Maman, Papa, [...]

« La pire pression, c'est de vous entendre dire, vous, mes parents : "Alors, où t'en es de ta recherche d'emploi ?" Comme si c'était simple.

« Comme si c'était facile de trouver un emploi qui me permette de vivre, et non pas de survivre.

« Comme si je ne pensais pas à ça tout le temps.

« Je sais bien que vous ne pensez pas à mal, mais c'est tout bête, je ne supporte tout simplement plus ces petites phrases. "Si j'étais toi, j'irais voir untel" ou "tu as vu ils embauchent chez machin".

« Comme si je ne cherchais pas assez.

« Je vous demande donc, à vous, mes parents, de ne plus me parler de ma recherche d'emploi.

« Je ne suis pas qu'un chômeur. Je suis aussi votre fils, avec sa vie sociale, ses envies, ses doutes, ses centres d'intérêt. Ma recherche d'emploi, je m'en occupe.

« À bientôt, j'espère [...][1]. »

---

1. « Lettre d'un chômeur à ses parents », cgtchomeursrebelles56.blogspot.fr, février 2013.

Il n'est pas difficile d'entendre, dans cette lettre, la souffrance qu'est, pour ce jeune homme, la réduction de son identité à celle de « chômeur ».

Mais à cette souffrance s'en ajoute une autre, car ce jeune homme fait suivre sa lettre d'un post-scriptum dans lequel il demande que l'on ne révèle pas à ses grands-parents âgés cette identité de chômeur. Pour les préserver de l'inquiétude dans laquelle cette révélation pourrait les plonger. Une inquiétude, mais aussi sans doute une honte que, projetant probablement, sans le savoir, sur eux sa propre honte, ce jeune homme leur prête.

« Je compte sur vous “mes parents” pour continuer à cacher à grand-père et grand-mère que je suis au Pôle Emploi, et leur laisser croire que je bosse toujours en tant que coursier. »

Pour ce jeune homme, on le voit, les relations qu'il entretenait avec les deux générations qui le précèdent (ses parents et ses grands-parents) sont troublées, brouillées, parasitées par des problèmes qui ont moins à voir avec son histoire personnelle et celle de sa famille qu'avec le « social », c'est-à-dire les difficultés économiques et sociales dans lesquelles il se trouve, du fait de la crise, plongé.

Parents et enfants, otages de la crise

Si tous ces problèmes pèsent lourdement sur les familles, les conséquences les plus visibles de la crise se constatent au niveau de la relation parents-enfants.

Des parents qui se pensent mauvais parents

Les parents atteints, par le biais d'une baisse importante de revenus ou du chômage, sont en effet des adultes qui, nous l'avons dit, se dévalorisent. Atteints dans leur être social, ils ont l'impression de ne plus être « à la hauteur ». Et cette impression s'infiltre dans les rapports qu'ils ont avec leurs enfants.

Ils ont l'impression de ne pas être à la hauteur des attentes de ces enfants qui vont, pensent-ils, les comparer aux parents de leurs copains et les trouver forcément moins bien que ces derniers.

Mais ils ont surtout l'impression de ne pas être à la hauteur de leur tâche éducative.

D'une part parce que, dévalorisés comme ils le sont par leurs difficultés sociales, ils ont souvent l'impression de ne plus être à la hauteur d'aucune tâche.

Mais surtout parce qu'ils ne se sentent plus libres d'éduquer comme ils l'entendent.

La crise les oblige à des décisions que, sans elle, ils n'auraient pas prises et qui, bien souvent, leur coûtent. Parce qu'elles ont pour conséquence de priver l'enfant ou l'adolescent de quelque chose dont la privation peut hypothéquer son avenir (un cycle d'études, par exemple, qui se révèle pour des raisons financières impossible) ou, plus simplement, son bonheur et son épanouissement (un séjour linguistique, des vacances avec ses copains).

Cette obligation de priver est d'autant plus difficile à assumer quand, la situation financière de la famille ne s'améliorant pas, elle voit son domaine s'étendre.

Nombre de parents, aujourd'hui, même si c'est à des degrés très différents, sont, dans presque tous les milieux, obligés d'opposer à leurs enfants des refus avec lesquels ils sont eux-mêmes – la demande de l'enfant leur semblant légitime – en désaccord. Mais qu'ils sont néanmoins obligés, pour des raisons financières, de leur opposer.

Raisons financières que, très souvent, s'en sentant coupables et même honteux, ils n'osent pas leur avouer.

Drames dont on parle peu, alors qu'ils sont pourtant quotidiens.

Et cette difficulté des parents face aux refus auxquels leur situation les contraint est d'autant plus grande que priver son enfant, lui refuser ce qu'il désire, est toujours, pour les parents, une souffrance. Une souffrance qui ne peut s'apaiser (un peu) que s'ils sentent leur refus légitime et nécessaire à son éducation. Ce qu'ils ne peuvent évidemment pas ressentir si ce refus n'est dicté que par des raisons financières.

De plus, cette difficulté à « dire non » est amplifiée par la vision qu'a notre société de l'enfance.

Une vision particulière de l'enfance

Confrontés à la violence d'une crise économique à laquelle ils ont le sentiment de ne pouvoir tôt ou tard échapper, de plus en plus de parents tentent en effet aujourd'hui, désespérément, d'imaginer un territoire qu'elle ne pourrait atteindre, une enclave protégée : l'enfance de leurs enfants.

Pas à pas et comme d'autres érigent des digues contre la mer, ils mettent des barrières entre le monde et leur progéniture. Et font en sorte qu'elles résistent le plus longtemps possible. Les limites ? Il est encore petit, il a bien le temps. Cette marque de céréales (bien trop chère), ce jouet qu'il réclame ? Qu'à cela ne tienne, il les aura ! L'idée que leur enfant pourrait se sentir privé de quelque chose, en les renvoyant à leurs propres frustrations – avérées ou redoutées –, leur devient insupportable. Ils cèdent. Otages sans le savoir de la vision d'une enfance idéale conçue comme un royaume dont le prince serait un enfant que ses parents auraient pour tâche essentielle de combler. Vision fallacieuse s'il en fut, pour plusieurs raisons.

D'abord parce que, si une enfance heureuse est sans nul doute pour un être humain un capital inestimable, ce bonheur ne s'obtient pas à coups d'objets et de cadeaux, bien au contraire. Un enfant qui voit ses demandes satisfaites au fur et à mesure qu'il les formule n'est jamais un enfant heureux. De même que le petit d'homme gavé de nourriture ne connaît plus la faim, sa faim et le plaisir de la satisfaire, celui que l'on prétend combler se voit privé de cette richesse qu'est la possibilité de désirer, de rêver de ce qu'il désire. Les battements de cœur que suscite toujours l'espérance lui sont interdits, car le désir suppose le manque. Et cet enfant n'est pas heureux non plus, car, pour paradoxal que ce soit, il vit, surchargé de présents, dans la frustration. Puisque l'on me donne tant, pense-t-il, puisque mes parents (qui savent tout) considèrent que ce qu'ils m'ont déjà donné ne suffit pas, c'est que cela n'est pas suffisant, que je ne peux pas être heureux avec ça. L'enfant n'apprend donc à s'investir ni dans ce qu'il a, ni dans ce qu'il est (je n'ai qu'une boîte de Lego, c'est vrai, mais que puis-je inventer, créer avec elle ?). Il s'installe dans une attente sans fin : celle de l'objet grâce auquel il pourrait enfin trouver de la joie, et, celle-ci ne venant pas, attend indéfiniment que l'objet suivant la lui apporte. Comme il attendra peut-être plus tard le prochain amant, la prochaine maîtresse, le bonheur pour toujours plus tard…

La seconde raison pour laquelle cette vision de l'enfance est une erreur est que l'enfance, si elle doit – ou plutôt devrait – toujours se conjuguer au présent de la joie de vivre, doit surtout se conjuguer au futur. Parce qu'elle est pour l'enfant un temps de construction. Le parent utile à l'enfant n'est donc pas celui qui, pour lui faire une enfance de rêve, se transforme chaque matin en père Noël. Il est celui qui l'aide à forger, à développer en lui les capacités dont il aura besoin pour trouver plus tard sa place dans le monde et y être heureux. Or le monde réel n'est pas celui des Bisounours. On n'y vit pas de câlins et de cadeaux. Le monde réel a des règles qu'il faut apprendre à respecter. C'est pour tout le monde et tout le temps difficile. On n'y obtient pas ce que l'on désire par l'intervention magique d'une maman-fée ou d'un papa-lutin. Ce que l'on veut, il faut le gagner.

Cela demande toujours du travail et des efforts, et, quoi que l'on fasse, on ne pourra jamais tout avoir. Comme on ne pourra jamais, qui que l'on soit, tout faire, car il existe des lois qui proscrivent bien des actes que l'on aurait du plaisir à accomplir.

Le monde réel n'est pas celui du fantasme et du rêve. L'enfant doit, sous peine d'être très malheureux plus tard, l'apprendre, et il ne peut l'apprendre seul. Fortunés ou non, chômeurs ou nantis d'un travail, les parents ont donc tous le même devoir : lui enseigner (par les mots, mais surtout par la pratique) à « faire avec » la réalité. Ce qui suppose de lui imposer des actes et de lui en interdire d'autres. Et de lui refuser, même (et surtout) s'ils auraient les moyens de le lui offrir, l'objet « de trop » : celui qui, véritable cadeau empoisonné, serait susceptible de le maintenir dans l'illusion qu'il pourrait tout avoir.

Parents en difficulté, mais parents structurants

Concernant l'éducation de leurs enfants et cet apprentissage de la réalité, les parents en difficulté sont donc (contrairement à ce qu'ils croient trop souvent) à égalité avec ceux qui ne le sont pas. Mais ils ont à faire face à des problèmes spécifiques. Ils tiennent au fait que la réalité qu'ils doivent aider leurs enfants à affronter est difficile et comporte pour leur construction des risques qu'il faut connaître pour les éviter.

Un rapport faussé aux limites

Le manque d'argent, quand il est important, peut d'abord fausser le rapport de l'enfant aux limites. Quand des parents, en effet, signifient à leur enfant que, ayant déjà eu un paquet de bonbons, il n'en aura pas un second, ils lui apprennent à accepter que tous ses désirs ne puissent être satisfaits : on peut avoir un peu, mais pas tout. Leçon pénible, mais salutaire. À l'inverse, quand, du fait de la pauvreté (celle dans laquelle vivent par exemple, nous l'avons vu, des milliers de familles monoparentales), il n'est possible d'acheter – et encore, pas toujours – que le strict nécessaire ; quand tout plaisir est interdit ; quand un yaourt à la fraise ou un morceau de chocolat constitue un luxe inaccessible, l'enfant n'apprend pas à accepter les limites. Il apprend, contraint et forcé, à se soumettre à une privation injuste et permanente. Cette privation est pour lui une violence.

Cette violence fausse sa compréhension de la notion même de limite, car, condamné au « rien », de quoi peut-il rêver ? De quoi, sinon d'un « tout » (sans limites, comme le manque auquel il est soumis) qui en serait le corollaire ? « Tout » qui, entre autres conséquences, peut le conduire à considérer plus tard (comme, paradoxalement, l'enfant comblé) que, quoi que la vie lui apporte, ce ne sera jamais assez.

Mais cette violence peut fausser aussi l'appréhension qu'il a du fonctionnement social. D'autres, il le sait, ont plus que lui. Faute d'explications, il peut donc imaginer la société, l'État, sous les espèces d'un tyran injuste qui, au gré de son bon plaisir, donne aux uns et prive les autres. Conception qui peut le conduire à la violence.

Un risque de sortir de sa place

Confronté aux difficultés financières de ses parents, l'enfant risque aussi de se mettre – et de se construire – à une place qui n'est pas la sienne. Sentant l'angoisse de ses géniteurs, il peut être conduit en effet :

- à essayer, pour les aider, de les prendre en charge. Tâche illusoire (mais il l'ignore) qui mobilise une énergie dont il a besoin pour lui-même. Et le maintient dans une position de toute-puissance qui l'empêche de développer ses capacités réelles ;
- mais aussi à user de leur désarroi pour prendre un ascendant sur eux. « Tu n'achètes jamais ce qu'il faut ! » lança ainsi un matin à son père chômeur une petite fille de 4 ans, furieuse de ne pas avoir la marque de céréales qu'elle voulait. Coup de poignard dans le cœur pour cet homme, mais « sortie de route » pour l'enfant, qu'il sut – heureusement – remettre à sa place et ramener à la réalité.

La solitude de l'enfant

À ces problèmes, il faut ajouter la solitude de l'enfant. Il n'ose pas, parce qu'il craint de leur infliger une souffrance supplémentaire, poser à ses parents les questions qui le hantent. Sur leur situation actuelle, la façon dont ils envisagent l'avenir. Pris dans leurs angoisses, qu'il ressent (même s'ils essaient de l'en protéger), il ne peut donc que les absorber et se taire.

Et ces angoisses, dès lors, l'habitent. Sous la forme d'une inquiétude permanente et diffuse, d'un sentiment d'insécurité qu'il retrouve la nuit, même s'il ne peut pas toujours, faute d'aide, les identifier comme tels, dans les cauchemars qui l'assaillent. Mais qu'il retrouve aussi à chaque moment de la journée (même si la réalité ne les justifie pas toujours).

Lors des repas, par exemple : eu égard à ce qu'il y avait sur la table, n'a-t-il pas trop mangé ? Et pourra-t-on, demain, acheter encore à manger ?

À chaque demande qu'il doit faire : la maîtresse a réclamé un cahier, mais n'est-ce pas trop cher ? Un tel achat ne va-t-il pas obliger à se priver d'autre chose ?

Trop… Pas assez… L'enfant erre entre ces deux bornes, qui, étant donné son ignorance de la valeur réelle de l'argent et son incapacité à évaluer réellement la situation financière de ses parents, ne peuvent être, pour lui, qu'imaginaires.

Et il ne peut parler à personne de ce qu'il ressent.

Il ne peut pas raconter, à l'extérieur, ce qu'il vit à la maison, car il ressent déjà douloureusement l'image socialement dévalorisée de ses parents et craint, en parlant, de l'accroître encore.

Et il ne peut pas plus dire à ses parents ce qu'il vit au-dehors. Comment en effet oser leur dire qu'il envie parfois le goûter des autres, leurs vêtements, la voiture de leurs parents, les vacances qu'ils racontent ?

Comment oser leur avouer qu'il envie parfois la vie de ses copains et se sent alors déchiré entre cette envie et l'amour qu'il a pour eux, ses parents ? Qu'il se sent coupable et honteux d'avoir de telles idées ?

Comment leur dire que leurs angoisses, qu'il ne comprend pas, que leur culpabilité le rendent triste ? Et que ce n'est pas tant le manque de bonbons, de chocolat ou de gâteaux qui lui pèse que leur absence de joie de vivre ? Que ce qu'il voudrait, c'est les voir, malgré la situation, plus gais et capables, surtout, de parler ?

Comment les parents peuvent-ils réagir ?

En fait, ce que vit un enfant dans une famille touchée par la crise est toujours beaucoup plus complexe que ne le croient les adultes.

Ses parents, s'ils veulent l'aider, doivent donc comprendre qu'ils ont deux ennemis à combattre :

• leur culpabilité, parce que, leur donnant une mauvaise image d'eux-mêmes, elle les prive du sentiment de légitimité dont ils ont besoin pour éduquer ;

• et le silence, parce qu'il contraint l'enfant à imaginer des réponses aux questions qu'il n'ose pas poser. Réponses qui sont toujours, on le sait, mille fois pires que la réalité.

Que faire pour éviter les écueils ?

• D'abord, expliquer à l'enfant, même petit, les difficultés de la vie, le manque d'argent et surtout le chômage : quand un adulte perd son travail, ce n'est pas parce qu'il a mal travaillé ou fait des bêtises. On n'est pas licencié comme on est renvoyé de l'école. Il faut expliquer avec des mots simples ce que sont l'économie, le marché du travail et le fait qu'à certaines périodes il n'y en a pas assez pour tout le monde. Information que les enfants devraient toujours recevoir à l'école et qui leur éviterait bien des hontes et des souffrances.

• Ne pas lui cacher ses inquiétudes. L'enfant le sent : on est inquiet. On l'est parce que la perte d'un emploi est un problème sérieux. Mais les adultes savent y faire face. Et il existe des allocations (qui ne viennent pas de la charité publique, il faut le préciser, mais des cotisations que l'on a versées). Si la situation est grave, elle n'est donc pas désespérée et surtout elle est temporaire.

• Inventer une nouvelle vie. Il est important aussi que l'enfant sente que, si le chômage et les difficultés financières sont un sujet majeur d'inquiétude, ils n'entraînent pas pour autant la mort de la joie de vivre. C'est la fête de mamie et on ne peut pas faire le repas que l'on aurait souhaité ? Cela n'empêche pas de mettre sur la table la nappe rose (bien plus jolie que la toile cirée), de lui faire de très beaux dessins, et surtout de parler, de rire, de s'aimer…

Faire tout cela quand on est un parent angoissé et déprimé n'est pas facile. Mais on peut, en comprenant que c'est indispensable et en rassemblant ses forces, y parvenir.

Et il est d'autant plus important que les parents réussissent à le faire que c'est aussi particulièrement bénéfique pour eux. Car, en temps de crise comme en temps de guerre, résister permet de ne pas seulement subir et de garder de soi une image qui aide à ne pas sombrer.

Vivre au temps de la crise est, pour les familles, un combat. Un combat qu'il faut gagner dans la réalité, mais aussi dans les têtes. Un combat pour lequel ces familles auraient, plus que jamais, besoin d'aide.

II

Une crise à taire

Hommes et femmes adultes, jeunes, enfants, retraités, couples, familles… Aujourd'hui, une grande partie des Français souffrent, jour après jour, dans tous les domaines de leur vie, de la crise. Tandis que des milliers d'autres – et leur nombre ne cesse de grandir – vivent, même s'ils n'osent que rarement l'avouer, chaque jour un peu plus dans la peur d'en souffrir.

La France est aujourd'hui confrontée à un océan de souffrances aussi bien physiques que psychiques qui, nées de la crise, prospèrent avec elle et menacent de faire, pendant de longues années encore et probablement sur plusieurs générations, des dégâts[1].

On pourrait donc s'attendre à ce que ces souffrances, aussi criantes que multiples, soient repérées, recensées, dénoncées, étudiées. Et à ce que, surtout, dans une société qui prétend prendre en compte le

---

1. On ne peut en effet que s'interroger : quels adultes deviendront par exemple les 2,7 millions d'enfants qui vivent aujourd'hui, nous l'avons dit, sous le seuil de pauvreté ?

psychisme de ses membres, l'on fasse de leur prise en charge une priorité.

Or il n'en est rien. Car, face à ces souffrances, on a peu à peu érigé un véritable mur de silence sur lequel elles viennent, depuis plusieurs années, buter et s'échouer.

Ceux que la société maltraite ne cessent, de plus en plus nombreux, de manifester leur douleur, la perte de leurs forces et leur désespoir. Et ceux qui pourraient les entendre, ceux qui devraient les entendre, restent sourds.

Le silence des politiques

À commencer par les politiques, qui parlent si peu aux gens de leurs problèmes réels que l'on se demande parfois s'ils les connaissent vraiment.

Et leur silence est lourd de conséquences. Car il accroît la dépolitisation, qu'atteste le taux élevé d'abstention, en hausse à chaque élection.

Les citoyens appréhendent la politique à travers l'image qu'ils ont des hommes et des femmes politiques, et ceux-ci leur paraissent lointains. À mille lieues de la sphère des vrais problèmes, ceux auxquels ils doivent tous les jours se confronter. Les citoyens se sentent donc abandonnés. Abandonnés et seuls.

Et, cette solitude leur semblant de plus en plus impossible à dépasser, l'idée même de collectif, pour eux, recule. Ce qui a, là aussi, des conséquences graves.

En premier lieu, sur les individus. Car les formes autrefois reconnues du collectif, comme les syndicats, par exemple, étaient, au-delà de leur fonction politique, des lieux de rassemblement, d'écoute, d'entraide. Ils constituaient donc une arme particulièrement efficace contre la solitude et la désespérance à laquelle, trop souvent, elle conduit.

Le collectif permettait en effet à chacun de faire reconnaître sa souffrance, de la mettre en commun avec celle des autres. Mais aussi de lui donner un sens en la décryptant à travers les explications d'un discours politique. Et, cette compréhension débouchant sur un combat commun, cela lui permettait également de ne pas se sentir, dans l'adversité, totalement impuissant et en position de seulement la subir.

Rempart contre la solitude, le collectif était aussi une arme essentielle contre l'imaginaire (dont nous avons vu qu'il peut, galopant, faire s'écrouler ceux qui souffrent). Le discours syndical permettait, par exemple, au salarié licencié de comprendre que la perte de son emploi n'était pas due à son incapacité, mais au système économique en vigueur. Cela l'aidait à mettre des limites à sa dévalorisation.

De la même façon, en cas de conflit interpersonnel dans l'entreprise, de harcèlement moral par exemple, ce discours donnait à la victime la possibilité de trouver des repères et, là encore, de ne pas se perdre dans son imaginaire.

Ainsi, un salarié qui se sentait sans défense face au harcèlement d'un chef de service, parce que la façon dont celui-ci l'humiliait lui rappelait, inconsciemment, son père ou sa mère qui, lorsqu'il était enfant, agissaient de même, pouvait, appuyé par un syndicat, retrouver des forces. Parce que les repères donnés par ce syndicat (et soutenus par l'ensemble des syndiqués de l'entreprise) lui permettaient de sortir de la scène imaginaire de son enfance (où il était seul et impuissant) et de revenir à la réalité. Une réalité où non seulement il n'était pas seul, mais où le chef de service, loin d'être un parent tout-puissant dans un monde sans lois, était un responsable qui n'avait pas tous les pouvoirs, puisqu'il était soumis à des obligations légales que l'on pouvait lui opposer.

Aujourd'hui, le collectif étant absent ou par trop minoritaire, le salarié est seul. Seul dans la réalité, mais, ce qui est peut-être encore plus grave, seul aussi avec lui-même, seul dans la conception qu'il a de lui-même.

Il ne se vit plus, ne se pense plus, comme autrefois, victime d'une violence sociale et économique que beaucoup d'autres subissent. Son univers s'arrêtant à lui-même, il ne voit que l'attaque qu'il subit et donc, logiquement, finit par ne chercher les causes de la souffrance qu'elle entraîne qu'en lui-même, d'où sa culpabilité. D'où aussi sa tendance à n'envisager de combats que solitaires.

Certaines personnes racontent ainsi comment elles essaient, à leur façon, de lutter contre le système. Batailles minuscules mais quotidiennes : on pèse, au supermarché, moins de pommes de terre que celles que l'on met dans le sachet. On laisse, lors du passage en caisse, un pack d'eau au fond du Caddie, on y « oublie » une tête d'ail, etc.

Et ces personnes tiennent souvent à souligner qu'elles n'ont pas, ce faisant, le sentiment de voler : « Ce n'est pas du vol, je fais juste baisser les prix à ma façon. » Et qu'il ne s'agit pour elles que d'une vengeance : « C'est plus une petite vengeance sur le système, ces grands magasins se font tellement d'argent[1]. »

En fait – et c'est tout l'intérêt de donner la parole aux individus –, il est facile de comprendre que ces vols, si petits quant à leur objet, posent de très grands problèmes.

D'abord parce qu'ils ont toujours un coût psychologique élevé pour ceux qui les commettent. Si nombre d'entre eux s'efforcent de ne pas en avoir conscience, certains s'en rendent compte. Une jeune femme interviewée par Rue89[2] raconte ainsi comment elle a compris un jour, en sortant d'un supermarché, qu'elle venait de commettre un vol pour… 2 euros, et le choc qu'a été cette découverte. Pour un si maigre butin, elle venait en effet d'accomplir ce qui était pour elle, eu égard à ses idéaux et aux valeurs qui étaient les siennes, une transgression très importante : un vol.

Telle était donc prise qui avait cru prendre… Il en est souvent ainsi dans les combats individuels

1. « Fraudes, petits vols et combines. Ils prennent leur revanche sur la crise », Rue89, 20 janvier 2013.

2. *Ibid.*

avec la crise. On croit pouvoir se jouer d'elle, mais, en fait, on en est le jouet. On se retrouve donc, à l'issue de l'aventure, non pas, comme on l'aurait cru, ragaillardi, mais au contraire plus seul, plus déprimé, plus impuissant encore…

Mais ces combats solitaires n'ont pas seulement des conséquences individuelles. Ils ont aussi des conséquences sociales et constituent même, à terme, pour la société, un véritable risque.

La personne qui « oublie » de payer à la caisse un pack d'eau s'inscrit en effet, symboliquement – et sans le savoir –, dans un monde où n'existeraient que des individus et des relations duelles.

Et elle installe, dans ce contexte, un scénario imaginaire dans lequel, hors de tout cadre social et légal, l'« individu Hypermarché » userait (et surtout abuserait) de son pouvoir pour vendre l'eau à un prix excessif. L'« individu Client » n'ayant d'autre ressource que d'user de son (petit) pouvoir de client pour, quand il le peut, la lui dérober. Œil pour œil et dent pour dent…

On voit donc comment, remplaçant la loi sociale (que l'individu solitaire s'imagine trop faible pour pouvoir solliciter), une loi du Talion, incompatible avec la civilisation, peut en venir à se mettre, dans la vie quotidienne, à bas bruit, en place.

Loi du Talion qui – on aurait tort de l'oublier – constitue pour les enfants (incapables du fait de leur âge de décrypter et de relativiser ces combats de David contre Goliath auxquels, ainsi, ils assistent) un exemple anti-éducatif et, à ce titre, problématique pour leur construction.

Cette certitude désespérée que les combats ne pourraient plus être aujourd'hui que solitaires est d'autant plus dangereuse pour la société que ces exaspérations (au demeurant légitimes), ces désirs de vengeance des citoyens peuvent se regrouper et donner lieu à ce que l'on a souvent nommé des « émeutes ». C'est-à-dire des rassemblements qui, même s'ils regroupent un certain nombre de gens, ne relèvent pas vraiment, contrairement à ce que l'on pourrait croire, du collectif, car ils ne sont que l'addition de colères individuelles, de volontés individuelles de vengeance.

Ces « émeutes » ne sont pas le fait de citoyens qui se rassembleraient, du fait d'une revendication commune, pour poursuivre un but commun. Mais d'individus qui se regroupent de façon plus ou moins anarchique. Et qui, même s'ils ont tous, objectivement, les mêmes problèmes, ne sont pas liés par un discours commun sur ces problèmes ni par un projet commun pour les résoudre, mais par la proximité de leurs ressentis.

Situation dramatique, car leurs combats sont, dans un tel contexte, inéluctablement voués à l'échec. Et situation dangereuse, car, aucun discours politique n'étant là pour fédérer ni organiser leur révolte, la colère est seule à faire lien entre les participants. La colère, mais aussi la jouissance (à laisser sa violence se déchaîner, à détruire comme l'on se sent détruit, etc.). Une jouissance dont nous avons déjà dit qu'elle était un moyen que pouvait trouver un être humain pour survivre à l'inhumain. Mais qui, étant sans lois ni limites, outre qu'elle donne un aspect terrifiant à ces émeutes (et peut, de ce fait, en venir à faire oublier la légitimité de leurs mobiles), ouvre la porte à toutes les dérives, à toutes les manipulations, à tous les dangers.

Un boulevard pour l'extrême droite

Le silence des politiques sur les souffrances des citoyens meurtris par la crise ne condamne pas seulement ces citoyens à la solitude et à ses conséquences.

Il contribue aussi à les livrer, pieds et poings liés, ligotés par ce silence, à l'extrême droite. En effet, quand un individu, enfant ou adulte, est perdu, désespéré et seul, il est à la merci de celui, quel qu'il soit, qui sait lui tendre la main. Et (parce que son malheur l'aveugle) il est à sa merci, même si cette main ne lui est tendue que pour abuser de lui.

Nombre d'adolescents en détresse tombent ainsi, on le sait, sous la coupe d'adultes qui profitent de leur désarroi.

L'extrême droite a, de tout temps, montré qu'elle savait parfaitement manier cette possibilité d'emprise que donne le désespoir. Et le Front national s'inscrit dans cette tradition. Il sait prendre les gens par la souffrance comme d'autres les prennent par les sentiments. Et il réussit d'autant mieux dans cette entreprise que, étant donné le mur de silence que nous venons d'évoquer, il apparaît comme le seul capable de reconnaître et d'accueillir une douleur et une colère que les autres partis refusent d'entendre.

Interrogée sur les élections européennes de mai 2014, Ariane Mnouchkine, metteur en scène, déclarait ainsi, à propos des électeurs du FN : « Il y a parmi eux des gens qui ont eu l'impression, depuis longtemps maintenant, [...] d'être derrière une vitre sur laquelle il n'y a même pas d'hygiaphone, un guichet sur lequel ils tapent, ils tambourinent. Et ils voient quelqu'un leur répondre en essayant de lire sur ses lèvres, mais ils sentent bien qu'il n'y a, à leur égard, aucune attente, aucune confiance, aucune écoute. Et quand on frappe sur une vitre et qu'aucun son, derrière, ne vous parvient, on prend une pierre et on essaie de casser la vitre[1]. »

Le Front national prospère sur le silence généralisé des politiques, et ce silence est son point d'appui le plus sûr. Des chercheurs essaient, depuis longtemps, de le faire entendre : « Malheureusement, elle [Marine Le Pen] est la seule qui a su parler de précarité aux populations concernées en se faisant comprendre[2]. »

Et certains politiques en sont conscients. Ainsi Geneviève Wortham, conseillère régionale socialiste d'Île-de-France : « Ces gens travaillent et gagnent péniblement leur vie. Mais la gauche ne s'est pas

1. France Inter, « Le 7/9 », interview réalisée par Bruno Duvic, 30 mai 2014.

2. Janine Mossuz-Lavau, politologue, directrice de recherches au Cevipof, interview à slate.fr, 23 avril 2012.

adressée à eux. Aucun parti ne leur dit qu'ils ont une vie difficile. Le FN ne puise pas ses voix que dans les zones de chômage, mais aussi auprès de ceux qui travaillent dur[1]. »

Mais que l'on ne s'y trompe pas. À l'instar des adultes qui, pour mieux abuser de leur crédulité, feignent d'écouter les enfants et les adolescents en détresse, le Front national n'a en réalité aucune sollicitude ni surtout aucun respect pour ceux dont il utilise les suffrages.

Et il ne met en général pas longtemps à le prouver. Robert Ménard, élu à Béziers en mars 2014 avec les voix du Front national, s'est ainsi empressé (après avoir interdit à leurs mères de suspendre du linge à leurs fenêtres) de s'en prendre aux enfants. Demandant que l'on supprime, en primaire, l'étude du matin et qu'on la remplace par un accueil réservé à ceux dont les deux parents travaillent. Ce qui en exclut, bien évidemment, les enfants de chômeurs[2].

Quant au maire FN du Pontet, Joris Hébrard, élu également de fraîche date, il a décidé que le prix des repas à la cantine ne serait plus intégralement pris en charge, comme il l'était jusque-là, par la commune pour les enfants des familles les plus pauvres (c'est-à-dire les familles monoparentales ou celles dont les parents sont au RSA, en « fin de droits », etc.). Et

---

1. « La précarité fait le nid du FN », leparisien.fr, 24 avril 2012.

2. « Béziers : les enfants de chômeurs privés d'étude le matin », ladepeche.fr, 3 juin 2014.

qu'il resterait donc à la charge de ces familles la moitié (1,57 euro) du prix de ces repas. (Repas dont il faut souligner qu'ils sont souvent, pour ces enfants, le seul équilibré de la journée.)

Allant même jusqu'à déclarer : « Ça m'étonnerait qu'il y ait des gens qui ne puissent pas payer 1,57 euro par jour. Même si les gens sont démunis, ils ont des allocations, des aides qui peuvent aussi servir à payer la cantine[1]. »

Déclaration qui atteste une méconnaissance radicale de ce qu'est, aujourd'hui, la pauvreté en France.

Interrogé par le magazine *Télérama*, un responsable du Secours populaire d'Épinal rappelait par exemple que, pour les gens qu'il recevait, la moyenne du « solde pour vivre », par jour et par personne, était de 5,40 euros. (Et que, au-delà de 13 euros, l'aide était interrompue[2].)

N'avoir pas 1,57 euro par jour pour le repas de son enfant est donc, dans de telles conditions de vie (surtout si l'on a plusieurs enfants), parfaitement possible.

Le « Manuel du parfait défenseur des opprimés » fourni par le Front national à ce maire pour sa campagne électorale avait sans doute omis d'inclure ce genre de chiffres…

---

1. « Un maire FN veut supprimer la gratuité de la cantine des plus démunis », leparisien.fr, 25 juin 2014.

2. « Au Secours populaire d'Épinal, "on voit de plus en plus de monde" », propos recueillis par Gilles Henry, *Télérama*, 9 février 2012.

L'autre : l'ennemi

La manipulation par le Front national des victimes du silence des politiques est d'autant plus dangereuse que ce parti ne se contente pas de leur faire croire qu'il les écoute et les entend. Il leur propose aussi, on le sait, une explication à leur malheur. Une explication qui n'en est pas une. (Puisque le responsable de leurs souffrances, à l'entendre, ne serait pas tant le système économique en vigueur que l'autre, l'étranger, qui viendrait les obliger à partager des ressources qui, sans lui, auraient pu leur suffire.) Mais elle rencontre un succès certain. Et un succès qui s'explique.

D'abord par le fait que, lorsqu'un être se désespère sans rien comprendre au malheur qui l'écrase, toute explication est, pour lui, bonne à prendre.

Surtout si elle lui permet de croire qu'il tient le responsable de son malheur. Car, l'ennemi ayant enfin un visage, il peut se sentir moins impuissant, imaginer une possibilité d'agir et donc reprendre (un peu) espoir.

On pourrait s'étonner néanmoins qu'une explication fondée pour l'essentiel sur la haine et le rejet de l'autre puisse être aussi facilement et, sans aucune culpabilité, acceptée par des millions d'électeurs.

Cela nous semble moins étonnant qu'il n'y paraît.

La plupart des citoyens qui votent pour le FN sont en effet des hommes et des femmes que la société maltraite ou qui redoutent que, à plus ou moins long terme, elle ne les maltraite. Et – tout psychanalyste le sait –, lorsqu'on traite des êtres humains de façon inhumaine, on ouvre la porte en eux à l'inhumanité.

Le travail avec les enfants maltraités, par exemple, ne cesse tous les jours de le démontrer. Torturés par des bourreaux, ils ne sont pas, comme on le croit trop souvent, inéluctablement voués à le devenir eux-mêmes. Mais ils ont besoin, pour échapper à la répétition, que non seulement on les arrache à leurs tortionnaires et que ceux-ci soient jugés et sanctionnés. Mais qu'on les aide à reconstruire, dans leur tête, toutes les valeurs humaines que ces tortionnaires, par le calvaire qu'ils leur ont fait subir, ont mises à mal. Condition indispensable pour que ces enfants comprennent le caractère d'exception, le caractère « extra-ordinaire » (au sens propre du mot), de la sauvagerie dont ils ont été victimes, et ne la reproduisent pas.

Or les citoyens que la société maltraite ne bénéficient, eux, d'aucune protection. Non seulement personne ne met un terme à leurs souffrances, mais personne ne manifeste, par rapport à ces souffrances, la moindre compassion. Puisque personne ne prend même la peine de les reconnaître et d'en parler.

Ils ont donc – et beaucoup plus souvent qu'on ne le croit – l'impression de vivre dans une jungle. Dans une jungle où les plus faibles (dont ils sont) ne peuvent qu'être à la merci des plus forts.

Or, dans une jungle où chacun doit chercher de quoi survivre, l'autre est toujours, par définition, un ennemi. Puisqu'il est celui qui peut prendre ce dont soi-même on aurait (de façon vitale) besoin. Il devient donc très vite, imaginairement, celui qui est supposé posséder alors que l'on est, soi-même, dans le dénuement. Celui qui peut avoir du plaisir alors que l'on souffre, etc.

Dans un numéro récent du magazine de France 2 « Envoyé spécial », une femme d'une petite ville de province, particulièrement vindicative à l'égard des « étrangers » – en l'occurrence des familles arméniennes –, découvrait ainsi, stupéfaite, grâce à la journaliste chargée du reportage, que ces familles n'avaient pas plus et même plutôt moins qu'elle (qui n'avait déjà pas grand-chose).

Parce qu'une journaliste prenait la peine de tisser avec elle un lien humain, de lui parler, de l'écouter, de prendre sa colère en considération, de lui apporter des chiffres précis et des explications, cette femme – ce reportage le montrait – pouvait sortir de son agressivité, de son sentiment d'être persécutée. Et comprendre que ces autres qu'elle « enviait-haïssait », loin d'être ses ennemis, n'étaient que ses doubles dans le malheur.

Grâce à la parole, la haine de cette femme, née de la méconnaissance et du silence, pouvait se dissoudre. Démontrant, par là même, le poids et l'importance dramatiques de ce silence.

La « parole décomplexée »

Une importance d'autant plus grande qu'à l'absence de paroles humanisées et humanisantes sur les souffrances des victimes de la crise fait écho, aujourd'hui, l'omniprésence d'un discours qui s'ajoute aux préceptes du Front national et qui a été, sous le précédent septennat, nommé la « parole décomplexée ».

Ce discours profondément déshumanisant constitue même un encouragement à l'inhumanité. Puisqu'il procède d'une volonté affichée et revendiquée d'exprimer, sans retenue ni culpabilité, les sentiments les plus meurtriers que l'on peut éprouver à l'égard de l'autre. Et même de les réaliser. En le mettant à mort non pas physiquement, mais psychologiquement. C'est-à-dire en détruisant chez lui tout ce sur quoi il peut appuyer la conscience de sa dignité.

On a envie, parce que sa peau est noire, de dire d'une ministre de la République qu'elle n'est qu'une guenon mangeuse de bananes ? Qu'à cela ne tienne ! On le dit. Et on le fait même, au besoin, dire par des enfants…

Franchissement d'une barrière d'autant plus dangereux qu'il est possible, pour ceux qui s'y adonnent (les injures proférées contre Mme Taubira l'ont montré), de partager avec d'autres cette jouissance à dire et à agir la haine, à déconsidérer et à avilir l'autre.

Et franchissement très grave, car, quand les mots qui portent sciemment et consciemment aussi gravement atteinte à l'autre sont permis (et même encouragés), les actes, s'ils ne sont pas pour autant (encore) autorisés, sont néanmoins beaucoup moins interdits. Et l'Histoire est là pour en témoigner.

Les hommes que l'on a jetés dans la Seine, à Paris, le 17 octobre 1961[1], n'étaient pas des hommes algériens, des manifestants rassemblés à l'appel d'un parti politique. C'étaient des « bougnoules », des « crouilles », des « ratons ». Ces mots meurtriers qui ont empoisonné toute une époque (et que nous n'avons, pour notre part, jamais oubliés, parce qu'ils avaient à nos oreilles d'enfant un son aussi étrange qu'effrayant).

Les hommes, les femmes, les enfants que l'on a, les 16 et 17 juillet 1942, emmenés au Vél' d'Hiv' (et, de là, à Auschwitz) n'étaient pas non plus des hommes, des femmes et des enfants juifs. C'étaient des « youpins », des « youtres »… Leur mort était déjà inscrite dans ces mots. Des mots du rejet et de la haine, qui ne sont jamais très loin. Et que la « parole décomplexée » favorise. Mais que le silence entretenu sur les souffrances de ceux que la société maltraite, parce qu'il témoigne d'une impossibilité à considérer l'autre comme un semblable que l'on se devrait d'aider, encourage également.

Être capable de reconnaître ces souffrances ne relève donc pas seulement, aujourd'hui, de la morale. C'est un enjeu essentiel pour la démocratie.

---

1. Jean-Luc Einaudi, *La Bataille de Paris. 17 octobre 1961*, Seuil, coll. « Points », 2007.

Le silence des « psys »

Si les politiques portent, à propos du silence entretenu sur les souffrances générées par la crise, une très lourde responsabilité, ils ne sont néanmoins pas seuls en cause.

Car il existe dans notre pays une catégorie de professionnels dont le métier est de se préoccuper de la souffrance psychique et de permettre à ceux qui en sont prisonniers de la comprendre pour parvenir à s'en défaire.

Ces professionnels du soin et de la parole, ces professionnels du soin par la parole, ce sont ceux que, depuis leur mise en avant médiatique (dans les années 1990), on nomme, toutes catégories confondues, les « psys ».

Ces « psys » – ou du moins un nombre important d'entre eux – sont aujourd'hui partout présents dans l'espace public. Et ils y sont devenus des voix autorisées que l'on ne cesse de convoquer pour obtenir leur expertise.

Or, on ne peut que le constater, sur la crise économique et (ce que nous avons appelé) la « crise psychologique » qu'elle a engendrée, ces « psys » restent muets.

Certains, peu nombreux, travaillent, nous l'avons dit, sur les souffrances sociales, mais leurs recherches sont considérées comme « spécialisées » et on ne les entend pas. Et il est fort probable que, dans leurs cabinets, la plupart des praticiens essaient du mieux qu'ils peuvent d'aider leurs patients pris dans des difficultés économiques qui les angoissent.

Mais les « voix officielles » de la « psy », celles qui font, pour le grand public, office de référence, se taisent.

Tout se passe comme si ces voix supposément autorisées n'avaient rien à dire de l'économie, du social et des souffrances qu'ils entraînent. Et l'on ne peut, une fois que l'on a, comme nous venons de le faire, pris la « mesure des dégâts », que trouver ce silence aussi stupéfiant que choquant et s'interroger sur ses causes.

Nous avons, dans l'introduction de ce livre, souligné le rôle que jouent, quant à ce silence, une grande partie des médias, qui sollicitent peu les « psys » au sujet des souffrances sociales et refusent même, parfois, qu'ils en parlent (nous en avons fait personnellement l'expérience).

Leur rôle n'est donc pas négligeable, mais il reste néanmoins limité. Car, les « psys » eux-mêmes ne manifestant guère d'intérêt pour la question (parmi la foule de livres « psy » qui paraissent, bien peu traitent des problèmes liés au social), on voit mal pourquoi les médias devraient se montrer plus royalistes que le roi…

Les raisons d'un silence

Pourquoi les « psys » se préoccupent-ils aussi peu de la réalité sociale dans laquelle sont inscrits ceux dont ils sont censés s'occuper et des effets qu'elle a sur eux ?

La première explication tient, nous semble-t-il, au fait que la « psy » n'a jamais fait très bon ménage avec la réalité, surtout lorsqu'il s'agit d'une réalité massive, violente, douloureuse. Et ce, dès les débuts de la psychanalyse.

Cette réalité, en effet, Freud – l'« inventeur » de cette discipline – l'a vue surgir, dans les cures qu'il menait, par le biais de ce que ses patientes lui disaient des tentatives de séduction dont elles pensaient avoir été victimes de la part de leur père.

L'aventure de la psychanalyse avec la réalité a commencé là. Car, en écoutant ce qui lui était rapporté comme ayant été une réalité, Freud a découvert que cette réalité n'avait pas toujours été aussi « réelle » que ses patientes le croyaient et le disaient.

Et qu'il existait des cas où la tentative de séduction paternelle n'avait pas été réellement vécue, mais seulement imaginée par celle qui pensait l'avoir subie.

Partant de la réalité (celle que l'on pourrait dire des « faits »), Freud a donc découvert une autre réalité, celle du « fantasme ». Une réalité que l'on pourrait dire « imaginée ». Et – ce qui complique notablement les choses – imaginée avec une force telle que la personne prend ce qu'elle imagine pour réel.

Certains praticiens – dont Alice Miller, par exemple – n'ont pas manqué de reprocher à Freud ce passage de la réalité au fantasme. L'accusant d'avoir voulu masquer et même nier, grâce à ce concept, la réalité. Et d'avoir ainsi refusé d'admettre que des femmes puissent, tout comme des hommes d'ailleurs, avoir été réellement, dans leur enfance ou leur adolescence, victimes d'adultes – hommes ou femmes –, ce qui, les consultations l'attestent (Alice Miller le souligne et, sur ce point, elle a raison), est beaucoup plus fréquent qu'on ne le croit.

Il n'est évidemment pas dans nos intentions de débattre ici de la position de Freud, mais seulement de rappeler que la question de la réalité n'a, depuis cette époque, jamais cessé de peser sur la psychanalyse et, au-delà même de ce champ, sur les autres conceptions du soin psychique.

Et les exemples ne manquent pas.

Ainsi, il est relativement récent que l'on admette l'idée qu'une réalité génératrice de souffrances massives – comme une guerre, par exemple – puisse être à l'origine, chez ceux qui la subissent, de traumatismes psychiques. On considéra longtemps ceux que les guerres avaient rendus fous et qui fuyaient leurs atrocités comme des simulateurs et des déserteurs[1].

On reconnaît aujourd'hui leurs traumatismes et on les prend en charge. Mais le combat pour la prise en compte de la réalité n'est pas pour autant gagné. Et il est même fort loin de l'être. Car, pour ne pas exclure le fantasme, c'est souvent elle que l'on a exclue et que l'on continue d'exclure.

Il est encore très courant, par exemple, d'expliquer aux jeunes psychanalystes dans leur formation

1. Kurt R. Eissler, *Freud sur le front des névroses de guerre*, PUF, 1992.

(et nous l'avons, autrefois, expérimenté très souvent pour nous-même) qu'ils n'ont pas à s'occuper de la réalité et que seule compte la façon dont leur patient l'a vécue ou la vit. Ce qui peut malheureusement les conduire (et les conduit souvent) à ignorer le poids d'un certain nombre de réalités (et à l'ignorer d'autant plus que leurs patients eux-mêmes ont dû, dans leur histoire, pour survivre, banaliser ces réalités). Alors même que celles-ci ont joué, dans la vie de ces patients, le rôle d'armes de destruction massive.

De nombreux patients et patientes adultes racontent ainsi comment, ne parvenant pas à faire entendre à leur thérapeute – psychanalyste ou non – la réalité de ce qu'ils avaient vécu, ils ont, pendant des années, erré (et certains en sont même venus à délirer). Aussi solitaires qu'ils l'avaient été dans leur enfance et poursuivis par le fantôme d'horreurs que, parce qu'elles n'avaient pas été reconnues par cet autre essentiel qu'était pour eux leur thérapeute, ils ne pouvaient pas regarder en face, admettre dans toute leur gravité et, même si elles étaient à tout jamais ineffaçables, conjuguer enfin au passé.

Et le problème est plus fréquent encore dans le domaine des soins aux enfants. Car, travaillant aujourd'hui de moins en moins avec leurs parents, les « psys » ignorent souvent tout (ou presque) de l'histoire familiale des enfants qu'ils reçoivent et de leurs conditions de vie. Alors même que celles-ci, influant de façon décisive sur leur construction, leurs capacités d'apprentissage, etc., sont à l'origine de nombre de leurs symptômes.

De nombreux enfants sont ainsi aujourd'hui déclarés, par exemple, « dyslexiques », alors qu'ils sont seulement déboussolés par ce qu'ils vivent. Et ce n'est guère difficile à comprendre.

Comment en effet, autorisé dans sa famille à transgresser toutes les limites, un enfant pourrait-il accepter de se soumettre, pour lire et écrire, à celles de la langue ? Comment, dormant dans le lit conjugal avec son père ou sa mère, à la place de leur conjoint, et incapable de ce fait de comprendre et leur place, et la sienne, pourrait-il parvenir à respecter celle des lettres dans les mots ou des mots dans la phrase ? Mission impossible…

Cette non-prise en compte de la réalité par les « psys » a des conséquences particulièrement dramatiques dans le domaine de la maltraitance.

Car si tant d'enfants restent aujourd'hui sans protection, la responsabilité en incombe certainement aux écoles, qui, trop souvent, ne les repèrent pas (alors qu'elles le pourraient). Aux services sociaux, qui, trop souvent, n'évaluent pas à sa juste mesure la gravité de leur situation. Aux médecins (généralistes ou pédiatres), qui les reçoivent avec leur famille, en consultation, sans rien voir. Mais aussi aux « psys » – toutes catégories confondues –, qui, trop souvent, « suivent » ces enfants (parce qu'ils sont en difficulté). Et qui n'entendent pas – ou ne veulent pas entendre – ce qu'ils subissent dans leur famille.

La religion du bonheur

Néanmoins, le silence des « psys » sur la crise et ses conséquences ne tient pas seulement au statut qu'ils donnent à la réalité. Il tient aussi, pour beaucoup, à la nature des « théories psy » qui sont aujourd'hui le plus en vogue. Et qui, bénéficiant d'une audience des plus larges, ont pris valeur, pour le grand public, de « psy officielle ».

Théories que l'on peut, nous semble-t-il, résumer en disant qu'elles tournent autour de quatre thèmes principaux. Quatre thèmes qui en sont, aujourd'hui, comme les quatre piliers.

• En premier lieu, le culte de l'individualisme. L'épanouissement est en effet présenté, depuis quelques années, comme le souverain bien. Et cet épanouissement est « personnel ». Chaque individu est invité à se centrer sur lui-même et à explorer avec attention sa personne pour permettre aux innombrables possibilités que très probablement, lui enseigne-t-on, elle recèle de se réaliser.

Avec ce que ce genre de projet suppose évidemment de « chacun pour soi ». Un « chacun pour soi » dont on ne peut que constater qu'il est en parfait accord avec la logique de la concurrence et du profit chère à notre époque (et chère à la crise). Même si, pour rester « politiquement corrects » et surtout échapper aux critiques, d'aucuns ne se font pas faute de le mâtiner d'une exhortation à la « gentillesse ». Concept sur lequel on aurait tort de fonder un espoir, car l'attention supposément portée à l'autre au nom de la gentillesse ainsi préconisée est moins destinée à lui faire du bien à lui qu'à s'en faire à soi. Charité bien ordonnée commence par soi-même…

• À ce culte de l'individualisme, premier pilier de la « psy officielle », il faut en ajouter un deuxième : celui, tout aussi fondamental pour elle, de l'évitement des problèmes. Un évitement pour lequel plusieurs voies sont préconisées :

– les théories comportementalistes promettent ainsi de se débarrasser, en peu de temps et à peu de frais, de tout ce qui gêne ou angoisse. De venir à bout des peurs, des phobies, des complexes. Trois petits tours et puis s'en vont…

– la mode de la méditation propose, quant à elle, non seulement de s'épanouir, mais de mettre ses douleurs à distance.

On aurait tort néanmoins de se méprendre. Nous ne parlons pas ici des travaux qui visent à explorer, dans une perspective scientifique, ce que l'on pourrait appeler les « pouvoirs de l'esprit » et à développer les capacités qu'un être humain peut avoir de se prendre lui-même, sur tous les plans, en charge.

Nous parlons du « marché de la méditation », sur lequel des bateleurs habiles vendent de l'illusion aux crédules. Et, prenant appui sur le désir légitime qu'a chacun de nous de moins souffrir, n'hésitent pas à leur faire croire qu'oublier un problème, ne plus le ressentir (si tant est que cela soit possible), équivaudrait à le résoudre. Et n'hésitent pas même à proposer de telles techniques aux enfants. Méconnaissant le fait qu'encourager ainsi un enfant à chasser (au lieu d'essayer d'en comprendre les causes) les angoisses qu'il ressent revient, ces angoisses – et surtout ce qui les motive – ne pouvant disparaître, à faire de lui une Cocotte-Minute qui, chargée au-delà du supportable, aura toutes les chances, à l'adolescence, d'exploser.

Et oubliant surtout que les adultes, comme les enfants, peuvent toujours décider de ne pas s'occuper de la réalité, mais que cela n'empêchera nullement cette réalité de continuer, elle, à s'occuper d'eux. Bien au contraire.

Des spécialistes sérieux de la méditation mettent en garde, d'ailleurs, contre ces dérives et l'idéologie qui les sous-tend. Ainsi Matthieu Ricard : « Il faut être très vigilants. Des forfaits de méditation pour 30 ou 50 euros qui promettent de devenir plus séduisant, plus rayonnant ne sont pas sérieux. La méditation de pleine conscience n'est pas un projet individualiste, narcissique. C'est un projet pour devenir un meilleur être humain[1]. »

• Une fois l'individu centré sur lui-même et les problèmes évités, vient le troisième pilier de la « psy à la mode », son troisième commandement : positiver.

Là encore, il n'est pas question pour nous d'évoquer les débats tout à fait fondés qui peuvent avoir lieu sur la question de savoir « par quel bout » un être humain peut et doit prendre sa souffrance pour réussir à s'en débarrasser. Et, psychanalyste, nous

1. Interview au *Monde*, propos recueillis par Sandrine Cabut et Pascale Santi, 28 mai 2014.

savons que, s'il nous faut aider, dans leur cure, nos patients à repérer ce qui, dans leur vie, ne « va pas », il nous faut parallèlement les aider à s'appuyer, pour se reconstruire, sur tout ce que cette vie, pour difficile qu'elle soit, peut recéler de positif. Les psychanalystes ne sont pas des adorateurs du malheur…

Il s'agit pour nous de poser que, tout comme la méditation, la « psychologie positive version médias » est devenue le prétexte à un marché des plus rentables – livres, stages, conseils et remèdes miracles.

Et il nous semble que, à ce niveau, on est aujourd'hui plus près du slogan qu'inventèrent, en 1988, les publicitaires de la marque Carrefour – « Avec Carrefour, je positive[1] ! » – que des travaux sérieux. Proximité qui n'est pas sans poser – sur le plan de la science comme sur celui de l'éthique – de très graves problèmes…

• Enfin, quatrième commandement et pilier ultime de cette foire aux illusions : la quête du bonheur, proposée, elle aussi, comme le souverain bien. Un bonheur présenté comme possible à trouver partout, par tout le monde et en toutes circonstances. Un bonheur à portée de main et qu'il suffirait de savoir attraper en apprenant par exemple (grâce à des exercices dispensés dans les livres et les stages déjà cités) à savourer, en pleine conscience et en pleine présence, chaque instant.

---

1. Slogan qui devait être propre à appâter le chaland, puisque la marque l'utilisa jusqu'en 2003…

Des théories dangereuses

On s'étonnera peut-être de nous voir critiquer ces théories. Et l'on s'en étonnera d'autant plus qu'elles peuvent sembler répondre à des aspirations communes et légitimes : tout le monde ne recherche-t-il pas le bonheur ?

En fait, ces théories nous semblent beaucoup moins innocentes et banales qu'il n'y paraît.

Il ne s'agit pas pour nous de juger d'elles dans l'absolu. (Dans l'absolu, apprendre à savourer l'instant, pourquoi pas ? Le projet est plutôt sympathique.) Mais de juger du rôle qu'elles jouent aujourd'hui.

C'est-à-dire à une époque où de plus en plus d'hommes et de femmes souffrent. Et souffrent non pas pour des raisons qui tiendraient à leur personne et à une incapacité qui serait la leur d'accéder au bonheur. Mais pour des raisons qui tiennent à la réalité de ce qu'ils vivent. Une réalité qui réduit de plus en plus (et parfois même totalement), pour nombre d'entre eux, la possibilité de trouver dans leur vie du bien-être (avec ce que cela suppose de sécurité, de quiétude et d'occasions d'avoir du plaisir).

Il y a aujourd'hui en France des millions d'hommes, de femmes, d'enfants, de familles qui pourraient, sans la crise, aller bien, et même très bien. Et qui, à cause de cette crise et de ses conséquences (qu'ils subissent ou craignent de subir), vont mal, voire très mal.

Il y a aujourd'hui en France des millions de gens qui souffrent sans autre raison – en tout cas, sans autre raison majeure – que la réalité sociale.

Or cette réalité sociale est totalement absente des théories que nous venons d'évoquer. Elle en est exclue.

Tout se passe donc comme si les tenants de la « psy officielle », les tenants du bonheur et de la psychologie dite « positive », s'adressaient à des gens qui auraient, à la suite d'inondations répétées, de l'eau jusqu'aux chevilles, aux genoux, à la taille (et pour certains même jusqu'au cou), en ne leur parlant en aucun cas de cela. Mais du soleil qui brille au-dessus de leurs têtes, de la température extérieure dont ils peuvent être satisfaits, d'un oiseau qui chante sur un arbre, etc.

Comment ne pas entendre, derrière sa bienveillance et sa douceur affichées, derrière ses bons sentiments affichés, la violence que représenterait pour eux un tel discours, qui nierait de fait leur souffrance la plus extrême ?

Et, surtout, comment le justifier ? En affirmant que trouver, en regardant l'oiseau qui chante, un instant de bonheur pourrait aider ces gens à penser à autre chose ? Les distraire de leur mal ?

À la façon dont on imaginait autrefois que détourner l'attention d'un enfant auquel on allait faire une piqûre douloureuse au lieu de l'en prévenir pouvait l'aider ? Mais on sait aujourd'hui qu'une telle attitude n'aidait pas l'enfant et qu'elle pouvait même, sans qu'on l'ait voulu, lui porter gravement préjudice. Car elle ne lui permettait pas de mobiliser, sachant ce qui allait lui arriver, toutes ses forces pour affronter l'épreuve. De plus, elle constituait pour lui une tromperie, une trahison. Et la violence de cette trahison, s'ajoutant à celle de la piqûre (à laquelle il ne s'attendait pas) et à la douleur qu'elle provoquait, pouvait être à l'origine d'un traumatisme dont il mettrait des années à se défaire.

Les hommes et les femmes victimes de la réalité sociale de notre époque sont aujourd'hui, comme les hommes et les femmes prisonniers des inondations de notre exemple, confrontés à une situation réellement dangereuse. Ils savent qu'ils peuvent être, à tout moment, submergés. Non pas par une montée des eaux, mais par des problèmes matériels inextricables dus à la crise.

Dès lors, quel sens cela peut-il avoir de leur conseiller de « positiver » leur appréhension de leur situation, d'en chercher le bon côté ? Oserait-on demander à un enfant qui n'aurait, pour tout goûter, qu'une tartine sans beurre ni confiture de chercher, pour s'en réjouir, le meilleur côté de cette tartine ?

Quel sens cela peut-il avoir de les encourager à savourer l'instant ? Peut-on savourer l'instant quand on sait que l'on risque, à tout instant précisément, de se noyer ?

Peut-on savourer l'instant quand on sait que, à plus ou moins court terme, on devra peut-être renoncer à envoyer ses enfants en vacances, vendre sa voiture, essayer (si toutefois c'est possible) de trouver un appartement plus petit et moins cher ? Et que l'on peinera peut-être même à nourrir correctement sa famille ?

Quand un être humain est confronté à une réalité difficile (problèmes économiques, sociaux, mais aussi maladie grave qui le frappe ou frappe l'un de ses proches...), il n'a pas besoin que l'on minimise la gravité de ce qu'il vit ou qu'on l'encourage à penser à autre chose.

Il a besoin, au contraire, qu'on l'aide à regarder la situation en face et à l'affronter en réfléchissant aux moyens qu'il pourrait trouver pour la résoudre ou, du moins, l'améliorer.

En de telles circonstances, le travail d'un « psy » (quelle que soit la théorie à laquelle il se réfère) est donc de prendre conscience, lui-même, de la difficulté que rencontre le patient qui s'adresse à lui ; d'en réaliser – dans toutes ses dimensions – la gravité et d'être à ses côtés. Avec lui. Pour l'aider à garder, dans l'adversité, une image positive de lui et une conscience de sa valeur. Pour l'aider à rassembler ses forces en combattant tout ce qui, en lui – doutes, craintes, dévalorisation héritée de l'enfance, etc. –, pourrait l'affaiblir.

En de telles circonstances, le travail d'un « psy » est comparable à celui d'un entraîneur qui doit aider un sportif blessé à retrouver son corps et son « mental » et à réapprendre à pratiquer sa discipline malgré les peurs et le manque de confiance en lui-même dans lesquels son accident l'a plongé.

En de telles circonstances, le travail d'un « psy » est d'être celui dont la présence et les paroles vont permettre à celui qui souffre de retrouver en lui l'énergie qu'il a perdue, le goût du combat et de la vie, le goût de l'espoir.

Et si tel est son travail lorsqu'un patient, aux prises avec une réalité destructrice, s'adresse à lui dans son cabinet, tel est aussi son travail quand il s'adresse, à travers les médias, à tous ceux qui, aux prises avec une réalité du même ordre, s'imaginent qu'ils ne « s'en sortiront jamais ».

Que, ayant ainsi fourni à ceux qui ont à se battre contre une telle réalité les armes dont il dispose, ce « psy » ait aussi à cœur de les aider à retrouver – parce que cela fait partie de leur reconstruction – le bonheur de vivre et de leur apprendre, pour ce faire, à savourer l'instant (à la façon dont on peut encourager une femme victime d'une maladie grave, d'un deuil, d'une rupture, à retrouver le courage de penser à son aspect physique, à recommencer à se maquiller, à s'habiller, etc.), pourquoi pas ? Ce serait même une très bonne chose.

Mais, ayant fait l'impasse sur la première partie du travail et, par là même, sur l'essentiel des souffrances, ne parler que de cela, en laissant croire que l'on pourrait atteindre la rive du bonheur sans avoir, préalablement, fait ce qu'il fallait pour quitter celle du malheur, quel sens cela peut-il avoir ?

Les conséquences sur les individus

En fait, loin de les aider, cette psychologie du positif à tout-va et du bonheur à tout prix pèse très lourdement sur les individus.

Et elle pèse à cause, précisément, du rapport qu'elle entretient avec la réalité qui est à l'origine de leurs souffrances. Rapport tel que l'on ne peut plus se contenter d'évoquer à son propos, comme nous l'avons fait précédemment, une prise en compte insuffisante de la réalité (malheureusement fréquente, nous l'avons dit, chez les « psys »). Et dont on est contraint de poser qu'elle constitue un véritable « déni » de cette réalité.

« Déni » étant à entendre, ici, au sens que Freud donne à ce mot[1]. C'est-à-dire le refus de la réalité telle qu'elle est et son remplacement par une autre réalité que l'on a, pour ce faire, « fabriquée ».

La « psychologie positive » ne dit en aucun cas en effet : « La réalité sociale n'existe pas », ni : « Elle n'est pas à prendre en compte dans la question de savoir comment aller bien. »

Mais elle fournit, à longueur de pages et de stages, des conseils pour apprendre à chacun à modifier sa façon de penser, de sentir, de concevoir sa vie pour

1. Freud a développé le concept de déni à propos de la sexualité, pour caractériser la position de certains petits garçons qui, confrontés à la découverte du sexe féminin et de son absence de pénis, ne peuvent le supporter. Ils masquent donc immédiatement la vision qu'ils viennent d'avoir par une certitude qui la nie : la femme a un pénis. Et se voient donc contraints, toute leur vie, de faire coexister en eux deux propositions contradictoires (ce qu'ils ont vu et ce qu'ils veulent croire). Et ne peuvent le faire qu'en se clivant (inconsciemment). Freud explique, par ce clivage, le fétichisme. Cf. Sigmund Freud, « Le fétichisme », in *La Vie sexuelle*, PUF, 1999. Élaboré dans le champ de la sexualité, le concept de déni peut être étendu à d'autres champs.

parvenir à y trouver du bonheur. Et elle le fait sans jamais faire mention de la réalité de cette vie.

Ce faisant, elle ne peut donc qu'induire, chez ceux auxquels elle s'adresse, l'idée qu'ils devraient pouvoir trouver dans leur existence, telle qu'elle est, du bonheur. Que, s'ils n'y parviennent pas, ce n'est pas parce que cette vie ne leur offre pas (ou pas assez) de possibilités de bonheur, mais parce qu'ils ne savent pas trouver ce bonheur. Et qu'ils doivent donc, de toute urgence, apprendre à le faire.

Comment ? Non pas en modifiant la réalité de leur vie, puisqu'elle n'est pas en cause. Mais en apprenant à modifier l'appréhension qu'ils en ont.

La « psychologie positive » réussit donc, sans jamais dire que la réalité sociale n'existe pas, à faire disparaître par ce qu'elle avance, tel un prestidigitateur, cette réalité. Et à installer, à la place qu'elle devrait occuper dans le raisonnement (et cela justifie, nous semble-t-il, que l'on parle à son propos de déni), sa mélodie du bonheur.

Mélodie qui, tel un véritable « cache-misère » (et la période rend à ce mot toute sa force), la recouvre, la dérobe aux regards (et surtout à la réflexion), la masque.

Et les conséquences de cet escamotage sont très lourdes.

• Les victimes des souffrances causées par les réalités sociales dans lesquelles elles se débattent se trouvent placées, par cet escamotage, en position d'ignorer les véritables causes de leurs difficultés. Et contraintes, de ce fait, de les expliquer en se trompant de registre.

Ignorant que la réalité de ce qu'elles vivent est la cause de leurs maux, elles ne peuvent en effet que leur supposer une origine fantasmatique. Et se retrouvent dans la situation de quelqu'un qui, s'étant, à la suite d'une chute, cassé une jambe, penserait que les douleurs que cette fracture lui fait éprouver sont dues à son imagination.

À l'instar de ce blessé qui, en proie à une telle illusion, ne pourrait se mettre en quête de soins adaptés à son état, les victimes de la crise se trouvent donc empêchées d'élaborer la réflexion qui pourrait leur permettre de faire face aux problèmes et aux angoisses qu'elle génère. Et (tout comme le serait le blessé de notre exemple) elles sont en outre – et pour longtemps sans doute – profondément déstabilisées. Comment s'y retrouver en effet si l'on ne peut plus différencier le fantasme de la réalité ?

• De plus, confrontés à l'axiome implicite de la « psychologie positive » – « Dans votre vie telle qu'elle est, vous devez pouvoir trouver du bonheur » –, les hommes et les femmes victimes de la crise, qui non seulement ne trouvent pas de bonheur dans leur existence, mais se débattent souvent, chaque jour un peu plus, dans le malheur, ne peuvent que se sentir responsables de leurs souffrances.

Si leur vie est vivable (et elle doit l'être, puisque personne ne leur dit le contraire), pourquoi ne parviennent-ils pas à la vivre ?

Ne pouvant, faute d'aide, comprendre que leurs souffrances sont, étant donné ce qu'ils vivent, normales, légitimes et, de plus, partagées par des milliers d'autres, ils ne peuvent que s'imputer la responsabilité de ce qu'ils croient être leur échec. Et – la frontière qui sépare l'idée de responsabilité de celle de culpabilité étant toujours des plus ténues – en venir à ajouter à leurs angoisses, déjà bien trop pesantes, celles de la culpabilité.

Une culpabilité qui les fait s'enfoncer encore un peu plus dans la honte d'eux-mêmes, dans l'impossibilité de parler à d'autres de ce qu'ils ressentent, dans la solitude et l'isolement.

Les conséquences politiques

Lourdes pour les individus, les conséquences de ces théories le sont aussi dans le domaine politique.

• En niant le poids de la réalité (et donc celui des réalités sociales) et en faisant croire à ceux auxquels ils s'adressent que l'origine de leurs problèmes ne pourrait se trouver qu'en eux, les tenants de la psychologie positive et de la quête du bonheur rabattent, nous venons de le voir, les individus sur eux-mêmes. Mais ils font plus. Car ce renvoi de chacun à lui-même est lourd de conséquences sociales. Accordant une place quasiment exclusive aux facteurs personnels, il accroît en effet la tendance à l'individualisme. Tendance qui, s'ajoutant à la dépolitisation ambiante, ne peut que contribuer à faire reculer encore un peu plus l'idée de collectif et, par là même, celle de combats collectifs.

• De plus, étant donné leur audience, qui leur donne, nous l'avons dit, le statut de « psy officielle », ces théories sont aujourd'hui un facteur de division sociale. Facteur qui, s'il n'est sans doute pas essentiel, n'est néanmoins pas à négliger.

Elles accroissent en effet le sentiment de rejet et d'exclusion qu'éprouvent les hommes et les femmes victimes de la crise. Réduits à n'exister publiquement qu'au titre de chiffres dans des statistiques, sans qu'on leur donne jamais (ou trop rarement) individuellement la parole. Conscients que leurs souffrances réelles sont absentes du débat public et que les « psys » eux-mêmes (qu'ils entendent partout) n'en parlent pas, ils ont le sentiment d'être – dans tous les sens du mot – des sortes de « parents pauvres » d'une société qui, parce qu'ils ne correspondent pas à l'image qu'elle voudrait donner d'elle, s'efforcerait de les cacher. Position humiliante, douloureuse, mais propre aussi à induire des pathologies.

Et, parallèlement, ces théories amplifient chez les plus fortunés, ou les moins infortunés (ceux qui ont les moyens d'acheter les magazines dans lesquels elles se déploient), l'idée qu'ils ne seraient pas, eux, concernés par la crise. Idée qui, s'ajoutant à la peur de la pauvreté (ou simplement du déclassement), les amène, nous l'avons dit, à vouloir ignorer – ou du moins minimiser – leurs difficultés et les craintes qu'elles leur inspirent, les conduit à considérer la pauvreté comme l'affaire des autres et, plus précisément même, l'affaire des pauvres.

Des pauvres dont ils sont obligés, les posant comme très différents d'eux, de faire, dans cette optique (et, le plus souvent, sans le savoir), des êtres d'une espèce particulière.

Des êtres qui seraient nés avec, en eux, cette possibilité d'être pauvres, ou seraient parvenus à cet état à la suite de choix si mauvais, si exceptionnellement mauvais, que le commun des mortels ne serait pas susceptible d'en faire de semblables.

Comme si la pauvreté n'était en fait qu'une maladie de pauvres. Un mal qui ne pourrait pas frapper tout le monde et serait réservé à certains. À la façon dont, à ses débuts, le sida fut considéré comme une « maladie d'homosexuels ».

C'est-à-dire une maladie réservée à ceux dont la sexualité était, aux termes d'une classification aussi absurde et fausse que meurtrière, considérée comme « anormale », « déviante ».

Dans cette optique, « pauvres », « moins pauvres » ou « pas encore pauvres » n'auraient donc ni les mêmes problèmes, ni les mêmes angoisses, ni, de ce fait, les mêmes intérêts. Aucun combat commun, aucune entraide, aucune solidarité ne serait donc possible. Chacun chez soi. « On ne mélange pas les torchons avec les serviettes », disaient nos grands-mères…

• Enfin, l'appel des tenants de la « psychologie positive version médias » à se focaliser sur le bonheur et sa recherche par petites touches, petits instants, met en place la croyance en la possibilité, dans toute vie, d'un « ailleurs » accessible par petits « shoots » de plénitude, et ce quelle que soit cette vie.

« Ailleurs » qui n'est pas sans évoquer celui qu'ont toujours promis (même s'il a toujours été situé, lui, dans l'au-delà) les religions à ceux que la réalité terrestre fait souffrir.

Promesse qui avait conduit Marx, on le sait, à comparer la religion à un « opium » destiné à endormir les peuples et à les détourner des combats terrestres.

La « religion du bonheur », quant à elle, ne promet pas le bonheur dans l'au-delà, elle le promet sur terre. Mais sa façon de conseiller à ceux auxquels elle s'adresse, à l'heure où il faudrait les aider à se battre, de mettre toute leur énergie au service de ce paradis, garanti à portée de main, n'est pas sans évoquer une illusion qui les détournerait, elle aussi, des vrais problèmes et des vrais combats.

La religion du bonheur, nouvel opium du peuple ? La question, nous semble-t-il, mérite d'être posée.

Les conséquences dans l'entreprise

Elle mérite d'autant plus d'être posée que cette fonction d'« opium » n'est pas seulement perceptible au niveau des individus. Elle l'est aussi au niveau des entreprises.

À l'heure, en effet, où des milliers de salariés souffrent dans les entreprises, parce qu'ils sont écrasés par des objectifs imposés par des directions elles-mêmes écrasées par la crise, et où ils l'expriment par divers troubles (dont le « présentéisme », que nous avons évoqué), des missionnaires de la pensée positive n'hésitent pas à proposer à ces entreprises des conférences, des stages, des formations destinés à leur enseigner la « bienveillance ».

Proposition problématique, car la logique voudrait qu'avant de leur prêcher la bienveillance on aide ces entreprises à éradiquer la « malveillance » induite, dans leur fonctionnement, par la rigueur économique actuelle.

Proposition problématique, mais aussi dangereuse, car si des directions peuvent essayer de se servir de ces formations pour améliorer la situation de leurs salariés, d'autres peuvent, à l'insu même de ceux qui les proposent, les utiliser pour masquer cette malveillance qu'ils n'ignorent pas. Et même cautionner un « management » dont les méthodes sont préjudiciables à leurs salariés.

Là encore, un parallèle peut être fait avec la maltraitance des enfants. Domaine dans lequel, alors même que, s'agissant de la lutte contre cette maltraitance, on est encore très loin du compte, d'aucuns n'ont pas hésité à proposer le concept de « bientraitance » et à en organiser, à grand renfort de colloques et de conférences, la promotion.

Une promotion dont on ne peut que constater qu'elle prend la place du travail qu'il faudrait, de toute urgence, faire pour comprendre pourquoi des parents peuvent, aujourd'hui encore et sans jamais être inquiétés, torturer jusqu'à la mort leurs enfants.

Pourquoi notre société se révèle incapable de protéger ces enfants de leur criminelle malveillance.

Les missionnaires de la bienveillance, comme ceux de la bientraitance, ignorent sans doute que, si nul n'aurait l'idée de désapprouver l'organisation de colloques sur les bienfaits de la nourriture « bio », chacun serait sans doute profondément choqué de les voir organiser dans des pays où, du fait d'une catastrophe naturelle ou sociale, les hommes et les femmes peinent à trouver leur subsistance.

Les missionnaires de la bienveillance comme ceux de la bientraitance ignorent la violence dont peuvent être porteurs les « bons sentiments » quand ils nient de fait (en ne les prenant pas prioritairement en charge) les souffrances de ceux qu'ils prétendent aider.

Les conséquences sur la « psy »

Si la « religion du bonheur » a des conséquences sur les individus et des conséquences politiques, elle en a aussi sur la « psy » elle-même.

L'éthique du « psy » lui impose en effet d'être (quelle que soit son orientation), comme tout soignant, aux côtés de ceux qui souffrent. Et de l'être aussi bien dans son cabinet que sur la scène publique, quand il y a accès.

Or les tenants de la « psy » dite « positive » et du bonheur ne sont pas aux côtés des hommes et des femmes en proie aujourd'hui, de plus en plus nombreux, aux souffrances qui découlent de la réalité sociale. Ils oublient cette réalité et ne proposent à ceux qui en pâtissent rien qui puisse les aider.

Les abandonnant ainsi à leur sort, ils leur font, nous l'avons dit, violence. Mais, ce faisant, ils ne portent pas seulement atteinte à ces personnes, mais aussi à la « psy » elle-même.

• Ces théories – qui s'appuient sur une conception de l'individu « déconnecté » de son contexte social – ne permettent pas que soient menées les recherches qui pourraient l'être et qui seraient nécessaires pour apprendre aux soignants et à la société tout entière à faire face aux détresses psychologiques qui découlent de ce contexte.

C'est perceptible dans le domaine du soin aux adultes, où, faute de prendre en compte dans leur complexité et leur singularité les problèmes psychologiques des victimes du déclassement, de l'appauvrissement, du chômage, de la pauvreté et de la précarité, on se trouve dans l'impossibilité de réfléchir à des moyens de leur venir en aide (prises en charge sociales plus adaptées, thérapies elles aussi plus adaptées, etc.).

C'est particulièrement frappant dans le domaine de l'enfance. Nous avons évoqué les difficultés spécifiques des enfants contraints de se construire dans des familles touchées par la crise (leur rapport aux limites, à leur place, à l'image de leurs parents, etc.). Bien peu de travaux sont consacrés à ces difficultés. Et cela revient, qu'on le veuille ou non, à laisser une population entière d'enfants se construire « de travers ». Abandon qui constitue de toute évidence ce qu'un adolescent, dans sa particulière sagesse, pourrait nommer un très « mauvais plan ».

• La recherche étant abandonnée, les soins le sont également. Les souffrances ne sont pas traitées. Les chômeurs, par exemple, ne bénéficient plus, nous l'avons vu, de la médecine du travail (nombre de spécialistes le soulignent), et rien n'est fait pour qu'ils puissent néanmoins être psychologiquement pris en charge. Alors même qu'une telle prise en charge relèverait, pour nombre d'entre eux, de l'urgence.

• De plus, et cela nous semble très grave, oubliant les victimes de la crise et s'adressant, de ce fait, exclusivement à ceux qu'elle n'a pas (ou pas encore) touchés, les tenants de la « religion du bonheur » en viennent – et sans doute ne s'en rendent-ils pas compte – à transformer la « psy » en une sorte de « sport de riches ».

Or, même si les théories « psy » peuvent être diverses, les débats et même les combats inévitables et fréquents, la « psy », de quelque tendance qu'elle soit, ne peut pas être un « sport de riches ».

Et elle ne peut pas être non plus un gadget de luxe que l'on pourrait, en temps de crise, continuer à vendre à ceux qui peuvent l'acheter. À la façon dont certains, pendant la guerre, ont vendu à ceux qui en avaient encore les moyens les denrées que la majorité de la population, qui mourait de faim, ne pouvait plus se procurer. Et ont fait ainsi, on le sait, pour nombre d'entre eux, fortune.

Que l'on ne se méprenne pas. Notre propos n'est pas ici de poser que les marchands de bonheur qui sévissent ici ou là seraient des escrocs conscients et organisés qui auraient cyniquement décidé, comme les marchands de la guerre évoqués ci-dessus, de s'enrichir sur le malheur des autres. Car ces marchands de bonheur nous semblent beaucoup plus inconscients que cyniques. Et, à ce titre, de parfaits produits (en même temps que symptômes) d'une société qui ne cesse d'oublier le collectif et le politique.

Notre propos est de dire que quiconque s'exprime publiquement en temps de crise ne peut le faire en oubliant le contexte dans lequel il parle, la société dans laquelle il parle. En oubliant ceux qui souffrent de cette crise et qu'il peut, s'il n'est pas conscient de la réalité dans laquelle ils vivent, blesser, choquer, voire humilier, alors même qu'il ne le voulait pas.

On ne peut pas par exemple, persuadé de défendre de vraies valeurs, déclarer à un magazine qu'il serait bon d'apprendre à trouver du bonheur autrement qu'en consommant et en amassant[1]. Sans entendre qu'une telle déclaration fait injure, étant donné la période, à tous ceux qui, parce qu'ils peinent à avoir même le nécessaire, sont à mille lieues de pouvoir « amasser ».

De la même façon, on ne peut pas affirmer qu'il faudrait, pour être heureux, « acheter moins et savourer plus ». En oubliant qu'une telle déclaration, ne s'adressant de fait qu'à ceux qui ont les moyens d'acheter, ne peut que faire violence à tous ceux qui

1. « Comment être heureux en 2014 ? », *Le Point*, 1er mai 2014.

sont depuis longtemps, du fait de leur situation matérielle, condamnés à d'insupportables privations.

La scène médiatique n'est pas un théâtre sur lequel ne se jouerait que de la fiction. Si l'on prend la responsabilité d'y parler, il faut non seulement savoir ce que l'on y dit, mais à qui, dans quel contexte et à quelle époque on le dit.

« On ne prête, dit la sagesse populaire, qu'aux riches. » On ne peut pas pour autant, sauf à risquer l'indécence, ne parler, surtout si l'on est « psy », qu'aux riches.

Dans une période où la réalité (sociale, politique, économique) est à l'origine, pour une majorité de gens, d'un maximum de souffrances, un « psy » doit choisir son camp[1]. Et ce camp n'est pas celui d'un bord politique ou d'un autre (un tel choix ne relève pas de sa vie professionnelle, mais de sa vie personnelle). Il est celui de la souffrance.

La « religion du bonheur », nous l'avons dit, n'est pas du côté de la souffrance, mais elle se vend. Et elle se vend bien. Parce que l'illusion s'est toujours, de tout temps, bien vendue.

On s'arrache les modes d'emploi du bonheur comme on s'arrache les régimes miracles. Régimes dont on sait que ceux qui les achètent se rendront compte plus ou moins rapidement que non seulement

---

1. Et le choisir, en France, aujourd'hui, est sans doute beaucoup moins difficile et surtout infiniment moins dangereux que ce ne le fut ailleurs, en d'autres temps, pour d'autres. Ceux qui, par exemple, ont travaillé en Argentine au temps de la dictature.

ils ne les ont pas aidés, mais qu'ils leur ont porté préjudice.

Comme ces régimes, l'illusion, de quelque nom qu'elle se pare, est toujours dangereuse. Parce que l'économie (de lucidité, d'efforts, d'angoisses) qu'elle permet à court terme de faire coûte toujours, à long terme, très cher.

Tous les « psys » connaissent (ou devraient connaître) ce danger, et donc savoir qu'ils ne peuvent, sans risques pour leurs patients (ou ceux qui les écoutent et les lisent), se faire marchands d'illusions.

À l'heure où, pour des milliers de gens, « peur » rime de plus en plus avec « malheur », les « psys » ne peuvent donc plus se contenter de vendre du bonheur.

Ils ne peuvent plus continuer à déserter le terrain de la réalité en y abandonnant ceux que cette réalité détruit.

Il y va du présent, mais aussi de l'avenir. Un avenir qui a, entre autres visages, celui des milliers d'enfants (rappelons les chiffres : 2,7 millions d'enfants, 1 enfant sur 5) qui, vivant sous le seuil de pauvreté, sont obligés aujourd'hui de nourrir leur corps d'aliments inadaptés – aussi bien en quantité qu'en qualité – à leur développement. Et obligés de la même façon de laisser leur tête s'emplir d'idées fausses, de conceptions fausses et dangereuses du monde, s'emplir du poison de la crise. Un poison dont, si l'on ne met pas au plus vite un terme à ses effets, on ne pourra que constater, dans les années à venir, l'absolue et durable nocivité.

Conclusion

Pour en finir avec le silence, le rejet et la honte

Les psychanalystes n'ont ni le pouvoir de changer la réalité à laquelle leurs patients sont confrontés, ni celui de faire disparaître les malheurs du monde. Ils n'ont qu'un pouvoir : celui de dire.

S'ils n'ont donc rien à proposer qui permette de résoudre la crise économique, ils ont la possibilité de faire entendre la voix des millions d'hommes, de femmes et d'enfants que, depuis des années, chaque jour, elle écrase.

« Il faut, écrit le professeur Michel Debout, parler du mal-être des hommes et des femmes, de leur souffrance, voire même de leur suicide, ce qui n'est pas aggraver la désespérance mais au contraire affirmer le refus de leur fatalité par un choix solidaire[1]. »

Il faut sortir du silence. Parler.

1. « Détresse des salariés au travail et chômage sont liés », lemonde.fr, 7 mars 2013.

• Parler pour faire comprendre à ceux que la crise maltraite que leurs souffrances psychologiques sont, étant donné leurs difficultés matérielles, normales. Et que ces difficultés ne sont ni de leur faute ni même de leur fait, car les salariés ne sont pas plus responsables de la baisse de leurs revenus que les chômeurs ne le sont de la perte de leur emploi ou les personnes pauvres de leur pauvreté.

• Il faut parler pour rendre à ces victimes de la crise la parole et leur permettre ainsi de relever la tête, de sortir de la honte et, par là même, de la solitude et de l'isolement dont elles sont prisonnières.

• Il faut parler, aussi, pour que la société accepte enfin d'entendre leur parole, leur donne la place à laquelle elles ont droit et reconnaisse la nécessité de prendre en charge leurs douleurs.

Les victimes de la crise, et en premier lieu les chômeurs, ont, comme toutes les victimes de maltraitance, besoin de soins. Il convient donc de leur offrir la possibilité d'en recevoir. Et il serait important que ces soins ne leur soient pas dispensés par une « médecine du chômage » (qui aurait toutes les chances d'être pour eux un facteur supplémentaire de ségrégation), mais par la médecine du travail.

Les chômeurs ne doivent plus être considérés comme des exclus du monde du travail : ils en sont, en toute légitimité et à part entière, membres.

Ils y occupent une place particulière, puisque la société ne peut plus leur fournir le travail dont ils ont besoin. Mais cette place ne doit plus être une place dévalorisée.

En ne permettant pas aux chômeurs d'obtenir un travail, la société est en effet, par rapport à eux, en dette et même en faute. Puisque, aux termes de la Constitution de notre pays[1], si tout citoyen a le devoir de travailler, il a, parallèlement, le droit à l'obtention d'un travail.

Si le chômeur ne fait pas son devoir, ce n'est donc pas de son fait, mais parce qu'il en est empêché par une société qui ne fait pas le sien. À ce titre, victime et non coupable, il doit être l'objet d'égards particuliers. Des égards comparables à ceux que l'on pourrait avoir pour des combattants qui, blessés, reviendraient du front.

Les chômeurs ne sont pas des blessés de guerre, ils sont des blessés de la crise. Mais on ne voit pas pourquoi, alors que les champs de bataille des guerres ont toujours été considérés comme des « champs d'honneur », celui de cette crise devrait continuer à être, lui, un champ du déshonneur.

« Chômeur » ne doit plus être pour les personnes au chômage, pour leur famille et surtout pour leurs enfants une marque au fer rouge, trop souvent synonyme d'infamie, mais au contraire un qualificatif temporaire et qui force le respect. C'est la condition indispensable pour que ceux qui sont privés d'emploi puissent retrouver l'estime d'eux-mêmes.

• Par rapport à cette tourmente qu'est la crise, notre société doit aussi faire de la prévention.

---

1. Préambule de la Constitution de 1946, repris en 1958.

– Elle doit œuvrer à faire entendre aux parents que l'éducation qu'ils donnent à leurs enfants doit les armer psychologiquement pour les épreuves qu'ils auront très probablement à affronter dans la vie adulte à laquelle cette éducation les destine.

– Et elle doit, à l'heure où l'on se préoccupe d'instruction civique à l'école, œuvrer à ce que cette école permette aux citoyens en herbe qu'elle reçoit de comprendre le monde dans lequel ils sont nés, ce que vivent dans ce monde ceux qui les entourent et, en premier lieu, leur famille et leur entourage.

Il faut expliquer aux enfants à l'école, avec des mots qu'ils puissent comprendre, ce qu'est l'économie, ce qu'est une crise, ce que sont l'appauvrissement, le chômage, la pauvreté.

Expliquer surtout que ces difficultés ne sont jamais le fait de l'incapacité de ceux qui les subissent, mais les conséquences d'un système dont il faut leur enseigner les grandes lignes.

• Et puis il faut parler aussi pour que les victimes de la crise comprennent qu'elles doivent prendre leur destin en main. Et, pour ce faire, renouer avec l'idée de collectif et de combat citoyen.

On ne change pas la réalité en méditant ou en s'absorbant dans la contemplation de soi. On ne la change pas en restant seul. Et on ne la change pas non plus en attendant qu'un homme ou une femme providentiels, véritables père ou mère Noël, réussissent, comme par magie, à le faire.

On change la réalité en prenant appui sur soi, en même temps que sur les autres. En faisant corps avec eux.

On change la réalité en retrouvant le chemin de l'entraide et de la solidarité (qui sont d'ailleurs des facteurs de reconstruction, car elles permettent de recevoir, mais aussi de donner et, ce faisant, de se rendre compte que, capable encore de donner, on est loin de n'être que le « rien » que l'on croyait).

On change la réalité en retrouvant le chemin de la réflexion en commun, des actions en commun.

Mais il faut, pour y parvenir, renoncer d'abord à ces voies sans issue que sont les faux combats fondés sur la division. Et renoncer, en premier lieu, à ceux qui s'appuient sur la haine, le mépris et le rejet de l'autre.

De tels combats sont vains : croire son semblable responsable de son malheur alors que l'on est pris avec lui en otage par la crise revient ni plus ni moins à se tromper d'ennemi. Ils sont aussi destructeurs. Non seulement (on le sait) pour ceux qui se trouvent ainsi dénigrés et accusés, mais aussi (et on le sait moins) pour ceux qui dénigrent et accusent.

Quand on est, de tous côtés, matraqué, maltraité, humilié, trouver – ou plutôt imaginer que l'on a trouvé – inférieur à soi et le mépriser peut permettre de se sentir, pour un instant, revalorisé. Mais un tel soulagement n'est qu'illusoire et il est, de plus, dangereux. Masquant la dévalorisation que l'on ressent, il empêche en effet que l'on s'affronte à ses véritables causes et peut même conduire à en rester, pour se haïr un peu moins soi-même, à ce mépris de l'autre, à s'y complaire et à s'y enliser.

La haine de l'autre est une drogue, et une drogue dangereuse. Dangereuse comme l'est, pour le SDF, l'alcool que, pour se réchauffer, il absorbe. Cet alcool qui lui procure une impression fugace de bien-être, mais peut aussi bien le tuer et le tue, à long terme, toujours.

Des dealers habiles profitent aujourd'hui, on le sait, de la crise pour vendre aux désespérés cette drogue du rejet. Ce faisant, ils agissent comme ces parents maltraitants qui, incapables d'aimer leurs enfants et n'ayant pour but que de les utiliser pour leur jouissance, travaillent sans relâche pour qu'ils ne puissent, en s'unissant, se défendre, à les monter les uns contre les autres, à les diviser.

Et utilisent pour cela leurs rivalités (au demeurant normales) et notamment le sentiment qu'a toujours l'enfant mal aimé que ses frères et ses sœurs le sont plus que lui, qu'ils peuvent obtenir, eux, ce qu'à lui on refuse. Alors que – tout psychanalyste le sait –, de tels parents n'ayant rien à donner, ces enfants sont tous condamnés au même dénuement.

Il n'existe aujourd'hui pour tous qu'un seul ennemi, et cet ennemi a un nom : il s'appelle la crise.

Cette crise, on ne peut peut-être pas la faire disparaître, mais on peut, en cessant de seulement la subir et en la combattant, faire disparaître nombre des souffrances psychologiques qu'elle suscite, nombre des dépressions qu'elle provoque.

Et on le peut en s'unissant, en combattant, en résistant.

Notre souhait est que ce livre contribue à cette résistance.

REMERCIEMENTS

Que soient ici remerciées : Laurence Ravier, qui a contribué, avec talent, à la documentation de ce livre ; Christiane Ludot, qui en a, souvent dans des conditions difficiles, saisi le texte ; et Sophie de Closets, mon éditrice, dont l'intelligence et l'écoute m'ont accompagnée dans ce travail.

BIBLIOGRAPHIE

Florence Aubenas, *Le Quai de Ouistreham*, Éditions de l'Olivier, 2010.
Jeanne Benameur, *Les Insurrections singulières*, Actes Sud, 2013.
Thomas Bernhard, *Les Mange-pas-cher*, Gallimard, 2005.
Bertolt Brecht, *La Bonne Âme du Se-Tchouan*, L'Arche, 2004.
Patrick Declerck, *Les Naufragés*, Pocket, 2003.
Annie Ernaux, *Regarde les lumières, mon amour*, Seuil, 2014.
Sigmund Freud, *L'Avenir d'une illusion*, PUF, coll. « Quadrige », 2013.
Sigmund Freud, *Malaise dans la civilisation*, PUF, coll. « Quadrige », 2000.
Danièle Linhart, *Perte d'emploi, perte de soi*, Érès, 2002.
Isabelle Marie, *Fin de droits*, First Éditions, 2014.
Serge Paugam, *La Disqualification sociale*, PUF, 2004.
Serge Paugam, *Le Salarié de la précarité*, PUF, 2000.
Dominique de Saint Mars et Serge Bloch, *Le père de Max et Lili est au chômage*, Calligram, 2004.

Table

DEUXIÈME PARTIE
Du berceau à l'école : la construction de l'être social

QUATRIÈME PARTIE

La vie peau de chagrin

Du même auteur :

Dis-moi pourquoi. Parler à hauteur d'enfant, Paris, Fayard, 2012.

Grandir. Les étapes de la construction de l'enfant. Le rôle des parents, Paris, Fayard, 2009.

L'Autorité expliquée aux parents (entretiens avec Hélène Matthieu), Paris, NIL, 2008.

Pourquoi l'amour ne suffit pas. Aider l'enfant à se construire, Paris, NIL, 2006 ; rééd. Paris, Pocket, 2008.

Parler, c'est vivre, Paris, NIL, 1997.

PAPIER À BASE DE
FIBRES CERTIFIÉES

Le Livre de Poche s'engage pour
l'environnement en réduisant
l'empreinte carbone de ses livres.
Celle de cet exemplaire est de :
250 g éq. CO_2
Rendez-vous sur
www.livredepoche-durable.fr

Composition réalisée par NORD COMPO

Achevé d'imprimer en septembre 2015 en France par
CPI BRODARD ET TAUPIN
La Flèche (Sarthe)
N° d'impression : 3012899
Dépôt légal 1re publication : octobre 2015
LIBRAIRIE GÉNÉRALE FRANÇAISE
31, rue de Fleurus – 75278 Paris Cedex 06

13/2534/4